本书受湖北省社科基金一般项目（后期资助）（2020027）、中国教育部人文社科基金项目（14YJC790147）、国家社会科学基金项目（21BJY229）、湖北师范大学创新团队项目（2019CZ02）、湖北师范大学人文社科基地资源枯竭型城市开放基金项目；湖北师范大学学术专著出版资助项目资助

新格局下中部省份
应对贸易摩擦对策研究
——以湖北省为例

曹子瑛 著

中国社会科学出版社

图书在版编目（CIP）数据

新格局下中部省份应对贸易摩擦对策研究：以湖北省为例/曹子瑛著.—北京：中国社会科学出版社，2022.10
ISBN 978-7-5227-0592-7

Ⅰ.①新… Ⅱ.①曹… Ⅲ.①国际贸易—国际争端—研究—湖北 Ⅳ.①F752.863

中国版本图书馆 CIP 数据核字（2022）第 133546 号

出 版 人	赵剑英
责任编辑	张玉霞　刘晓红
责任校对	周晓东
责任印制	戴　宽

出　　版	中国社会科学出版社
社　　址	北京鼓楼西大街甲 158 号
邮　　编	100720
网　　址	http：//www.csspw.cn
发 行 部	010-84083685
门 市 部	010-84029450
经　　销	新华书店及其他书店
印　　刷	北京君升印刷有限公司
装　　订	廊坊市广阳区广增装订厂
版　　次	2022 年 10 月第 1 版
印　　次	2022 年 10 月第 1 次印刷
开　　本	710×1000　1/16
印　　张	19.5
插　　页	2
字　　数	311 千字
定　　价	99.00 元

凡购买中国社会科学出版社图书，如有质量问题请与本社营销中心联系调换
电话：010-84083683
版权所有　侵权必究

目 录

第一章 绪论 ·· 1

 第一节 "国际贸易摩擦"的内涵与形式 ·············· 1
 第二节 研究的国际及国内背景 ···························· 5
 第三节 研究的目的及意义 ··································· 15
 第四节 研究的思路、内容及方法 ························ 18
 第五节 研究创新及不足 ······································ 21

第二章 国际贸易摩擦的文献综述 ······················· 23

 第一节 关税摩擦与非关税摩擦的相关研究 ·········· 23
 第二节 中部省份国际贸易摩擦的相关研究 ·········· 45
 第三节 文献简评 ·· 48

第三章 湖北省开放型经济发展历程及概况 ········ 51

 第一节 开放型经济发展历程 ······························· 52
 第二节 对外开放的基础设施 ······························· 55
 第三节 对外开放的产业支撑 ······························· 58
 第四节 跨境货物与服务贸易 ······························· 64
 第五节 跨进投资与技术合作 ······························· 75
 第六节 本章小结 ·· 79

第四章 湖北省面临的关税摩擦形势 …… 81

第一节 中美关税摩擦演进及双边关税措施 …… 81
第二节 湖北省面临的中美关税摩擦形势 …… 88
第三节 印度对华关税摩擦演进及关税措施 …… 102
第四节 湖北省面临的中印关税摩擦形势 …… 107
第五节 本章小结 …… 114

第五章 湖北省面临的非关税摩擦国内外形势 …… 116

第一节 非关税摩擦概述 …… 116
第二节 贸易救济摩擦的国内外形势 …… 123
第三节 技术性贸易壁垒摩擦的国内外形势 …… 127
第四节 知识产权摩擦的国内外形势 …… 129
第五节 本章小结 …… 132

第六章 湖北省面临的非关税摩擦形势 …… 134

第一节 湖北省面临的贸易救济摩擦形势 …… 134
第二节 湖北省面临的技术性贸易壁垒摩擦形势 …… 165
第三节 湖北省面临的知识产权摩擦形势 …… 173
第四节 本章小结 …… 177

第七章 湖北省面临的国际贸易摩擦趋势与挑战 …… 179

第一节 湖北省面临的关税摩擦发展趋势 …… 179
第二节 湖北省面临的贸易救济摩擦发展趋势 …… 184
第三节 湖北省面临的技术性贸易壁垒摩擦发展趋势 …… 188
第四节 湖北省面临知识产权摩擦的新挑战 …… 192
第五节 本章小结 …… 198

第八章 国际贸易摩擦对湖北省开放型经济发展的影响 …… 200

第一节 贸易摩擦对湖北省外贸增长的影响 …… 200
第二节 国际贸易摩擦对湖北省就业的影响 …… 209

第三节　国际贸易摩擦对湖北省企业的影响……………………217
　　第四节　贸易摩擦对湖北省产业发展的影响……………………224
　　第五节　本章小结…………………………………………………231

第九章　研究结论及对策……………………………………………233
　　第一节　主要研究结论……………………………………………233
　　第二节　湖北省应对国际贸易摩擦的对策………………………235
　　第三节　结束语……………………………………………………248

附　录……………………………………………………………………250

参考文献…………………………………………………………………280

第一章
绪 论

第一节 "国际贸易摩擦"的内涵与形式

一 "国际贸易摩擦"的内涵

自由贸易理论构造了一个"无摩擦"的世界,但"摩擦"却是贸易活动中无法回避的现实存在。国外文献中对于"国际贸易摩擦"的概念无统一界定,研究中"International Trade Friction"(国际贸易摩擦)、"Trade Dispute"(贸易争端)、"Trade Conflict"(贸易冲突)、"Trade War"(贸易战)等词语经常混合使用。国内文献中,《辞海》将"贸易摩擦"描述为资本主义国家间剧烈争夺世界市场的斗争。显然,贸易实践中摩擦行为的主体并不仅限于资本主义国家之间,纠纷也不仅限于贸易领域。因此,胡方[①]提出了"经济摩擦"的概念并界定为"经济体系中相互联系的各种经济体之间为了谋求经济利益、获得某种满意结果而针对某种经济问题产生的矛盾和纠纷"。这一界定在主体和范围上均有所扩展。

加入世界贸易组织(WTO)之后,随着中国遭遇的贸易摩擦迅速增多,学术界对于贸易摩擦的认知角度更加多元。从贸易摩擦目的上,除经济利益外,还包括政治和军事需要——"贸易摩擦就是通过限制进口和扩大出口的较量、冲突,甚至是激烈对抗的表现方式争夺商品销

[①] 胡方:《日美经济摩擦的理论与实态》,武汉大学出版社2001年版,第21页。

售市场,但实质上却是为了抢夺发展机遇和生存空间"[1]。同时,从贸易摩擦产生的原因上,意识形态对立被纳入视野。林学访[2]认为,经济利益动机最为直接,通常是进口竞争造成进口国经济利益损失,引致"进口国有针对性地采取贸易制裁措施",而意识形态上的动机则不同,通常是政治性的,并非由于进口数额大量增加导致经济利益受损,可能只是由于意识形态的对立而针对该出口国蓄意采取贸易制裁措施,通过挑起贸易摩擦来阻止其经济发展,从而保障本国意识形态下的国家政治和经济利益。

2008年国际金融危机爆发后,全球价值链分工替代最终产品分工成为国际分工的主流模式。在此机遇下,发展中国家群体崛起成为世界经济增长的重要力量。随着发展中国家融入世界经济的程度日益加深,其也逐渐从贸易摩擦的被动接受者变成了发起者。同时,每个国家都因身处价值链上的一环而形成了"人类命运共同体"。自然,贸易摩擦不再仅仅是两个国家的对抗,而可能是多个国家或地区之间为了利益采取或者意图采取某些限制措施而导致的纠纷[3]。同时,贸易摩擦的结果也不再仅仅是"两败俱伤",还将冲击价值链条上的上游与下游国家乃至全球福利。

当前,在开放型世界经济发展的新阶段,贸易摩擦的内涵也应当更加宽泛、包容与丰富。因此,本书将其界定如下:贸易摩擦是建立经贸关系的经济体之间基于自身福利最大化所实施的贸易政策和措施引起的贸易纠纷或者冲突。具体包含六个特征:①摩擦动机复杂性:从经济利益到政治利益、军事利益甚至意识形态差异、社会文化冲突,贸易摩擦已经成为某些国家转移国内政治危机、实施霸权主义的重要工具,其本质是争夺"规则话语权和制定权"。②摩擦主体广泛性:发起国不仅从发达经济体拓展到发展中经济体,发展中国家之间的贸易摩擦也屡见不鲜;同时,摩擦对抗也从经济体之间扩展到地区之间。③利益诉求多样性:从产品到产业,从制造业到服务业,从货物贸易到服务贸易,从经

---

[1] 王厚双:《直面贸易摩擦》,辽海出版社2004年版,第30页。
[2] 林学访:《论贸易摩擦的成因与影响》,《国际贸易》2007年第5期。
[3] 马跃:《大国崛起过程中的国际贸易摩擦研究》,博士学位论文,东北财经大学,2013年。

济领域到政治领域、外交领域，摩擦双方利益诉求不再仅限于贸易利益，而是涉及全面的国家利益。④保护手段隐蔽性：关税、配额、自愿出口限制等传统"边境"壁垒已逐渐退出舞台，救济措施、技术壁垒、绿色标准等隐蔽手段日益盛行，同时向劳工标准、知识产权制度等"边境后"壁垒演化。⑤博弈方式多元性：贸易政策和措施不再是唯一的选择，政治协商、外交对话等都已成为解决争端、谋取利益的途径。⑥贸易损失连锁性：全球价值链上"一荣俱荣，一损俱损"，贸易摩擦损失必然超越对抗双方延伸至所有利益相关者。综合而言，"国际贸易摩擦"就是世界各经济体全方位竞争在贸易领域的集中体现。

二 "国际贸易摩擦"的形式

国外文献对国际摩擦的形式并没有统一和明确的分类，通常是围绕某一种利益分歧引发的贸易争端展开研究，例如一国出于贸易保护主义动机实施技术标准、卫生检验检疫措施、保障措施、301条款等引起的摩擦[1][2][3]。国内学者则从不同角度进行划分，例如微观摩擦、宏观摩擦、投资摩擦与制度摩擦[4]、显性摩擦与隐性摩擦[5]、比较优势领域摩擦与比较劣势领域摩擦[6]等。

根据贸易政策和措施效应，各国在经济发展中采取的可能影响国际贸易、跨境投资、劳动力流动等活动的所有措施均可分为三类：积极措施、中性措施与限制性措施[7]。其中，限制性贸易措施又称为"贸易壁

---

[1] Baron, David P., "Integrated Strategy and International Trade Dispute: The Kodark-Fujifilm Case", *Journal of Economics and Management Strategy*, Vol. 6, No. 2, 1997.

[2] Sturm, Daniel M., "Product Standards, Trade Disputes, and Protection", *Canadian Economics Association*, Vol. 39, No. 2, 2006.

[3] Kastner, Justin and Powell, Douglas, "The SPS Agreement: Addressing Historical Factors in Trade Dispute Resolution", *Agriculture and Human Values*, No. 19, 2002.

[4] 赵瑾：《日美贸易摩擦的历史演变及其在经济全球化下的特点》，《世界经济》2002年第2期。

[5] 王雪峰、王平利：《反倾销：当代显性贸易摩擦主要表现形式的原因分析》，《财贸经济》2005年第8期。

[6] 尹翔硕：《中美贸易摩擦的影响及我们的政策重点》，《世界经济研究》2006年第8期。

[7] 全球贸易壁垒数据库对自2008年11月至今的各国政府对其他国家所采取的有措施的分类标准，参见 https://www.globaltradealert.org/。

垒",包括一切阻碍货物、服务、生产要素跨境流通的人为障碍,是引发贸易摩擦的直接原因。基于此,本书根据贸易壁垒的形式对贸易摩擦进行划分:贸易壁垒包括关税壁垒与非关税壁垒,引发的贸易摩擦可分为关税摩擦与非关税摩擦。

(一)关税摩擦

关税摩擦,即关税壁垒引起的贸易摩擦,主要表现为贸易一方对进口商品征收高额关税或者在关税设定、计税方式以及关税管理等方面实施阻碍进口的贸易措施引起的冲突。设置关税壁垒将直接提高进口商品成本和售价、削弱其竞争力,达到保护本国产品国内市场竞争力的目的。这类措施透明度高、可操作性强,但极其容易招致贸易对象报复。2017年以来,美欧贸易摩擦、中美贸易摩擦、日韩贸易摩擦均是以关税措施为主要制裁与反制手段的关税摩擦。

(二)非关税摩擦

非关税摩擦,即非关税壁垒引起的贸易摩擦。传统非关税壁垒形式包括配额、进出口许可证、自愿出口限制等,主要通过边境措施直接提高进口价格或限制进口数量,透明度相对较高,通常受到国际公约限制和舆论谴责,已逐渐被新型非关税措施取代。

与传统非关税壁垒不同的是,新型非关税壁垒种类繁多,例如,反倾销、反补贴和保障措施(合称"两反一保"),技术性贸易壁垒(如技术标准、合格评定程序等),知识产权壁垒等措施。新型非关税壁垒更多关注健康、安全以及环境影响,广泛涉及边境后政策法规,不仅隐蔽性更强,而且规避难度更大、成本更高。国际金融危机爆发之后,新的壁垒形式更是层出不穷,而且占据越来越重要的地位。WTO数据显示,2016年所有非关税措施中,技术性贸易措施与卫生和动植物检验措施合计占比92.7%,"两反一保"位居其后,数量限制、配额等传统形式已近乎消弭[①]。

---

① 王盼盼:《世界非关税壁垒形势分析与我国的策略选择探讨》,《现代营销(下旬刊)》2019年第10期。

第二节 研究的国际及国内背景

一 国际背景

（一）世界经济深度衰退，长期稳健增长动力不足

2008年国际金融危机重创世界经济。此后，受欧债危机、英国脱欧、地缘政治风险、大国经贸关系紧张等多种因素影响，世界经济依旧未从金融危机余震中实现整体稳健复苏。依据国际货币基金组织（IMF）数据，1999—2008年世界经济平均增长率为6.3%，而2009—2018年增速仅为3.6%。不仅如此，大国经贸关系紧张局势下，2019年全球GDP增长率跌至近10年来最低的2.38%[①]。同时，世界贸易增速2008年同比降低3.9个百分点，2009年进而将至-10.4%，其中货物贸易量出现国际金融危机后首次下跌（-3%），商业服务出口额增幅则从2018年9%骤降至2%[②]。另外，与低增长相伴的是低通胀。据测算，相比危机之前的10年间全球5.2%的年平均通胀率，2008—2019年均值仅为3.6%，2019年更降至1.4%。发达经济体超常规量化宽松政策也并未改变低通胀水平，长期投资和消费受到抑制。

从各经济体复苏形势来看，发达经济体增长普遍乏力。美国在国际金融危机冲击下2009年GDP收缩2.54%，奥巴马政府实施量化宽松政策取得成效，GDP于2010年反弹至2.6%，至2018年年均增长率仍保持约2.3%。相比之下，2009年欧盟经济出现-4.5%负增长最低值后又深陷主权债务危机。受益于欧盟大规模救助计划，核心国家经济与就业形势艰难向好，非核心国家度过衰退低谷后始终未显示出明确复苏走势。同时，2010—2019年日本GDP年均增长率仅为0.15%。另外，新兴经济体群体占全球GDP比重由2000年23.6%上升至2012年41%，但高速增长并未持续。如2012年后，巴西、南非、俄罗斯等资源型金

[①] 国际货币基金组织（IMF）世界经济展望数据库：World Economic Outlook Database：April 2021, https://www.imf.org/en/Publications/WEO/weo-database/2021/April。说明：本节中如未做其他说明，世界经济增长率、国家经济增长率均依据以不变价格美元表示的世界国内生产总值（GDP）计算。

[②] 中华人民共和国商务部：《中国外贸形势报告（2020年春季）》，http://www.gov.cn/xinwen/2020-06/16/content_5519744.htm。

砖国家由于大宗商品价格巨幅波动、外部需求疲软、国内产业结构单一等内外部因素影响增速显著放缓；中国年均GDP增长率从保持30年超过8%的高速增长降低至2016年的6.8%，中速增长逐渐成为高质量发展阶段的"新常态"。由此，新兴经济体也纷纷步入了深度调整期。

同时，全球经济长期稳健增长的动力不足。一是人口要素上，全球人口老龄化问题日趋严重，劳动年龄人口比重在2013年达到65.8%的峰值后呈现缓慢下降趋势，2020年全球60岁以上人口数量首次超过了5岁以下儿童，而到2050年，65岁以上人口数量将高达16亿人，其中发展中国家增长最大[1]；二是资本要素上，金融危机时期主要经济体大规模超常规量化宽松货币政策导致货币数量加速膨胀，全球GDP增长率却并未同步提升，社会整体投资回报率呈现递减；三是技术要素上，新一轮技术革命尚处于孕育阶段，发达经济体在信息技术、生物工程、新材料等高新技术领域创新活动并未取得变革性进展，新兴经济体自主创新亦尚未形成气候，而新兴产业还处于初级阶段，难以担负引领世界经济走出困境的重任；四是制度要素上，世界多极化发展下国际规制协调陷入困境，各国制度性摩擦愈加凸显，具有普遍约束力的全球治理结构、机制和体系缺乏。

（二）疫情蔓延冲击叠加，经济复苏不确定性加剧

2020年3月，世界卫生组织（WHO）将极速蔓延的新冠肺炎正式确定为"全球大流行传染病"，多国防控造成经济运行停摆，冲击扩散至全球，导致2020年世界经济总体萎缩4.3%[2]，对金融、贸易、投资和就业均产生了强烈冲击。

其一，国际金融市场剧烈波动。2020年3月主要股指全线下跌，其中德国、英国和美国股指跌幅均超过24%。其二，国际贸易量急剧减少。2020年世界贸易量同比下降5.3%，以名义美元计算的商品贸易量和商业服务量分别减少7%和20%。其中，油价下跌导致燃料贸易收

---

[1] 张佳欣：《世界人口老龄化：暗藏隐忧还是蕴藏机遇？｜今日视点》，http：//www.stdaily.com/index/kejixinwen/2021-04/15/content_ 1115311.shtml。

[2] IMF, "Fault Lines Widen in the Global Recovery", https：//www.imf.org/en/Publications/WEO/Issues/2021/07/27/world-economic-outlook-update-july-2021，2021年8月19日。

缩35%，旅行服务下降了63%，并且在新冠肺炎疫情消失之前，预计旅行服务都不会完全恢复[①]。其三，跨境投资锐减。2020年，全球外国直接投资（FDI）大幅下降42%，其中发达国家FDI不仅金额同比减少69%至近25年的最低水平，而且投资方式和行业也呈现出全类型下降趋势[②]。其四，全球失业率显著上升。2020年第一季度全球劳动人口总工时环比减少约10.7%，第二季度环比减少14%，合计相当于损失了4亿全职工作岗位。国际劳工组织（ILO）预计，到2022年全球失业率仍将高达5.7%，累计失业2.05亿人，新冠肺炎疫情导致的就业增长损失至少在2023年之前都不足以弥补[③]。

从国别上看，中国主要海外市场全线受创。2020年发达经济体总体GDP收缩5.8%。其中，美国实际GDP收缩4.3%，全年失业率高达8.1%[④]；受美欧贸易摩擦、英国脱欧的叠加影响，欧洲经济出现-7.5%的"历史性衰退"；日本实际GDP下滑4.8%[⑤]。同时，除中国实际GDP实现2.3%的正增长外，新兴市场与发展中经济体也普遍出现负增长。例如，印度经济规模收缩10.3%，东盟五国、发展中欧洲经济体、拉丁美洲和加勒比地区、中东北非地区、撒哈拉以南的非洲地区增长率分别同比降低3.4%、4.6%、8.1%、5.0%和3.0%[⑥]。

随着新冠肺炎疫苗研发成功并在全球陆续上市，疫情防控取得阶段

[①] WTO, "World Trade Primed for Strong But Uneven Recovery After Covid-19 Pandemic Shock", https://www.wto.org/english/news_e/pres21_e/pr876_e.htm.
[②] UNCTAD, "World Investment Report 2021", https://worldinvestmentreport.unctad.org/.
[③] ILO, "7th ILO Monitor: COVID-19 and the World of Work", http://www.ilo.org/global/docs/WCMS_791881/lang--en/index.htm.
[④] CBO, "An Update to the Economic Outlook: 2020 to 2030", Congressional Budget Office, https://www.cbo.gov/publication/56442.
[⑤] 据日本官方估算，在东京奥运会和残奥会空场举办后，该国将会蒙受超过2.4万亿日元（约合人民币1410亿元）的损失。与此同时，受日本反复进入疫情紧急状态的影响，该国还将额外面临1万亿日元的经济损失。参见《日本奥运会或损失1410亿！刚刚，澳大利亚拿下2032年奥运会举办权》，网易，https://www.163.com/dy/article/GFF3F4L60519EO06.html。
[⑥] 艾邦霖：《2020年世界经济增速大幅下降　通货膨胀率普遍下降——世界经济黄皮书：2021年世界经济形势预测与分析指出》，皮书网，https://www.pishu.cn/psgd/561562.shtml。

性成功。2021年世界经济与贸易强势反弹①，但发达经济体与新兴市场和发展中经济体之间复苏前景的差距日益增大。一是疫苗获取能力成为世界经济的主要断层。发达经济体近40%的人口已完全接种疫苗，而新兴市场经济体的接种比例为11%，低收入发展中国家接种人口非常有限。二是政策支持差异加剧，美国、欧盟等发达经济体及大多数新兴经济体已宣布了未来的财政与货币政策支持计划，但低收入国家却无法给予有力的政策支持。三是高传染性变异病毒持续出现，但各国贸易限制措施仍有可能拖延疫苗的生产与流通。因此，全球经济疫后复苏仍然存在很大不确定性。

（三）经济大国博弈激烈，国际经贸规则重塑

国际金融危机后，新兴经济体群体崛起成为世界经济格局变迁中的显著特征。2009—2020年，"E11"（新兴经济体11国）GDP平均增速超过4.5%，即使是在大国贸易摩擦频发的2018年，"E11"总体经济增速仍保持在5.1%②，是支撑世界经济增长重要引擎。同期，亚洲逐渐成为全球经济新中心，预计到2040年可能贡献全球GDP 50%、全球消费近50%。其间，中国崛起成为世界第二大经济体和第一大贸易国，使全球经济中心呈现"东升西降"的趋势愈加明显③。

国际经济格局多极化使大国竞争空前激烈，不仅是发达经济体之间，发达经济体与新兴经济体（尤其与中国）之间，而且新兴经济体内部竞争亦然。同时，竞争领域也更加广泛。首先，世界各国不约而同将先进制造业作为经济发展的重点，《美国先进制造业国家战略计划》《德国工业4.0战略》《英国工业2050》《印度制造》《中国制造2025》

---

① 中国社会科学院经济研究所：《WTO：疫后全球贸易将呈强劲但不均衡的复苏》，中国社会科学院经济研究所网站，http：//ie.cass.cn/academics/economic_trends/202104/t20210407_5324554.html。IMF于10月预测，2021年全球经济增长5.9%，2022年增长4.9%。WTO预计，2021年世界商品贸易量将增长8.0%。

② 博鳌亚洲论坛：《博鳌亚洲论坛新兴经济体发展2019年度报告》，博鳌亚洲论坛官网，https：//www.boaoforum.org/zh/newsdetial.html?itemId=2&navID=6&itemChildId=undefined&detialId=3882&pdfPid=179。说明：2010年博鳌亚洲论坛首次提出"E11"（新兴经济体11国）的概念，包括阿根廷、巴西、中国、印度、印度尼西亚、韩国、墨西哥、俄罗斯、沙特阿拉伯、南非、土耳其。

③ 安礼伟、张二震：《新时代我国开放型经济发展的几个重大理论问题》，《经济学家》2020年第9期。

等战略计划陆续出台。其次，基于新一代信息技术迅猛发展，全球产业链更加依赖研发创新与流通环节智能化，高端服务贸易与数字贸易成为新的竞争焦点。例如，在数字经济领域，日本于2018年6月发布的《日本制造业白皮书》正式明确将互联工业作为制造业发展的战略目标；欧盟也于2020年3月发布了面向2030年的"数字化转型计划"。新兴经济体中，俄罗斯将经济数字化确定为2025年前的国家战略主要方向，而2020年数字经济已经成为中国经济稳定增长的引擎①。

与此同时，国际经贸规则也进入了重塑期。其一，20世纪90年代以来，国际分工从最终产品分工向产品内分工转变，最终形成全球价值链体系，为包括中国在内的新兴经济体和广大发展中国家参与国际分工、实现跨越式发展提供了战略机遇。但同时，新兴经济体与发达经济体贸易失衡日益突出。低附加值产业外移对发达经济体就业和收入差距造成一定负面冲击——发达经济体将其归咎于"不公平"的贸易规则，因而存在强烈的调整动力。其二，全球价值链分工下，每个国家只完成同一件产品中的少数工序，原材料、中间品反复多次的跨境流动成为典型特征，与之相关的物流、保险、仓储等服务也成为全球资源配置不可或缺的环节。因此，最大限度降低贸易成本不仅要求各国改变边境规则，更要求边境后制度协调。其三，国际贸易创新催生的新兴领域中国际贸易规则与治理体系尚待建立。例如，数字贸易中跨境数据流动、数字税收、数字贸易市场准入、跨境电商便利化等关键议题上，经济大国都期望主导制定更有利于本国利益的国际规则。其四，现有的多边协调机制难以满足各国经济利益，经济大国纷纷转向以区域或者双边协定为载体主导贸易规则，如《全面与进步跨太平洋伙伴关系协定》（CPTPP）、《跨大西洋贸易与投资伙伴关系协定》（TTIP）等均是高于WTO协定标准和范围的"下一代"区域贸易协定。上述因素正推动着国际经贸规则历经一个漫长的调整和重塑期。

（四）全球贸易摩擦频发，国际经贸环境持续恶化

以2016年特朗普当选美国总统、英国脱欧为代表的"黑天鹅事

---

① 中国信通院：《中国数字经济发展白皮书》，中国信通院官网，http://www.caict.ac.cn/kxyj/qwfb/bps/202104/t20210423_374626.htm。

件"成为逆全球化思潮泛起的重要标志。曾经竭力推动全球化进程的主要经济体如今正成为逆全球化的示范与主导力量。在实施退出"跨太平洋伙伴关系协定"（TPP）、美墨边境修筑隔离墙、重新谈判《美加墨协定》（USMCA）等一系列单边主义和霸权主义举措后，秉承"美国优先""公平贸易"理念的美国前任总统特朗普挑起了世界最大两个经济体与贸易体——美国与中国之间的关税摩擦，规模和程度均史无前例。历经两年多时间，中美贸易摩擦终以2020年年初第一阶段经贸协议的签署暂告一段落。随之而来的是同年6月，美国对欧盟、英国、土耳其、印度尼西亚等10个贸易伙伴的数字服务税发起的"301调查"。拜登总统上任后，针对6个盟友国向Facebook、Google、Amazon等美国科技公司收取数字服务税的措施，计划对自6国进口总价值约为20亿美元的商品征收25%的报复性关税。不仅如此，2019年9月，日韩贸易摩擦爆发。2020年2月，印度也再次高举"关税大棒"。

同时，非关税摩擦也呈增长态势。WTO估计，2009—2020年实施的且仍生效的进口限制累计影响价值1.7万亿美元的贸易，占全球进口总值的7.5%。2018—2019年，全球实施的贸易保护主义措施总数超过1000项，比2016—2018年增长约40%，引发的摩擦涉及7470亿美元，不仅同比增长27%，而且达到了自2012年以来12个月内的最高纪录。相反，2019年前10个月各国推出的贸易和投资促进措施出现7年来最大降幅。更严重的情况是，2020年3月抗击新冠肺炎疫情以来全球贸易与投资壁垒全面升级。《全球贸易预警报告》显示，截至2020年4月22日各国采取的193项贸易限制措施中56%与确保本国食品和基本医疗产品的供应量有关，其中110项涉及禁止出口口罩和其他防护用品、呼吸机以及生产各种药物所需的化学品[①]。此外，粮食限制出口、禁航禁运、增加海关检验检疫程序等措施均显著增加贸易成本。

总体上，2020—2021年全球经贸摩擦形势紧张。全球经贸摩擦指数在2020年12个月中有9个月处于高位，2021年前10个月有所下降，但总体仍处于中位。印度、美国超过80%的月份处于高位，而英国、

---

① EUI, GTA and World Bank, "21st Century Tracking of Pandemic-Era Trade Policies in Food and Medical Products", https：//www.globaltradealert.org/reports/54.

欧盟、中国、俄罗斯等经济体多数月份处于中、高位，表明大国经贸关系仍然紧张。同时，主要国家发布的进出口限制措施涉及 HS2 位编码产品中的 70.4%，除了与疫情防控有关的药品和医疗器械外，还聚焦在航空航天器及其零部件、电气设备、机械设备等产品中，意味着大国竞争的焦点仍然集中高端制造业领域[1]。

很显然，主要经济体之间的关税摩擦密集爆发且反复升级，全球贸易与投资壁垒高筑俨然已成为当今全球经贸关系的"新常态"[2]。

二 国内背景

（一）对华摩擦形势严峻，阻碍国际国内双循环

世界正经历百年未有之大变局。逆全球化思潮泛起，经济大国之间贸易摩擦频发，而针对中国的贸易摩擦形势也相当严峻。

2020 年年初，历时 2 年多的中美关税摩擦终因达成第一阶段经贸协议而暂停。该协议生效至今，美国对华平均关税税率仍为 19.3%—21%，远高于摩擦前的 3%，而中国对美国的进口平均关税税率也仍保持约 20.9%。相比前任总统特朗普，拜登总统及其团队对华态度趋于理性但不乏强硬与务实，因此双边关税极有可能在相当长时间内锁定高位[3]。除直接贸易冲突之外，美国政府还在《美墨加三国协议

---

[1] 依据《全球经贸摩擦指数年度报告（2020）》和《全球经贸摩擦指数（2021 年 10 月）发布》整理。参见中国国际贸易促进委员会经贸摩擦法律顾问委员会：《全球经贸摩擦指数年度报告（2020）》，中国国际贸易促进委员会，http://swj.gzlps.gov.cn/gzdt/bmdt/202104/P020210402614160264101.pdf。《全球经贸摩擦指数（2021 年 10 月）发布》，网易，https://www.163.com/dy/article/GU16VESO0514KVL1.html。说明：全球经贸摩擦指数是月度指数，以 2017 年月平均值为基期计算；指数上升表明摩擦形势趋于紧张，反之表明形势缓和；经贸摩擦指数的高位是指数值>100，中位是指数值处于 50—100，低位是指数值<50；指数测算对象为阿根廷、澳大利亚、巴西、加拿大、中国、欧盟、印度、印度尼西亚、日本、韩国、马来西亚、墨西哥、俄罗斯、沙特阿拉伯、南非、泰国、土耳其、英国、美国和越南 20 个国家（地区）；覆盖措施领域包括进出口关税措施、贸易救济措施、技术性贸易措施、进出口限制措施和其他限制性措施；资料来源于 WTO、IMF、20 国（地区）政府等国内外官方机构。

[2] 中国国际贸易促进委员会经贸摩擦法律顾问委员会：《全球经贸摩擦指数年度报告（2020）》，中国国际贸易促进委员会。

[3] Chad P. Bown, "Phase One China Deal: Steep Tariffs are the New Normal", Peterson Institute for International Economics, https://www.piie.com/blogs/trade-and-investment-policy-watch/phase-one-china-deal-steep-tariffs-are-new-normal.

（USMCA）》中制定"毒丸条款"①遏制中国企业拓展新的海外市场。无独有偶，中国在"一带一路"沿线上的重要贸易伙伴印度自2014年以来已5次提高累计4000多种商品进口关税，大部分涉及中国具有出口竞争优势的产品。

非关税壁垒摩擦方面，截至2020年中国已经连续25年和19年成为全球遭遇反倾销和反补贴调查最多的国家，月均超过10起②。目前，对华贸易救济调查来源国中印度、阿根廷、巴西、墨西哥等发展中国家发起量显著增多，涉案范围已从单个产品向整个行业扩散，日落复审、反规避、反吸收等措施逐渐成为新的贸易保护手段。同时，中国企业因技术性贸易壁垒出口受阻的情况也不乐观。2011—2015年平均每年约40%的企业受影响，因扣留、销毁、退货等直接损失超过700亿美元③，2017年直接损失更超过5000亿美元④。此外，知识产权摩擦也正不断提出新的挑战。当然，伴随中国市场开放度的提高，国外企业对华倾销等不公平竞争行为、不符合中国技术法规和技术标准产品进口等案件也明显增多。

全球价值链分工格局下，对华贸易摩擦不仅导致大量中国出口产品价值无法实现，而且也大幅提升了中国中间产品进口成本，对上下游产业产生连锁冲击。同时美国对华核心技术与关键零部件实施出口封锁，卡住中国高端制造业发展的"咽喉"。新冠肺炎疫情更加凸显了依赖外部循环拉动经济增长和产业发展存在巨大风险和压力。为此，2020年5月14日中央政治局会议提出"构建以国内大循环为主体、国内国际双循环相互促进的新发展格局"。但是，"双循环"绝不意味着封闭，相反是要以深度参与国际循环、以开放实现资源优化配置、以开放促改

---

① 《美墨加三国协议（USMCA）》中的"毒丸条款"规定：协定中任一成员国与非市场经济国家签订自由贸易协议时，必须提前三个月通知其他成员国，而其他成员国可以在六个月后退出并单独与其他国家（地区）签订双边贸易协定。实质是通过"排他性"的条款限制加拿大、墨西哥两国和其他国家签订自贸协定的权利，对于中国开拓墨、加市场形成限制。
② 根据中国贸易救济信息网案件数据库整理。
③ 中华人民共和国国家质量监督检验检疫总局：《中国技术性贸易措施年度报告（2016）》，国家质检总局标准与技术法规研究中心，2017年1月。
④ 《去年我国出口企业因技术性贸易壁垒损失逾5000亿元》，中国产业经济信息网，http://www.cinic.org.cn/xw/cjyj/420570.html。

革、促进经济高质量发展。显然，国际贸易摩擦既是阻碍中国企业深度参与国际分工、阻碍中国产品和服务等通过外部循环实现价值，也是中国有效利用外部资源、促进产业升级与全球价值链地位提升的重要障碍。

（二）打造内陆开放高地，中部应对摩擦成重要课题

当下，尽管逆全球化思潮泛起，民粹主义、单边主义、贸易保护主义甚嚣尘上，但经济全球化发展势头不可改变。深度融入国际循环更是"双循环"的题中应有之义[1]，其必然要求继续推动形成"全面开放新格局"。

区域上，相比西部地区，中部地区具备更加优越的对内对外开放基础。中部地区包括湖北、湖南、河南、江西和山西六省，劳动力资源丰富，坐拥长江中游和中原两大城市群，消费市场潜力巨大，制造业基础深厚，创新要素集聚，综合交通网络发达便捷，同时多个内陆型自贸区、临空经济区、综合保税区、国家级跨境电商综试区等建成使用，既是东西联动、南北协调、产业梯度转移的桥梁纽带，也是跨区域要素流动和商品流通的重要通道，还拥有多个对外开放平台。但是，从开放型经济发展成效来看，整体上参与国际分工深度和广度有限，相比东部地区仍存在较大落差。因此，中部省份加快打造内陆开放新高地，是形成"全面开放格局"的潜力和关键所在。

然而，应对国际贸易摩擦已经成为中部省份推进全面开放过程中的重要课题。以六省中开放型经济起步较早、开放度相对较高的湖北省为例予以说明。

从1980年武汉海关获得重建发展至20世纪90年代中期，湖北省已基本形成沿江、沿线、沿边地区全方位开放格局[2]。其后在习近平主席为湖北省提出的"建成支点，走在前列"战略定位下，湖北省以"打造内陆开放新高地"推进全面开放。依托长江经济带战略、"一带一路"倡议、中部崛起战略等多重利好政策，"十三五"时期湖北省开

---

[1] 韩文秀：《加快构建新发展格局》，中国人大网，http://www.npc.gov.cn/npc/c30834/202012/20c723b3fbef4bd5a8426507dffe8ea8.shtml.

[2] 陈丽媛：《湖北对外开放40年：成就、机遇与对策》，《社会科学动态》2019年第7期。

放型经济建设已经取得明显成效，对外工程承包、实际利用外资、高新技术产品出口等多项开放型指标居全国前列。但同时，贸易摩擦也逐渐增多，国际金融危机后增长态势更加明显：①关税摩擦方面，美国是2017年湖北省最大出口目的地和第二大进口来源地，全省对美国贸易企业超过2000家，与美国双边贸易增长对于全省外贸增长发挥着"压舱石"的作用。而印度则是湖北省在"一带一路"沿线最大的贸易伙伴。2018年以来，美国和印度对华挑起的关税摩擦广泛涉及钢铁、化工、金属制品、电子设备、汽车零部件等产品，均是湖北省对两个市场的主要贸易产品。②非关税壁垒摩擦方面，2017年1—9月湖北省遭遇的贸易救济摩擦案件高达44起，涉案企业159家，金额1.27亿美元，产品范围也扩大到5大类37个品种，与发展中国家的摩擦数量明显增加。知识产权摩擦逐渐成为新的关注点，湖北省企业陆续遭遇过5起"337调查"，分布在机械设备、化工、电子等主要出口行业。

不仅如此，"十四五"时期湖北省还将面临贸易摩擦的持续挑战。从外部环境看，全球经贸环境不乐观。一是全球新冠肺炎疫情形势依旧严峻，疫后复苏不确定性和不稳定性因素增多，可能激发贸易保护主义升温；二是中美关税摩擦仍然存在升级可能；三是2021年美国、欧盟、印度等湖北省主要贸易伙伴的经贸摩擦指数仍处于中、高位①。综合而言，外向型企业仍将面临较大的贸易摩擦风险，贸易摩擦也依旧是外贸和就业稳定增长的不确定性因素。同时，从产业发展看，近年来湖北省"光芯屏端网"②、生物医药产业等战略性新兴产业取得很大进展，高新技术产品出口已成为引领湖北省出口结构升级的新引擎。2021年8月发布的《湖北省战略性新兴产业发展"十四五"规划》进一步提出了"到2025年形成2个万亿级支柱产业、4个五千亿级优势产业和2个千亿级特色产业，成为全国战略性新兴产业发展'排头兵'，跻身全国创新型省份前列，并成为全球创新创业网络的重要节点"的目标③。然

---

① 《全球经贸摩擦指数（2021年10月）发布》，网易，https://www.163.com/dy/article/GU16VESO0514KVL1.html。
② "光芯屏端网"指光通信及激光、集成电路、新型显示、智能终端和下一代信息网络五大湖北省战略性新兴产业。
③ 《湖北省战略性新兴产业发展"十四五"规划：打造两个万亿级产业》，网易，https://www.163.com/dy/article/GHLUT71F05198UNI.html。

而，贸易摩擦为湖北省发展战略性新兴产业、打造现代产业体系造成了巨大的产业链、供应链风险。例如，美国不断增加技术出口管制的实体清单，2020年6月武汉烽火科技公司已新增上榜，未来高科技企业的核心技术被"卡住脖子"的风险还将不断增大。

目前，中部地区已步入推进开放型经济高质量发展的新征程。2021年7月，国务院出台的《关于新时代推动中部地区高质量发展的意见》将"高水平开放"作为中部地区"高质量发展"的重要内容，并且明确提出"2025年中部地区开放水平再上新台阶，内陆开放型经济新体制基本形成"的建设目标。因此，无论是应对短期冲击还是化解长期影响，有效应对国际贸易摩擦已经成为中部省份打造内陆开放新高地、全面提升开放水平亟待解决的重要课题。

第三节　研究的目的及意义

一　研究目的

百年未有之大变局中，全球经济增长遭遇空前挑战。国际金融危机爆发后，世界经济深度衰退，长期稳健增长动力不足；突如其来的新冠肺炎疫情增加了更多不确定和不稳定因素；世界经济格局多极化，激发大国博弈升级，国际经贸规则加速重塑，全球贸易摩擦频发，对华贸易摩擦形势也愈加严峻。面对持续加大的外部压力与风险，考量国内发展阶段、优势条件与现实约束，构建"以国内大循环为主体、国内国际双循环相互促进的新发展格局"成为中国高质量发展的必然战略选择。同时，"深入参与国际循环、以更高水平对外开放应对贸易摩擦"也始终是中国政府的明确立场。区域上，推动内陆地区，尤其是中部地区对外开放是推动形成全面开放格局的潜力和关键所在。然而，中部省份在建设开放型经济的进程中，国际贸易摩擦的制约效应日益突出，已成为提升开放水平、推动高质量发展亟须解决的重要课题。

在此背景下，本书依循"开放型经济发展现状→面临的贸易摩擦形势及趋势→贸易摩擦对开放型经济发展的影响→应对对策及建议"的基本思路，以中部省份中开放度较高、贸易摩擦问题突出的湖北省为例展开研究：一是通过分析湖北省遭遇的国际贸易摩擦的特征事实掌握贸易摩擦的现状；二是通过分析贸易摩擦的演进过程、主要特点，研判发展趋势；三是通过定量与定性研究分析贸易摩擦对湖北省开放型经济发展的影响；四是综合研究结论提出湖北省应对贸易摩擦的对策和建议。最终，期望本书基于湖北省案例的研究结果能够为中部其他省份应对贸易摩擦、推进高水平开放、实现高质量发展提供参考与借鉴。

二 研究意义

（一）理论意义

在中国梯度对外开放战略部署和区位劣势下，与沿海地区相比，内陆地区开放型经济发展相对滞后，总量上国际贸易摩擦问题并未凸显，因而一直未受到学术研究的足够关注[①]。新时期，在推动形成"全面开放新格局"下，中部省份建设"内陆开放新高地"步伐加快，探究应对国际贸易摩擦的对策，具有积极的理论意义。

首先，有助于理解处于不同开放型经济发展阶段、开放条件、开放模式下的主体应对贸易摩擦的机理与路径，丰富有关开放型经济和贸易摩擦研究的理论内容，为中部地区相关部门预判摩擦形势、制定科学政策措施提供理论指导。

其次，湖北省既是内陆大省、中部崛起战略支点，也是长江经济带上的重要节点，更是"一带一路"上的重要枢纽，开放度在中部六省中仅次于河南省，贸易摩擦问题相对突出，具有代表性。通过对湖北省国际贸易摩擦问题研究，对其他内陆省份应对贸易摩擦、推进全面开放格局具有重要的参考价值。

最后，本书尝试以湖北省进出口商品数据为基础建立数据库，研究内容包含了对四种类型贸易摩擦案件的多层次结构分析，能够为相关研究提供学术参考。

（二）现实意义

1. 贯彻中央"稳""保"精神，应对突发事件的短期冲击

开放型经济体系中，外资企业和外贸企业都是对外开放的重要载体，产业链上下游相关企业多，涉及就业数量大。而经济高质量发展最终落脚在"更高质量和更充分的就业"上。因此，发生突发事件的外

---

① 有关内陆省份贸易摩擦的研究详见第二章文献综述。

部冲击时，稳定外资企业与外贸企业经营与就业始终是高质量发展的根本要求。

2018年7月中美关税摩擦正式爆发后，中共中央提出"稳外贸""稳外资""稳就业"的重要方针；2020年4月，应对新冠肺炎疫情叠加影响，中央提出"保市场主体"的重要指示。同年8月，为深入贯彻习近平总书记关于"稳住外贸外资基本盘"的重要指示批示精神，国务院办公厅印发《国务院办公厅关于进一步做好稳外贸稳外资工作的意见》，提出15项稳外资和稳外贸的政策措施，目标依然是保障外贸主体和外资主体，同时推进就业稳定增长。2021年中国外贸保持高景气度，进出口额首次突破6万亿美元关口，但是仍然面临增长的不确定、不稳定、不均衡因素。2022年1月国务院办公厅印发《关于做好跨周期调节进一步稳外贸的意见》，"稳外贸"仍是"六稳"工作的重点①。

中美贸易摩擦和新冠肺炎疫情突发造成的短期冲击以及政府与企业的应对实践表明，制订短期冲击的应对方案至关重要。因此，本书以湖北省为例，通过规范分析和实证分析方法量化评估贸易摩擦对湖北省贸易和就业的短期冲击，同时特别关注新冠肺炎疫情叠加影响下全省中小外贸企业运营状况，利用调研访谈方式深入了解各类外贸主体遭受的实际影响以及利益诉求。在此基础上，提出应对贸易摩擦短期冲击、稳定就业的对策建议，确保"稳""保"要求的长期落实。

2. 构建应对摩擦的长效机制，推进中部地区高质量发展

"十四五"时期已开局，中部省份也步入高质量发展新阶段，其不仅关乎中部崛起、关乎区域协调发展，更服务于中国高质量发展的全局。2021年7月，国务院《关于新时代推动中部地区高质量发展的意见》为新时期进一步推进中部崛起战略提出了明确方向与要求，并将"高水平开放"作为中部地区"高质量发展"的重要内容，并且明确提出"2025年中部地区开放水平再上新台阶，内陆开放型经济新体制基本形成"的建设目标。

---

① 2018年7月，中美贸易摩擦加剧，外部环境发生明显变化。中共中央首次提出"六稳"，即稳就业、稳金融、稳外贸、稳外资、稳投资、稳预期。

当前，新冠肺炎疫情防控已进入常态化。但是，随着中部地区全面开放战略推进，国际贸易摩擦对出口企业绩效、产业升级、对外开放水平和质量提升的制约效应将愈加凸显。"如何应对国际贸易摩擦，畅通国际循环堵点，加速构建全面开放新格局"必是长期挑战和艰巨任务。本书注重研究国际金融危机以来湖北省企业遭遇国际贸易摩擦的事实，注重结合全球贸易摩擦演进特点研判未来摩擦形势，立足"双循环"新发展格局探讨构建长效应对机制，为其他省份应对贸易摩擦提供借鉴，助力形成全面开放格局，推进实现中部地区高质量发展。

第四节 研究的思路、内容及方法

一 研究思路

本书从贸易摩擦内涵与形式入手，基于国际和国内背景分析，综述相关文献成果后，以湖北省为例，依循"开放型经济发展现状→面临的贸易摩擦形势及趋势→贸易摩擦对开放型经济发展的影响→应对对策及建议"的基本思路展开研究（技术路线见图1-1）。

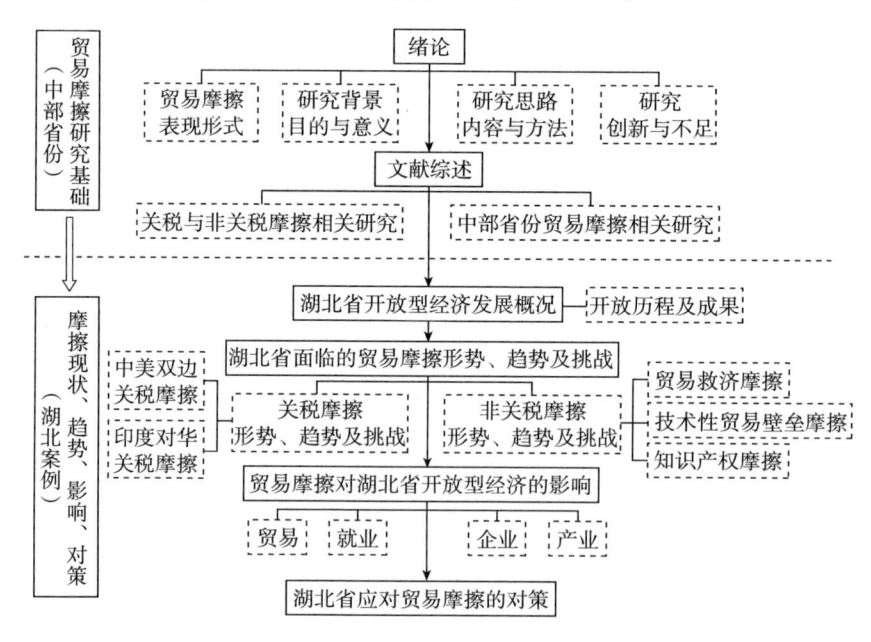

图1-1 技术路线

二 研究内容

基于研究目的和思路，全书分为九章，具体内容如下：

第一章：绪论。作为本书的开篇章节，本章界定"国际贸易摩擦"的内涵与形式，其后阐明研究的国内外背景、研究目的及意义，在勾勒出研究思路和技术路线基础上阐述研究内容、研究方法、主要创新与不足。

第二章：国际贸易摩擦的文献综述。基于研究目的综述两方面文献：①梳理关税摩擦、贸易救济摩擦、技术性贸易壁垒摩擦、知识产权摩擦、服务贸易摩擦等不同类型摩擦的相关文献；②梳理以中部省份贸易摩擦问题为对象展开的研究。其后，简要评价现有研究的成果和不足。

第三章：湖北省开放型经济发展历程及概况。简要概述湖北省开放型经济发展的五个阶段，从对外开放的基础设施、产业支撑、跨境货物与服务贸易、跨境投资与技术合作四个方面展现开放型经济发展概况。

第四章：湖北省面临的关税摩擦形势。本章以美国和印度为对象展开研究，分为两部分：第一部分梳理中美关税摩擦的演进阶段，系统解析摩擦中的双边关税措施，基于湖北省与美国双边经贸关系现状及进出口产品结构分析关税措施的影响范围和程度；第二部分梳理印度提高关税壁垒的演进阶段，结合湖北省对印度出口贸易商品结构分析印度上调关税的措施对湖北省企业造成的影响。

第五章：湖北省面临的非关税摩擦国内外形势。简要介绍贸易救济摩擦、技术性贸易壁垒摩擦、知识产权摩擦三种类型非关税贸易摩擦内涵与主要形式，分别从全球和中国两个层面分析湖北省面临非关税贸易摩擦的国际和国内形势。

第六章：湖北省面临的非关税摩擦形势。以第五章非关税贸易摩擦的国内外形势为背景，对湖北省企业面临的三种非关税摩擦现状展开研究。首先，贸易救济摩擦方面，一是从总体层面分析摩擦基本情况、国别与地区分布、救济措施类型分布和摩擦行业分布；二是从国别层面选择4个发达经济体（美国、欧盟、加拿大、澳大利亚）和5个发展中经济体（印度、土耳其、巴西、墨西哥和阿根廷）进行国别研究。其次，技术性贸易壁垒摩擦方面，分析湖北省企业遭遇的美国、欧盟和日本三个主要摩擦来源地的贸易摩擦现状。最后，知识产权贸易摩擦方面，从湖北省企业涉外知识产权诉讼概况、遭遇"337调查"概况、入境货物海关知识产权执法保护概况等方面展开研究。

第七章：湖北省面临的国际贸易摩擦趋势与挑战。首先，依据全球关税摩擦环境、美国与印度对华战略与政策预判湖北省将面临的关税摩擦趋势。其次，依据近年来湖北省遭遇贸易救济摩擦、技术性贸易壁垒摩擦的形势归纳其新的特点与发展趋势。最后，探讨知识产权摩擦这类新兴非关税摩擦对湖北省内企业提出的新挑战。

第八章：国际贸易摩擦对湖北省开放型经济发展的影响。本章采用规范分析、实证分析以及调研访谈的方法，从宏观和微观两个层面，围绕外贸增长、就业稳定、企业经营和产业发展四个方面评估国际贸易摩擦对湖北省开放型经济发展的短期冲击和长期影响。

第九章：研究结论及对策。作为全书终章，基于第四章至第八章对湖北省面临的国际贸易摩擦形势、趋势、影响的系统研究得出主要结论，从优化预警系统与监管平台、提高贸易与投资促进水平、优化营商环境促进联通、协调规制推进制度型开放、打造知识产权保护新高地、畅通渠道灵活调配劳动力、缓解就业长期结构性矛盾等方面提出应对国际贸易摩擦的对策与建议。

三 研究方法

（一）文献分析法

一是学术文献分析，即阅读与梳理有关贸易摩擦问题研究的学术成果，重点关注研究思路与最新分析方法，为本书提供借鉴。二是新闻报道分析，即由于本书需要大量省级层面的贸易摩擦信息，官方网站信息非常有限，因此广泛收集各渠道内有关新闻报道类资料，作为补充。三是中部省份相关政策文件分析，即查阅中部省份（以湖北省为重点）近五年发展战略规划、相关产业政策、就业政策文件资料，及时了解政策动向，把握研究方向。

（二）量化分析法

其一，根据官方公布的贸易摩擦涉案商品HS编码信息与湖北省进出口商品HS编码匹配结果，构建包含涉及湖北省进出口产品的贸易摩擦案件、数量及金额的贸易摩擦数据库，分析湖北省面临的关税摩擦、贸易救济摩擦、技术性贸易壁垒摩擦与知识产权摩擦形势。

其二，基于关税传导系数和商品价格—需求弹性系数，定量测算中美关税摩擦中美国加征关税措施和中国反制措施对湖北省出口额和进口额的直接影响。

其三，构建时间序列模型，采用2008—2018年贸易与就业数据测算湖北省总出口、总进口、加征关税清单涉及的主要行业的价格—需求弹性系数、贸易—就业弹性系数、出口—就业弹性系数和进口—就业弹性系数。以此为基础定量测算中美双边关税措施对湖北省总体及各清单行业就业的冲击规模和程度。

（三）调研访谈法

2019年7月，笔者通过湖北省各市州就业部门对41家涉美贸易企业展开调研，建立了就业检测站点。2020年5月，在就业部门协助下，笔者扩充样本至61家，增加了出口市场涉及欧盟、日本及"一带一路"沿线国家的企业。2021年6月对样本企业进行跟踪调研。主要调查方式是问卷、网络通信和电话访谈。调研内容包括2018年以来中美关税摩擦持续升级对企业生产、经营、用工造成的影响，对中美关税政策预期，企业应对计划，新冠肺炎疫情的冲击，对外经营中企业遭遇各种类型贸易摩擦的情况，应对措施以及对政府帮扶政策的诉求等。本书将企业调研结果作为规范分析和实证分析结论的重要补充。

第五节　研究创新及不足

一　主要创新

（一）内容创新

有关国际贸易摩擦的现有研究成果多见于国家层面，省级层面的研究主要集中于江苏、广东、福建等贸易摩擦相对集中的沿海地区，内陆省份尤其是中部地区研究不仅数量不多而且高质量学术成果更为少见。与此同时，地处内陆地区，中部省份与沿海省份不仅在要素禀赋、经济发展水平、法治环境、营商环境等方面均存在相当大差异，而且遭遇的摩擦形势在数量、形式、行业结构等方面也并不相同，国家层面或者发达地区的有关结论是否符合中部地区发展实际还有待验证，并且中部省份经济和社会发展的特殊性也要求更具针对性的对策。因此，本书立足于湖北省企业遭遇的国际贸易摩擦的现实情况，基于省级层面数据与案例展开全面系统的研究，是对国家层面研究的深入和细化，是现有成果的有益补充。

（二）方法创新

数据可获性差是省级层面研究普遍存在的难点。本书根据官方公布的贸易摩擦涉案商品HS编码信息与湖北省进出口商品HS编码匹配结果，专门针对湖北省构建了贸易摩擦数据库，可以从总体、商品、金额、地理分布等多角度分析湖北省面临的关税摩擦、贸易救济摩擦、技术性贸易壁垒摩擦与知识产权摩擦形势。同时，本书对四种类型贸易摩擦的研究均沿袭"全球—中国—湖北—行业—产品"（或者"国别—产品"）展开多层次结构剖析，以期获得更翔实和更具针对性的结论。因此，研究方法上有所突破。

二　研究不足

其一，本书采用进出口商品HS编码匹配方法构建的湖北省贸易摩擦数据库中，企业遭遇反倾销、反补贴、知识产权等非关税摩擦现状时涉案数量、金额、商品种类与实际可能存在一定差异。主要原因是：①部分发展中国家贸易摩擦的涉案产品编码并未完全对外公布；②各国海关HS编码制度存在一定差异，部分国家涉案商品HS编码与中国进出口商品HS编码无法完全匹配，存在少量遗漏。

其二，受新冠肺炎疫情影响，笔者无法连续开展实地调研和面对面访谈，网络通信和电话访谈方式下样本容量和质量可能受到一定影响。依据后续研究需要，在条件允许情况下再进行补充。

第二章

国际贸易摩擦的文献综述

围绕国际贸易摩擦问题展开的研究成果极为丰富，可以从不同角度对文献进行划分。从摩擦领域划分，可分为货物贸易摩擦与服务贸易摩擦研究；从摩擦方向划分，可分为国外对华贸易摩擦与中国对外贸易摩擦研究；从摩擦对象划分，包括发达国家与发展中国家贸易摩擦研究；从摩擦形式划分，可分为关税摩擦与非关税摩擦，其中非关税摩擦主要包括传统贸易摩擦（如反倾销、反补贴、保障措施等贸易救济摩擦）和新型贸易摩擦（如技术性贸易壁垒摩擦、知识产权摩擦、数字贸易摩擦等）研究；从分析方法划分，可分为定性研究与定量研究。

依据研究思路和框架，本章首先以贸易摩擦形式为主线综述关税与非关税摩擦的相关研究，其后梳理中部省份尤其是湖北省贸易摩擦的相关文献[①]，为中部省份应对国际贸易摩擦的对策研究提供借鉴。

第一节 关税摩擦与非关税摩擦的相关研究

一 "关税摩擦"相关研究

国际金融危机爆发后，日本、美国、欧盟、韩国等发达经济体之间贸易争端频频发生，恶化了全球贸易环境，也极大增加了世界经济复苏的不确定性，其中关税措施成为最重要和最直接的政策工具。2018年，美国前总统特朗普所发起的对华关税摩擦在规模和程度上均史无前例，

---

① 本部分筛选文献为国内外主流学术期刊文献，主要包括 SCI 源刊、EI 源刊、CSSCI、北大核心数据库。

成为国际贸易学、政治学、国际关系学等多个领域的关注焦点。部分学者从历史维度回顾和梳理日美、美欧、日韩等贸易摩擦为中国应对中美贸易摩擦提供参考[1][2][3],而直接针对中美贸易摩擦进行研究的文献更是层出不穷。此部分将从摩擦缘起、效应、走势、对策等方面进行梳理。

(一) 中美贸易摩擦的缘起、走势与对策

对于中美贸易摩擦的缘起,学界和媒体都存在多种观点:逆全球化事件频发、世界经济增长不确定性增大、美国民粹主义思想的兴起、公平价值观认知、中美贸易对双方就业市场的冲击、美国国内政治基础、经济根源、地缘政治格局、美国战略意图、双边制度差异等[4][5][6][7][8],既有短期因素,也有长期考量,看似偶然的事件却有着发生的必然[9]。

2020年1月15日,双边加征关税措施因签署第一阶段经贸协议的签订暂时中止,但至今仍有数千亿美元商品承受额外关税的负担,双边进口平均关税也保持在19%左右的高水平[10]。这种"有管理的贸易协

---

[1] 薛威等:《美国贸易战历史回顾:擅长多维立体贸易战》,《国际金融》2018年第5期。

[2] 丁纯等:《特朗普时期的美欧经贸冲突:特征、原因与前景——基于美欧贸易失衡视角的实证分析》,《欧洲研究》2019年第37期。

[3] 沈伟:《历史维度中的日美贸易摩擦:背景、走势和启示——兼谈中美贸易战之困的特质》,《广西财经学院学报》2019年第32期。

[4] 智艳、罗长远:《新冠肺炎疫情对中国经济的影响及其思考》,《学习与探索》2020年第4期。

[5] 张建新:《想象与现实:特朗普贸易战的政治经济学》,《国际政治研究》2018年第39期。

[6] 余淼杰等:《中美贸易摩擦的缘起与对策——一个文献综述》,《长安大学学报》(社会科学版)2018年第20期。

[7] 东艳:《制度摩擦、协调与制度型开放》,《华南师范大学学报》(社会科学版)2019年第2期。

[8] 蔡宏波:《国际贸易摩擦的制度成因》,《北京工商大学学报》(社会科学版)2019年第34期。

[9] 万光彩、陈鑫鑫:《新冠疫情冲击下中美贸易摩擦的博弈分析》,《中国海洋大学学报》(社会科学版)2021年第3期。

[10] Chad P. Bown, "Phase One China Deal: Steep Tariffs are the New Normal", Peterson Institute for International Economics, https://www.piie.com/blogs/trade-and-investment-policy-watch/phase-one-china-deal-steep-tariffs-are-new-normal.

议"相对于贸易摩擦似乎是一种双赢的选择①,也昭示着双边关税摩擦将成为长期存在的新常态,中美关系也将变得更为复杂②。当然,也有学者认为,鉴于摩擦发生的必然性,达成协议能够为中国经济发展获得一段相对较好的时间和空间,实现新旧动能较快转变③。

2020年年初暴发的新冠肺炎疫情在一定程度上加剧了中美经贸关系的紧张状态④,从"经济脱钩""技术冷战"到"炒作中国病毒",特朗普政府全面打击中国,双方不断凸显的主观矛盾及客观差异加速了双边经贸关系的重塑,但对于走向如何,观点并不完全相同。有观点认为两国的战略博弈将进一步深化⑤,有观点则认为短期内"抗疫"和"复苏"仍然是全球经济发展的关键词,中美经贸关系将进入"竞争+合作"的相对稳定期⑥。如今拜登政府截然不同的态度下关税政策预期不会有大幅变动,中美关系也可能有所改善⑦,但是摩擦领域将向金融、科技、国际规则和制度层面延伸,且美方强化盟友的做法可能使中方需要面对的博弈格局由"中—美"博弈向"中—美国及其盟友"博弈演变⑧。

基于上述分析,文献探讨了一些应对方案。例如,签署自由贸易协定、尝试通过欧盟承接中美贸易转移、动态调整产业结构降低摩擦可能

---

① Freund, C. M., et al., "When Elephants Make Peace: The Impact of the China-U. S. Trade Agreement on Developing Countries", Policy Research Working Paper, East Asia and the Pacific Region Office of the Chief Economist & Trade and Regional Integration Global Unit, World Bank Group, No. 9173, 2020.
② 余永定:《中美贸易战的深层根源及未来走向》,《财经问题研究》2019年第8期。
③ 黄志刚:《中美贸易摩擦下的中国经济形势》,《企业经济》2019年第38期。
④ 赵明昊:《新冠肺炎疫情与美国对华战略竞争的深化》,《美国研究》2020年第4期。
⑤ 陈继勇、杨格:《新冠疫情与中美经贸关系重塑》,《华南师范大学学报》(社会科学版)2020年第5期。
⑥ 沈建光:《中美经贸关系将逐步转为竞争+合作》,《中国外汇》2021年第1期。
⑦ 阳结南:《拜登时代中美贸易摩擦前景展望》,《国际贸易》2021年第4期。
⑧ 周金凯:《美国对华贸易政治的实施策略分析——中美经贸摩擦视角》,《上海对外经贸大学学报》2021年第28期。

性[1]、促使多元化战略更有效地缓解贸易摩擦等[2][3][4]，并且提出了具体的实施路径。

（二）中美贸易摩擦的效应评估

随着中美征税与反制清单公布，关税摩擦对两国乃至世界的影响成为焦点，研究逐渐进入定量分析阶段，主要依循两种方式展开：一是对征税清单中的商品结构展开基于现实情景的分析，通过涉及征税商品的估值估算关税措施的冲击程度；二是使用结构模型、GTAP模型、CGE模型等计量模型对不同情境下的两国福利损失进行预测，主要包括加征关税对中美两国在经济、贸易、福利水平、就业、贸易平衡的影响及对第三国的溢出效应等。

1. 经济效应分析

对于贸易摩擦对哪一国影响更加严重、人民币贬值是否有助于缓解摩擦、贸易摩擦对全球经济是否会产生长期性和结构性的影响等问题，国内外学者尚存争议，但比较一致地认为"贸易摩擦不仅对全球经济增长前景不利，也有损于中美两国的福利水平[5]，更无助于解决中美贸易失衡、美国制造业就业回流以及实现更公平的贸易格局"[6]。

从国际分工角度，很多文献从全球价值链（GVC）视角探讨中美博弈的经济效应[7]，尤其是其是否阻碍了中国参与全球价值链生产网

---

[1] 祝合良、解萧语：《产业结构调整降低贸易摩擦的机理与路径——以中美为例》，《扬州大学学报》（人文社会科学版）2020年第24期。

[2] 杨成玉：《中美贸易摩擦下中欧贸易转移与承接研究》，《国际经贸探索》2020年第36期。

[3] 张明志、岳帅：《中美贸易摩擦与中国对外贸易多元化》，《华南师范大学学报》（社会科学版）2020年第4期。

[4] 吕建兴等：《FTA能缓解成员国对华贸易摩擦吗？——基于GTA国家—产品层面的证据》，《数量经济技术经济研究》2021年第38期。

[5] 樊海潮等：《开放还是封闭——基于"中美贸易摩擦"的量化分析》，《经济学》（季刊）2020年第19期。

[6] 王晓燕等（2021）对2018年7月至2020年7月发表在具有较高影响因子的国内外经济学主流期刊上相关主题的研究进行了综述，具有代表性。参见王晓燕等《中美加征关税的影响：一个文献综述》，《上海对外经贸大学学报》2021年第28期。

[7] 李新瑜、张永庆：《中美博弈对全球价值链的影响机理与重构效应》，《价格月刊》2021年第2期。

络、对中国制造业的国际分工地位以及区域价值链的影响等[①][②]。例如，杨军等基于贸易增加值分解模型研究发现，由于直接贸易规模性转移与间接产业分工格局调整，双边加征关税对于中国参与全球价值链负面影响颇为严重，却深化了中国参与区域价值链的程度，行业影响则取决于其参与价值链分工的程度[③]。

从产业结构升级角度，产业结构升级与此轮中美贸易摩擦彼此间存在显著关联[④]。贸易摩擦是一把"双刃剑"，对产业升级既有抑制作用，但又能通过优化进出口商品结构、优胜劣汰、减少对美贸易依存度等多种机制促进产业结构升级，提升参与国际分工的位置[⑤]。

2. 贸易效应分析

宏观层面上，文献结论普遍认为，加征关税对中美进出口存在显著负向效应，但并非一定是线性过程。例如，谢建国和王肖发现贸易冲突导致中国从美国进口量稳定而持续地降低，而中国对美国的出口则呈现倒"U"形趋势，即短期"抢出口"效应[⑥]。在全球价值链视角下，史本叶和王晓娟提出应当格外重视中美贸易摩擦的传导机制和扩散效应，他们研究发现全球价值链在某种程度上类似于一种保险机制，美国加征关税将显著降低中国对美出口中的第三国增加值率，但并不影响出口产品在中国国内的增加值率[⑦]。同时，有文献研究了基于价值链的"累积

[①] 乔小勇、魏晓：《贸易摩擦是否真正阻碍了中国制造业参与全球价值链生产网络？——基于跨境生产视角》，《科学决策》2020年第7期。

[②] 李宏等：《中美贸易摩擦对中国制造业全球价值链分工地位的影响》，《财贸研究》2020年第31期。

[③] 杨军等：《中美贸易摩擦对中国参与区域价值链的重构效应》，《中国流通经济》2020年第3期。

[④] 王云胜、于树江：《中美贸易摩擦对我国产业结构升级的中长期影响研究》，《河南社会科学》2020年第28期。

[⑤] 史长宽：《中美贸易摩擦对我国产业结构升级的影响及对策》，《中国流通经济》2019年第33期。

[⑥] 谢建国、王肖：《中美贸易冲突的贸易后果——基于中美贸易细分产品数据的研究》，《财经理论与实践》2021年第42期。

[⑦] 史本叶、王晓娟：《中美贸易摩擦的传导机制和扩散效应：基于全球价值链关联效应的研究》，《世界经济研究》2021年第3期。

关税成本"、价格效应、求侧传导机制、自我加速效应等①②③，体现了全球产业关联和经济体之间的经济互动。此外，还有学者发现，贸易摩擦的第三国贸易创造与贸易转移效应显著，但净效应大小受到其贸易结构及其与中美在特定产业的竞争关系的直接影响。例如，崔连标等测算发现韩国、马来西亚等国的出口商会因贸易创造效应而获利④。

产业层面上，研究显示贸易摩擦的冲击存在行业异质性。例如，对美国而言，少部分行业（如纺织、肉类、重工业等）会从中受益⑤⑥，而能源部门、汽车零部件产业、5G通信、木制品等行业的出口份额会明显下降⑦；相反，对中国而言，大豆、汽车等行业可能受损更多⑧⑨。

微观层面上，农产品贸易（尤其是大豆）受到关注相对较多，主要探讨贸易摩擦对农产品贸易规模⑩⑪⑫、贸易结构⑬、产品价格⑭、重

---

① 倪红福等：《全球价值链中的关税成本效应分析——兼论中美贸易摩擦的价格效应和福利效应》，《数量经济技术经济研究》2018年第8期。
② 齐鹰飞、Li Yuanfei：《跨国投入产出网络中的贸易摩擦——兼析中美贸易摩擦的就业和福利效应》，《财贸经济》2019年第40期。
③ 余振、江艺馨：《贸易摩擦存在自我加速效应吗？——基于中美经贸争端的实证分析》，《东南大学学报》（哲学社会科学版）2020年第22期。
④ 崔连标等：《中美贸易摩擦的国际经济影响评估》，《财经研究》2018年第12期。
⑤ Bouët, A. and D. Laborde, "US Trade Wars in the Twenty-first Century with Emerging Countries: Make America and Its Partner Lose Again", *World Economy*, Vol. 41, No. 9, 2018, pp. 2276-2319.
⑥ 周政宁、史新鹭：《贸易摩擦对中美两国的影响：基于动态GTAP模型的分析》，《国际经贸探索》2019年第2期。
⑦ 马杰、袁悦：《中美贸易摩擦形势对能源贸易领域的影响及对策》，《中外能源》2020年第7期。
⑧ 吕越等：《基于中美双方征税清单的贸易摩擦影响效应分析》，《财经研究》2019年第2期。
⑨ Tu, X. Q. et al., "US-China Trade War: Is Winter Coming for Global Trade?", *Journal of Chinese Political Science*, Vol. 25, No. 2, 2020.
⑩ 杨皓森、杨军：《中美第一阶段贸易协定对中美农产品贸易的影响分析》，《农业经济问题》2020年第12期。
⑪ 张玉梅等：《中美经贸协议对世界大豆产业的潜在影响分析——基于双边贸易模块的全球农产品局部均衡模型》，《农业技术经济》2021年第4期。
⑫ 李向阳、孙东升：《中美贸易摩擦对柑橘贸易影响分析——基于WITS-SMART模型》，《华中农业大学学报》（社会科学版）2021年第3期。
⑬ 孙东升等：《中美贸易摩擦对中美农产品贸易结构的影响研究》，《农业经济问题》2021年第1期。
⑭ 王原雪等：《中美贸易摩擦对中国农产品价格的冲击——基于GTAP模型的价格传导机制分解》，《世界农业》2021年第1期。

点产业发展走向①等。另外，各地商务部门、就业部门组织各类企业调研，既是对学术研究的有益补充，也提供了更具有针对性的政策参考。例如，陈怀锦和周孝基于2019年"降成本"的调查发现中美贸易摩擦短期负面冲击相对有限，企业可以通过减少生产、分摊成本、加大研发投入等方式应对，但仍然对政府服务、帮扶政策、营商环境等方面提出了迫切诉求②。

3. 就业效应分析

对两国就业效应展开定量分析的文献认为，中美贸易摩擦短期内对两国就业冲击有限，主要通过出口带动效应和进口替代效应产生影响。但是，考虑摩擦会通过增加政策不确定性渠道引致全球经济放缓、价值链不稳定、汇率变动加剧等效应后，贸易摩擦的间接就业效应可能会超过直接效应③。同时，就业效应呈现明显行业异质性，如刘维林等发现，中国受影响较大的部门主要集中在第二产业，尤其是中高技术产业，而美国三次产业的就业效应比较相似，但全球价值链嵌入程度较深的计算机电子和光学产品制造业受到冲击最大④。因此，对于冲击较大的重点地区、重点行业和重点产品外向型企业及其上下游关联企业应提供重点帮扶⑤⑥。

二 "贸易救济摩擦"相关研究

"两反一保"引起的贸易救济摩擦是中国遭遇贸易救济摩擦的重要形式。同时，随着中国全面开放格局逐步形成，对外发起贸易救济也已屡见不鲜。因此，本部分从国外对华贸易救济摩擦与中国对外贸易救济摩擦两方面进行文献梳理。

---

① 于爱芝、杨敏：《中美贸易摩擦与我国重点农业产业走向》，《华南农业大学学报》（社会科学版）2021年第20期。

② 陈怀锦、周孝：《中美贸易摩擦下外向型企业的应对与政策诉求——基于2019年"降成本"调查的分析》，《国际贸易》2020年第1期。

③ 于换军、毛日昇：《中美贸易摩擦对两国就业的影响》，《东北师大学报》（哲学社会科学版）2019年第6期。

④ 刘维林等：《全球价值链视角下中美贸易摩擦的就业影响测算》，《中国人口科学》2020年第2期。

⑤ 赵文：《中美贸易摩擦对我国就业的影响及对策》，《国际贸易》2020年第8期。

⑥ 田开兰等：《两败俱伤：美中贸易关税战对经济和就业的冲击》，《管理科学学报》2021年第24期。

(一) 国外对华贸易救济摩擦研究成果

现有文献主要从法律和经济两个角度展开研究。其一，法律角度上，文献主要评析美国及欧盟贸易救济规则，如欧盟反倾销制度中的"新替代国制度"[1]、"社会倾向"条款[2]、调查新规则[3]、日落复审程序[4]、美国对华反倾销"非市场经济国家"认定条件[5]、美国汇率反补贴新规[6][7]、饲料贸易中"双反"规则的演变[8]等。

其二，经济角度上，近五年定量研究数量明显增多，关注贸易救济摩擦产生的原因、摩擦效应以及对策，大致可分为以下三类文献。

首先，针对国外对华发起救济措施的原因以及影响因素研究。大多数文献从贸易失衡、利益集团影响、中国出口价格低、人民币汇率下降等角度定性分析[9]，计量分析主要用于验证影响贸易救济发生可能性的外部因素和内部因素的实际效应。具体而言：①外部因素：例如贸易冲击、不确定性将显著增加出口国遭遇反倾销调查的可能性但具有滞后效应[10][11]；而在国内产业发展的不同阶段，贸易政策和产业政策的双重作用会提高中国出口企业遭受反倾销的产品频数，从而成为引发摩擦的经

---

[1] 刘勇、谢依依：《欧盟对外反倾销中的新替代国制度及其违法性分析》，《国际商务研究》2021年第42期。
[2] 赵海乐：《欧盟单边主义的新动向：反倾销规则中的"社会倾向"条款分析》，《欧洲研究》2020年第38期。
[3] 李回：《欧盟反倾销调查新规则的合规性研究》，《西南政法大学学报》2018年第20期。
[4] 吴灏文：《欧盟反倾销日落复审的程序、重点和规避路径》，《深圳大学学报》（人文社会科学版）2018年第35期。
[5] 郭晓玲：《美国对华反倾销中非市场经济地位认定方法及我国的应对策略》，《对外经贸实务》2020年第6期。
[6] 郑伟：《美国货币低估反补贴法规修订评析》，《武大国际法评论》2020年第4期。
[7] 韩龙：《美国汇率反补贴新规之国际合法性研判》，《法学》2020年第10期。
[8] 黄维娜、张勉：《饲料国际贸易反倾销反补贴规则的演变》，《中国饲料》2020年第18期。
[9] 蓝天、毛明月：《国际缘何对华反倾销？——基于面板负二项回归的多样化动因分析》，《南开经济研究》2019年第2期。
[10] 亢梅玲、李潇：《贸易冲击与中国遭遇的反倾销、反补贴调查影响因素研究》，《国际商务》（对外经济贸易大学学报）2018年第4期。
[11] 谢廷宇、李琪：《不确定性下的反倾销更严重了吗？——来自23个经济体的经验证据》，《经济问题探索》2021年第5期。

济和策略原因①。另外,市场化程度能通过提升对中国企业市场经济地位的认可来提高中国应对反倾销的成功概率②。②内部因素:例如,行业技术进步越快,遭遇他国贸易救济可能性越大;这种效应在技术密集型行业、后发新兴行业更为显著③;企业样本数据研究表明,生产率与反倾销诉讼可能性呈显著负相关④⑤;制度认知差异也是重要影响因素⑥。上述成果为中国遭遇愈演愈烈的贸易救济摩擦现状提供了更多视角的解释。

其次,针对国外对华发起贸易救济摩擦的影响。微观企业和产品数据成为分析基础,文献主要关注如下四方面影响:

第一,对中国参与全球价值链分工地位的影响。例如,黄永明和潘安琪指出美国对华反倾销措施显著抑制了中国的总出口增加值关联和区分中间品与最终品的增加值关联,而且对最终产品出口抑制作用更强,但促进了前向和后向增加值关联,同时在反倾销国家之间产生贸易转移效应和产品间贸易转移效应⑦。

第二,对企业出口绩效和行为的影响。从企业进入市场的时间来看,相比在位企业,新企业面临较高的固定成本使反倾销的负面影响更大⑧;从企业所处的生产链位置来看,反倾销不仅制约出口企业出口,

---

① 顾振华:《贸易政策与产业政策双重作用导致对华出口制造业的反倾销》,《世界经济研究》2020年第9期。

② 刘悦、刘建江:《市场化程度是否提升了对中国企业市场经济地位的认可——基于欧盟对华反倾销的调查事实》,《国际贸易问题》2019年第6期。

③ 邓路、刘帷韬:《技术进步是否引发他国对华贸易摩擦:基于行业层面的研究》,《广东财经大学学报》2019年第34期。

④ 王孝松等:《企业生产率与贸易壁垒——来自中国企业遭遇反倾销的微观证据》,《管理世界》2020年第36期。

⑤ 余骏强等:《美国反倾销对我国企业产品出口量和价格的影响研究》,《世界经济文汇》2020年第1期。

⑥ 梁俊伟等:《制度认知如何影响企业市场行为?——以反倾销为例》,《浙江学刊》2019年第1期。

⑦ 黄永明、潘安琪:《贸易壁垒如何影响中国制造业全球价值链分工——以美国对华反倾销为例的经验研究》,《国际经贸探索》2019年第35期。

⑧ 罗胜强、鲍晓华:《反倾销影响了在位企业还是新企业:以美国对华反倾销为例》,《世界经济》2019年第42期。

还会通过成本效应降低下游企业的出口概率和出口额[1]；从企业产品多样性来看，相比单一产品企业，多产品企业面临的冲击仍然显著但更小。许家云等利用倍差法发现反倾销导致多产品企业的出口数量和种类明显减少，但是出口价格、产品集中度和市场多元化程度显著提高，同时该效应大小受到企业全球价值链上游嵌入度、下游嵌入度以及地位指数的影响，且因企业性质、贸易方式存在差异[2]。不仅如此，反倾销产品对非倾销产品出口可能具有溢出效应，例如反倾销产品成本加成率提高会导致非核心产品出口的向第三国市场转向[3]，可能通过"寒蝉效应"间接影响非倾销产品的生存风险[4][5]，也可能加剧摩擦国非倾销产品的竞争[6]。反补贴方面的研究结论与反倾销比较相似，包括贸易转移效应、出口抑制效应等[7]。尽管遭遇贸易摩擦并不利于企业出口增长，但大部分学者认为其积极效应确实存在，如它能够倒逼企业通过技术创新、内部产品优胜劣汰、市场多样化等方式保持核心竞争力，增加出口稳定性[8][9][10]。更有趣的是，余骏强等发现遭遇反倾销诉讼之前产品质量越低、企业生产率水平越低、产品替代弹性越大，反倾销对企业出口产

---

[1] 鲍晓华、陈清萍：《反倾销如何影响了下游企业出口？——基于中国企业微观数据的实证研究》，《经济学（季刊）》2019年第18期。

[2] 许家云等：《遭遇反倾销与多产品企业的出口行为——来自中国制造业的证据》，《金融研究》2021年第5期。

[3] 陈丽丽、郭少宇：《反倾销调查对中国出口企业产品成本加成率的影响》，《国际经贸探索》2020年第36期。

[4] 孟宁等：《反倾销、多产品企业与出口生存风险》，《产业经济研究》2020年第5期。

[5] 杜威剑、李梦洁：《反倾销对多产品企业出口绩效的影响》，《世界经济研究》2018年第9期。

[6] 龙小宁等：《美国对华反倾销的出口产品种类溢出效应探究》，《世界经济》2018年第41期。

[7] 石晓婧、杨荣珍：《美国反补贴调查对中国企业出口影响的实证研究》，《世界经济研究》2020年第2期。

[8] 沈琳、彭冬冬：《美国对华反倾销会促进中国非倾销出口产品的质量提升吗？——反倾销的出口产品质量溢出效应及其作用机制研究》，《西部论坛》2020年第30期。

[9] 熊凯军：《对华反倾销、反补贴与企业创新——基于我国上市制造业企业专利数据的实证分析》，《中国流通经济》2020年第34期。

[10] 赵文霞、杨经国：《贸易多样化和技术创新：出口波动的稳定器——贸易壁垒减弱出口波动的机制与中国经验》，《西部论坛》2021年第31期。

品质量的提升作用越大[1]。但是也有学者持相反结论，如李世杰等检验发现反补贴并没有提升出口企业的扩展边际，因此并不赞同其对企业实现转型升级的倒逼机制[2]。

第三，对企业创新的影响。反倾销无论对出口企业和非出口企业创新都具有显著的抑制作用[3]，对出口企业、高科技企业、策略性创新活动尤其如此[4]，不仅显著减少研发投入的持续性[5]，也可能促使企业将新产品出口创新转向第三国市场[6]，内源融资约束和商业信贷融资约束是反倾销发生抑制作用的重要渠道[7]。

第四，对企业对外直接投资（OFDI）的影响。高健等发现非关税壁垒会显著诱发对企业OFDI的扩展边际且具有5年左右的持续期，其中反倾销诱发效应最强，相反特别保障措施对OFDI二元边际则具有显著抑制作用[8]。贸易对象上，发达国家对华贸易壁垒具有抑制作用，而发展中国家相反。值得注意的是，在异质性影响上，余振和陈鸣的结论与前者并不相同。他们发现营商环境较好的国家（往往是发达国家）比环境较差的国家促进作用更强，而且相较于资源密集型行业和劳动密集型行业，资本密集型行业的反倾销措施更容易促进企业开展OFDI[9]。

最后，针对如何应对贸易救济，现有文献从财务管理、市场竞争、

---

[1] 余骏强等：《美国反倾销对我国企业产品出口量和价格的影响研究》，《世界经济文汇》2020年第1期。

[2] 李世杰等：《反补贴抑制了中国出口贸易吗？——来自产品层面数据的经验证据》，《经济经纬》2020年第37期。

[3] 李双杰：《对华反倾销如何影响中国企业创新？》，《世界经济研究》2020年第2期。

[4] 沈昊旻等：《对华反倾销抑制了企业创新行为吗》，《财贸经济》2021年第42期。

[5] 李昊洋、沈昊旻：《出口贸易摩擦降低了公司研发投入持续性吗——来自制造业上市公司的经验证据》，《国际商务》（对外经济贸易大学学报）2021年第2期。

[6] 孟宁等：《贸易摩擦会阻碍企业的出口产品创新吗？——基于反倾销视角的研究》，《南京社会科学》2020年第11期。

[7] 曹平等：《美国对华反倾销对中国企业创新效应再评估》，《国际经贸探索》2021年第37期。

[8] 高健等：《贸易壁垒影响中国企业对外直接投资了吗？——基于二元边际的实证分析》，《财经问题研究》2020年第10期。

[9] 余振、陈鸣：《贸易摩擦对中国对外直接投资的影响：基于境外对华反倾销的实证研究》，《世界经济研究》2019年第12期。

贸易规则、经营理念等方面提出建议①，而更具有针对性的对策研究包括预警体系②、贸易调整援助③等。

另外，国别研究主要集中于美国、欧盟、澳大利亚、拉丁美洲国家等④⑤⑥，对"一带一路"沿线地区、中东欧国家、欧亚经济联盟等经济体的关注度持续增加⑦；从救济措施上，美国和欧盟对华贸易救济研究主要集中于反倾销和反补贴；而从涉案产品上，钢铁、化学品、光伏、有色金属、纺织品等研究较为集中⑧⑨⑩。

（二）中国对外贸易救济摩擦研究成果

20世纪90年代末期，国内学者开始对外国产品进入中国市场低价倾销的现象有所关注⑪。加入WTO之后十年内，国内相关文献数量不多，主要围绕中国对外反倾销动因、现状、特点、影响因素等进行定性研究⑫⑬⑭。此后至今，相关研究增量有限，且高度集中在对外反倾销措

---

① 张德锋等：《逆全球化背景下中国出口企业应对反倾销措施的策略》，《国际贸易》2020年第6期。

② 陈芳娌：《我国贸易摩擦现状及预警机制构建》，《市场研究》2019年第9期。

③ 张建：《贸易调整援助立法的法理基础与规范表达》，《海峡法学》2019年第21期。

④ 乔小勇、李泽怡：《世界主要国家和地区对华实施反补贴调查的形势及应对举措》，《国际商务研究》2017年第38期。

⑤ 高歌阳：《新形势下拉丁美洲国家对华反倾销的现状、原因及对策研究》，《价格月刊》2020年第9期。

⑥ 王顶：《韩国对华反倾销的现状、特点及应对之策》，《对外经贸实务》2019年第8期。

⑦ 蒋小红：《中企在中东欧国家贸易和投资面临的欧盟法风险及应对——基于对塞尔维亚、匈牙利和波兰的考察》，《欧洲法律评论》2020年第5期。

⑧ 吴莎：《中国钢铁遭到反倾销调查的原因及对策分析》，《对外经贸实务》2020年第5期。

⑨ 杜方方：《长三角地区纺织品出口遭遇美国反倾销现状与对策研究》，《对外经贸实务》2019年第9期。

⑩ 冯晓玲、李斯琦：《美国对华钢铁产品反倾销的贸易效应研究》，《亚太经济》2019年第3期。

⑪ 牛海霞、盛益：《论我国产业对外反倾销》，《浙江学刊》1999年第2期。

⑫ 刘勇：《我国对外反倾销实践的特点、不足及其完善建议》，《江苏商论》2006年第5期。

⑬ 侯兴政、任荣明：《中国入世以来对外反倾销若干关键问题之讨论》，《生产力研究》2008年第5期。

⑭ 杨韶艳：《政治经济学视角下我国对外反倾销动因分析》，《商业时代》2008年第21期。

施上。近几年数量增长明显，使用倾向得分匹配、倍差法、双重差分法等方法进行定量分析成为主流，研究内容可分为三类：

第一类：对外反倾销的影响因素及其效应。宏观因素中，人民币实际有效汇率和进口渗透率的提高能够显著增加中国对外反倾销立案数量①，中国实际GDP增长率、失业率变动率、GDP平减指数、净贸易条件指数变动率、进口份额增长率，以及上一年遭受境外反倾销调查数也会产生重要影响但效应性质并不相同②。微观因素中，当国内企业绩效下降时，中国政府更容易采取反倾销措施③。

第二类：对外反倾销的救济效果。国内学者苏振东和刘芳较早使用涉案产品与产业数据构建动态面板模型评估中国对外反倾销救济效果，结果显示其对国内相关进口竞争性产业救济作用显著，但会受到贸易转移效应和上下游产业继发性损害效应的制约④。进一步研究发现，对外反倾销的救济作用在调查当年并不显著，仲裁结果对于国内企业绩效的影响也不相同，肯定结果会降低国内企业绩效，而否定结果反而能促进国内企业提升绩效，因此其明确的政策含义是中国对外实施反倾销时应将提升国内竞争型企业绩效作为根本目的⑤。马铃薯淀粉产业、有机硅胶产业等产业层面上的案例研究结论也肯定了救济效果⑥⑦，其原因可能是救济措施提高涉案产品价格和控制进口数量激增的成本效应⑧，也

---

① 杜鹏、张瑶：《中国对外反倾销影响因素的实证研究》，《宏观经济研究》2011年第3期。
② 高茜、周健：《中国对外反倾销的宏观决定因素研究》，《华东经济管理》2018年第32期。
③ 谢建国、潘超：《对外反倾销提升了国内上市企业绩效吗？》，《世界经济研究》2018年第7期。
④ 苏振东、刘芳：《中国对外反倾销措施的产业救济效应评估——基于动态面板数据模型的微观计量分析》，《财贸经济》2009年第10期。
⑤ 苏振东等：《对外反倾销措施提升中国企业绩效了吗》，《财贸经济》2012年第3期。
⑥ 杨蕾：《中国农产品对外反倾销贸易效果实证分析》，《农业技术经济》2012年第4期。
⑦ 王分棉、周煊：《对外反倾销一定能保护国内产业吗？——基于有机硅产业的研究》，《世界经济研究》2012年第11期。
⑧ 陈清萍、鲍晓华：《中国对外反倾销的进口贸易流量效应研究——基于国内企业视角的新解释》，《当代财经》2016年第8期。

可能是反竞争效应①。

第三类：对外反倾销的影响。宏观层面上，研究发现，中国对外反倾销威慑和报复能力能够在一定程度上制约国际对华反倾销②，但这种救济措施在抑制进口的同时也表现出显著的贸易转移效应③。进一步分解发现，这种贸易转移沿集约边际增加，具体表现为中国从非指控对象国的涉案产品的平均进口额显著增长。尤其是当只涉及单个指控对象国、反倾销税率较高、涉案产品竞争性较弱或非指控对象国市场份额较高时，贸易转移效应更明显④。另外，对外反倾销能通过规模经济效应促进我国出口扩张。但可惜的是，其并不能通过促进技术创新而提升出口竞争力，反而可能导致国内企业重陷粗放型增长模式⑤。中观层面上，王孝松和武皖从资本收益角度发现反倾销措施能显著提高涉案行业的资本回报率⑥。微观层面上，对于企业绩效而言，对外反倾销能够显著提升企业劳动生产率、工业企业成本、利润率和资产负债率⑦，但由于这种保护和促进效应滞后期较长，因此大型企业比小型企业更能在长期获益⑧。同时不能忽视的是，反倾销几乎强制地将下游企业的采购渠道从国外转移到国内，对于进口竞争行业产生保护作用的成本效应会损害下游企业的利益，因此在仲裁时也需更加谨慎⑨。

---

① 宋华盛、朱小明：《中国对外反倾销与制造业企业成本加成》，《国际贸易问题》2017年第12期。

② 李磊、漆鑫：《我国对外反倾销威慑力能否有效抑制国际对华反倾销?》，《财贸经济》2010年第7期。

③ 安礼伟、高松婷：《中国对外反倾销现状、效应及对策分析》，《国际商务》（对外经济贸易大学学报）2016年第2期。

④ 陈勇兵等：《对外反倾销与贸易转移：来自中国的证据》，《世界经济》2020年第43期。

⑤ 陈清萍等：《基于出口视角中国对外反倾销政策效应再评估》，《现代财经》（天津财经大学学报）2018年第38期。

⑥ 王孝松、武皖：《贸易政策与资本回报：以中国对外反倾销为例的经验分析》，《世界经济》2019年第42期。

⑦ 苏振东、邵莹：《对外反倾销措施能否改善中国企业绩效？——以化工产品"双酚A"案件为例》，《经济评论》2013年第4期。

⑧ 谢建国、潘超：《对外反倾销提升了国内上市企业绩效吗?》，《世界经济研究》2018年第7期。

⑨ 陈清萍、鲍晓华：《中国对外反倾销的进口贸易流量效应研究——基于国内企业视角的新解释》，《当代财经》2016年第8期。

三 "技术性贸易壁垒摩擦"相关研究

技术性贸易壁垒（TBT）是引起贸易摩擦的新型贸易壁垒之一，有关研究主要围绕 TBT 制度和效应两方面展开。

第一，针对 TBT 制度的研究。一是从法律角度审视 TBT 协定中条款及用语的法律解释，如对"国际标准"的释义[①]。二是研究不同国家 TBT 及相关规则、制度、体系及主要内容，尤其关注其发展的新趋势。近期的研究发现：TBT 不再是发达国家"专利"，发展中经济体 WTO/TBT 通报数量正逐渐增多，因此研究对象也逐步向包括在"一带一路"沿线国家在内发展中经济体转移[②]。三是不同行业 TBT 分析，如食用菌行业、甜瓜产业[③④]。四是研究不同形式的 TBT，从传统的技术法规、技术标准和合格评定程序，逐渐转向碳标签制度[⑤⑥]、技术标准与知识产权协同型壁垒等新形式，并探讨中国企业的应对对策[⑦]。

第二，针对 TBT 效应的研究。负面效应被普遍认同，正面效应在国外文献中也早有论述。近几年国内研究已进入定量论证层面，贸易引力模型、GTAP 模型等计量方法最为常见，研究内容包括四个方面：

（1）对经济的影响。TBT 对宏观经济会产生显著不利影响，例如杨韶艳、李娟对上海合作组织及其成员国的 GDP、福利水平、贸易条件、国内就业、消费和投资等指标的分析发现 TBT 的提高均会产生不利影响[⑧]。崔宁波和张正岩也验证了日本 TBT 会恶化中国农食类产品出

[①] 廖秋子：《TBT 协定"国际标准"的法律解释及其改进路径》，《法律适用》2017 年第 13 期。

[②] 樊秀峰等：《技术性贸易壁垒对中国高新技术产品出口二元边际的影响——以"一带一路"沿线国家为例》，《西安交通大学学报》（社会科学版）2019 年第 39 期。

[③] 郑先勇：《食用菌行业技术性贸易壁垒分析》，《中国食用菌》2019 年第 38 期。

[④] 任艳玲等：《甜瓜产业应对国际农药残留技术性贸易壁垒分析》，《中国瓜菜》2019 年第 32 期。

[⑤] 申娜：《碳标签制度对中国国际贸易的影响与对策研究》，《生态经济》2019 年第 35 期。

[⑥] 兰梓睿：《发达国家碳标签制度的创新模式及对我国启示》，《环境保护》2020 年第 48 期。

[⑦] 温军、张森：《数字经济创新：知识产权与技术标准协同推进的视角》，《现代经济探讨》2021 年第 4 期。

[⑧] 杨韶艳、李娟：《技术性贸易壁垒对中国和海合会建立自贸区的经济影响——基于 GTAP 模型的模拟研究》，《亚太经济》2019 年第 5 期。

口贸易条件[1]。

（2）对贸易的影响。其一，对进出口流量的影响。大多数文献在行业或者产品层面上进行检验。机电设备、化工、农产品（主要是食用菌和水产品）、纺织、食品、医药始终是研究重点[2][3][4][5]。一种观点认为，TBT对贸易流量是线性的，例如陈颖研究发现，无论从短期还是长期，美国TBT与中国体育用品及设备出口都具有负面效应[6]。童伟伟发现中国TBT对中国制造业进口集约边际和扩展边际都具有显著的线性促进效应[7]。另一种观点认为，两者之间呈现倒"U"形关系，杨虹和张柯将美国TBT与中国电子产品出口呈倒"U"形关系解释为美国TBT强度会因中国技术创新数量与出口的增加产生"壁垒强度突变"[8]；朱信凯等发现TBT覆盖范围越大，越能够倒逼企业扩大市场范围，削弱TBT对出口的抑制作用[9]。其二，对贸易边际的影响。相关研究结论因样本的区域差异、产品差异、数据差异而有所不同，但能够因此获得更具针对性的政策含义。例如，樊秀峰等对中国对"一带一路"国家高新技术产品出口边际的研究发现，沿线国家TBT通报量对集约边际有抑制作用，但能促进扩展边际，而且东盟、西亚、中东欧TBT通报

---

[1] 崔宁波、张正岩：《日本大豆技术性贸易壁垒对中国农食类产品的经济影响研究——基于GTAP模型的实证分析》，《世界农业》2017年第11期。

[2] 赵丽英：《技术性贸易壁垒对我国化妆品出口的影响及对策探讨》，《对外经贸实务》2020年第12期。

[3] 李聪慧、王屿：《技术性贸易壁垒对我国电子产品出口欧美的影响分析》，《对外经贸实务》2020年第12期。

[4] 张映红、朱晶：《技术性贸易壁垒与中国农产品出口——基于特别贸易关注视角》，《世界农业》2020年第9期。

[5] 王贺霞：《技术性贸易壁垒与我国食用菌出口贸易探究》，《中国食用菌》2020年第39期。

[6] 陈颖：《美国技术性贸易壁垒对我国体育用品及设备出口贸易的影响及对策——基于贸易引力模型的实证研究》，《北京体育大学学报》2021年第44期。

[7] 童伟伟：《技术性贸易壁垒及其合作与中国进口边际》，《国际商务》（对外经济贸易大学学报）2020年第1期。

[8] 杨虹、张柯：《技术性贸易壁垒对中国电子行业出口的影响研究——基于中美贸易引力模型的实证分析》，《价格月刊》2020年第4期。

[9] 朱信凯等：《技术性贸易措施对中国企业出口决策的影响——基于出口强度与市场范围视角的考察》，《国际贸易问题》2020年第3期。

量的影响最显著①。

（3）对企业发展的影响。TBT 对企业发展的影响具有异质性。短期来看，生产率低、私营企业可能在遭遇 TBT 后选择退出市场②；长期来看，企业可持续发展也可能受到 TBT 的制约，但投贷联动的融资模式对其具有一定缓解作用③。

（4）对产品质量升级的影响。部分文献认为技术性贸易壁垒对出口国出口流量的抑制作用是短期的，长期内会出口技术复杂度、产品质量、创新能产生倒逼机制④。但徐惟和卜海指出这种促进效应存在地区差异，其研究表明 TBT 对中部地区创新促进作用最大，而对提高东部地区创新效率的影响更明显⑤。

另外，研究层面上，省市级层面研究少见，仅集中在江苏、浙江、广东等沿海地区⑥⑦。

四 "知识产权摩擦"相关研究

持续创新是中国企业抵御竞争压力的关键路径，知识产权则是保护创新的关键支撑⑧。围绕中国遭遇的知识产权摩擦展开研究的文献集中在四个方面：

其一，知识产权制度与规则的研究。例如，徐明和陈亮就中美经贸协议中对中国"打击网络侵权"和"主要电子商务平台上的侵权"的

---

① 樊秀峰等：《技术性贸易壁垒对中国高新技术产品出口二元边际的影响——以"一带一路"沿线国家为例》，《西安交通大学学报》（社会科学版）2019 年第 39 期。
② 王冠宇等：《技术性贸易壁垒与异质性企业出口行为：退出还是升级？》，《技术经济》2021 年第 1 期。
③ 张进财：《投贷联动、技术性贸易壁垒与制造业可持续发展》，《财会通讯》2021 年第 8 期。
④ 徐惟、卜海：《技术贸易壁垒对技术创新和出口贸易的倒逼机制》，《经济与管理研究》2018 年第 39 期。
⑤ 徐惟、卜海：《技术贸易壁垒设置与出口国创新决策的博弈分析》，《现代经济探讨》2019 年第 6 期。
⑥ 刘静：《技术性贸易措施对甘肃省对外贸易的影响及应对策略》，《中国标准化》2018 年第 18 期。
⑦ 张原生、王娟：《关于内蒙古技术性贸易措施状况和加强对策的研究》，《中国标准化》2017 年第 1 期。
⑧ 姚李英、朱翊：《创新和知识产权对中国企业的关键作用》，《中国工业和信息化》2018 年第 11 期。

知识产权义务与责任进行分析，指出当前我国电商发展面临的知识产权保护困境与优化建议[1]。研究对象上，除美、欧、韩、日等发达贸易伙伴外，"一带一路"沿线国家知识产权制度的研究成果有所增加[2][3]。例如，李菊丹从商标、著作权、发明专利等方面比较了保加利亚与中国知识产权制度的差异[4]。

其二，针对美国"337调查"的研究。在中国遭遇的与贸易有关的知识产权摩擦中，美国"337调查"最为主要。现有文献分为四类：①关注近年来"337调查"管辖权的变化，通过梳理案例找出新趋势[5][6][7]。②中美知识产权纠纷的影响。一是对中国出口贸易的影响，尤其是对高新技术产品出口的影响。"知识产权摩擦对于中国出口具有负面影响"的结论已达成共识，杨荣珍和石晓婧将其机制解释为由于中国出口产品被强制驱逐出市场、成本增加导致融资约束提高、名誉损失后，最终导致经营绩效下降以及对美国出口额减少[8]。但从微观上，纠纷对于企业和产品的影响是不同的：受补贴企业、受制裁较轻及积极应诉和上诉的企业受影响更小，对美出口的技术密集型产品中研究密集度越高，出口抑制作用越强[9]。二是对中国出口企业创新的影响。庄子银

---

[1] 徐明、陈亮：《中美经贸协议背景下电商知识产权保护优化路径研究》，《国际贸易》2020年第3期。

[2] 陆晶晶、钱龙：《基于"一带一路"背景下我国企业海外知识产权风险与应对策略的分析》，《知识经济》2020年第19期。

[3] 邓文：《"一带一路"创新下我国企业海外知识产权战略研究》，《中州大学学报》2019年第36期。

[4] 李菊丹：《"一带一路"倡议下保加利亚知识产权保护制度研究》，《法学杂志》2018年第39期。

[5] 冯伟业、卫平：《中美贸易知识产权摩擦研究——以"337调查"为例》，《中国经济问题》2017年第2期。

[6] 鲁甜：《337调查管辖范围的最新发展及我国应对措施》，《国际商务》（对外经济贸易大学学报）2017年第2期。

[7] 吕若溢：《美国"337调查"管辖范围新变化与应对》，《中国发明与专利》2019年第16期。

[8] 杨荣珍、石晓婧：《美国对华337调查与企业出口行为——基于我国制造业企业数据的实证分析》，《国际经贸探索》2020年第36期。

[9] 金泽虎、钱燕：《中美知识产权纠纷对我国技术密集型产品出口的影响研究——基于337调查的视角》，《科技管理研究》2021年第41期。

和李宏武[①②]、杨荣珍和石晓婧[③]等文献先后都使用了 PSM-DID 方法实证分析"337 调查"对出口企业创新的影响。结论包括:"337 调查"能够显著促进出口企业创新,这种效应在外资控股企业更加显著;产品上对于不同技术密集度的促进效应也存在差异;面对目的国市场的强知识产权保护,出口企业可能调整战略,对非美国市场加大出口,但也可能退出国际市场。③重点行业遭受"337 调查"的现状及对策。研究对象主要涉及装备制造、钢铁行业、电子通信设备行业、纺织行业、地板行业等遭受"337 调查"较多的行业[④⑤]。④中美知识产权纠纷对于地方经济与贸易的影响[⑥]。

其三,对新时期中国知识产权新问题的探讨。①自贸区知识产权执法理论与实践探索。自贸区建设加快后,区内涉及的平行进口[⑦⑧]、临时过境货物知识产权海关执法[⑨]、贴牌加工过程中的知识产权问题,引发理论上对新时期自贸区知识产权战略的思考[⑩]以及实践中执法特殊性和应对方式的探索[⑪]。②外商在华直接投资及中国企业 OFDI 面临的知

---

① 庄子银、李宏武:《贸易、知识产权与出口企业创新:基于美国 337 调查的实证分析》,《世界经济研究》2018 年第 4 期。

② 邰庆:《基于 PSM-DID 方法的知识产权壁垒对出口创新的影响》,《新疆社会科学》2019 年第 3 期。

③ 杨荣珍、石晓婧:《美国对华 337 调查与企业出口行为——基于我国制造业企业数据的实证分析》,《国际经贸探索》2020 年第 36 期。

④ 王璐宁:《我国装备制造企业应对美国 337 调查的对策研究》,《法制与社会》2019 年第 27 期。

⑤ 管志杰、徐艳:《美国 337 调查对我国地板出口的影响及对策研究》,《林产工业》2019 年第 56 期。

⑥ 张羽、李泽弘:《中美贸易摩擦对江苏知识产权发展的影响分析》,《江苏科技信息》2018 年第 35 期。

⑦ 郭雅瑢:《跨境电商视角下平行进口商品侵权风险及防范对策》,《商业经济研究》2020 年第 1 期。

⑧ 张耕、孙正樑:《自贸区知识产权产品平行进口的法理分析》,《兰州学刊》2019 年第 6 期。

⑨ 安朔:《我国自贸区过境货物知识产权海关执法研究》,《中国政法大学学报》2021 年第 1 期。

⑩ 郑鲁英:《新时代中国自贸区知识产权战略:内涵、发展思路及应对》,《企业经济》2018 年第 37 期。

⑪ 王雅芬、韦俞村:《中国自由贸易试验区知识产权执法特殊性研究》,《法治研究》2020 年第 2 期。

识产权风险。例如，王涛和于超对高新技术企业 OFDI 中的知识产权风险诱因进行了识别和权重评价，发现企业管理层的影响程度最大[①]；万淑贞和葛顺奇探讨了美欧日等国家（地区）在华投资企业对中国知识产权问题的诉求以及应对措施[②]；③新贸易模式下知识产权风险防范。例如，易继明[③]和万丽[④]均以中国电商在海外被诉案为例展开分析，其他学者则探讨了网络平台运营、消费者权益保护、信息安全等可能面临的知识产权问题[⑤][⑥]、移动网络平台可能面临的知识产权的监管风险、侵权研判风险和法律规范风险防范[⑦]以及跨境电商知识产权治理困境[⑧][⑨]等。

其四，国际知识产权纠纷的对策研究。目前，在"一带一路"倡议背景下，中国企业遭遇的知识产权壁垒和摩擦较以往更为多样与复杂，其中风险防范和海外维权是当前探讨较多的议题。学者建言献策：①风险防控方面，周衍平和赵雅婷基于直觉模糊理论、灰色关联理论和前景理论，在考虑群体评价一致性和专家心理感知行为的基础上，采用改进的失效模式与 FMEA 方法构建预警机制，并通过案例分析了这一方法的有效性[⑩]；叶新等从风险规避策略、规避当地宗教约束、借助海

---

① 王涛等：《高新技术企业对外直接投资知识产权风险诱因——基于我国高新技术企业的实证研究》，《科技管理研究》2019 年第 39 期。

② 万淑贞、葛顺奇：《中国知识产权保护的完善与外资高质量增长》，《国际经济合作》2019 年第 5 期。

③ 易继明：《跨境电商知识产权风险的应对——以中国电商在美被诉为例》，《知识产权》2021 年第 1 期。

④ 万丽：《从一则案例看跨境电商出口中的知识产权侵权风险与防范》，《对外经贸实务》2020 年第 11 期。

⑤ 张夏恒：《跨境电子商务法律借鉴与风险防范研究》，《当代经济管理》2017 年第 39 期。

⑥ 刘斌、陶丽琴：《移动网络交易平台知识产权风险防范法律体系研究》，《法律适用》2017 年第 1 期。

⑦ 谢绍静、刘斌：《移动电子商务领域知识产权风险的防范与应对策略》，《知识产权》2016 年第 5 期。

⑧ 郑鲁英：《跨境电子商务知识产权治理：困境、成因及解决路径》，《中国流通经济》2017 年第 31 期。

⑨ 胡炜、马晓：《跨境电子商务知识产权治理的困境与解决路径》，《商业经济研究》2019 年第 1 期。

⑩ 周衍平、赵雅婷：《基于前景理论和灰色关联的 FMEA 知识产权风险预警研究》，《情报杂志》2019 年第 38 期。

关守护、第三方知识产权维权援助以及发挥政府职能 5 个方面探析企业在开拓"一带一路"市场时知识产权风险防范与应对机制[①]。②海外维权援助方面,文献探讨如何构建一种有效机制和模式助力企业开拓市场。例如,潘灿君认为应完善知识产权维权援助机制的顶层设计,逐步构建以市场为导向、以知识产权保险为主的知识产权维权援助机制[②][③];钱子瑜认为应当结合美国、韩国等知识产权保护制度完善的国家经验,结合政府主导与市场主导两种援助机制共同构建集中式援助机制,建立海外维权援助体系[④];程意等则认为行业协会也应当参与其中,提出明确"政府引导、企业主导、协会辅导"的工作定位,从法律援助、技术援助、经济援助三方面加强应对[⑤]。王泽君还提出了实施知识产权区域制度一体化的新路径,建议通过制度协调减少摩擦[⑥]。

五 "服务贸易摩擦"相关研究

1993 年 12 月世界贸易组织"乌拉圭回合"谈判结束,达成了《服务贸易总协定》(GATS)。此后,服务贸易在全球范围内的自由化进程明显加快,动力更显强劲。加入 WTO 后,服务贸易成为中国对外开放的重要领域。尽管中国服务贸易起步较晚,20 世纪 80 年代初期进出口总额尚不足 45 亿美元,但发展至国际金融危机时期已提升至全球第三位,遭遇国际服务贸易摩擦日益增多[⑦]。但由于中国涉及服务贸易摩擦范围不广,数量不多,因此文献较少,相对陈旧。总体可分为三类:第一类文献针对具体案例展开法律评析。例如,美国诉中国集成电路歧视

---

① 叶新等:《探析"一带一路"知识产权风险防范应对机制》,《江苏科技信息》2020 年第 37 期。
② 潘灿君:《美国 337 条款对我国海外知识产权纠纷援助机制的启示》,《电子知识产权》2011 年第 5 期。
③ 潘灿君:《驱动创新发展战略背景下的我国知识产权维权援助机制研究》,《行政与法》2017 年第 12 期。
④ 钱子瑜:《论知识产权海外维权援助体系的构建》,《知识产权》2021 年第 6 期。
⑤ 程意等:《湖北省出口企业知识产权海外维权挑战及对策研究》,《科技创业月刊》2020 年第 33 期。
⑥ 王泽君:《"一带一路"倡议与知识产权区域制度一体化问题研究》,《电子知识产权》2019 年第 4 期。
⑦ 黄建忠、吴超:《国际服务贸易摩擦研究:现状、特征与成因》,《国际贸易问题》2013 年第 9 期。

性退税政策①、中美出版物市场准入WTO案②、中国出版案③、中国集成电路增值税优惠案④等。文献以案件为基础，对评析相关法律制度和规则，获得启示。第二类是服务贸易摩擦的国别研究。代表性的文献是林峰等基于贸易保护内生性视角对美国服务贸易摩擦的基本特征、内在成因与发展动态展开研究，并且进一步透视了美国、欧盟在服务贸易自由化谈判中的利益诉求，对中国的战略选择提出若干建议⑤⑥⑦。第三类文献主要基于国际服贸易摩擦现状和特征围绕中国遭遇摩擦的原因、影响及对策展开定性分析⑧⑨。

已有文献代表性的结论认为：①与货物贸易摩擦相比，服务贸易摩擦具有一般性特征与特殊性特征。从趋势上，由于WTO多边贸易体制的约束和各种对话平台的作用，国际服务贸易摩擦不太可能演化成大范围的贸易战争；从结果上，摩擦争端的解决具有很大的不确定性；从影响上，由于统计制度不健全和难度巨大，影响更加隐蔽深远。针对中国的案例分析发现，中国涉案主要发生在金融领域、涉及的服务贸易方式全面、涉案焦点集中于市场准入与国民待遇、中美摩擦最多且中国多为败诉方等特殊性特征。②对华服务贸易摩擦产生的原因主要包括国内服务贸易法律和管理体制不完善、服务贸易发展不平衡、竞争力弱、《中

---

① 邱一川、黄贞凤：《美国诉中国集成电路歧视性退税政策案评析》，《世界贸易组织动态与研究》2004年第9期。

② 龚柏华：《"中美出版物市场准入WTO案"援引GATT年第20条"公共道德例外"的法律分析》，《世界贸易组织动态与研究》2009年第10期。

③ 杨国华：《条约解释的局限性——以"原材料案"为例》，读书网，https：//m. aisixiang. com/data/54909. html。

④ 龙英峰：《中国集成电路增值税优惠案解析》，百度文档，https：//www. wendangxiazai. com/b-becb0ae2856a561252d36ffd. html。

⑤ 林峰、占芬：《美国服务贸易摩擦的基本特征、内在成因与发展动态》，《国际经贸探索》2013年第29期。

⑥ 林峰：《贸易保护内生性视角下的中美服务贸易摩擦》，《国际贸易》2013年第11期。

⑦ 林峰：《从国际服务贸易摩擦透视自由化谈判的利益差异——兼论中国服务贸易发展的战略选择》，《亚太经济》2014年第6期。

⑧ 程炜杰：《贸易摩擦对中国服务贸易发展的影响与应对之策》，《对外经贸实务》2013年第11期。

⑨ 黄建忠、吴超：《国际服务贸易摩擦研究：现状、特征与成因》，《国际贸易问题》2013年第9期。

国入世协定书》存在承诺不合理等、对国际规则与管理惯例研究不足、GATs 协定相关术语理解不清、对贸易争端机制与手段运用不熟悉等。③服务贸易摩擦的影响上，阻碍中国服务贸易发展、损害企业实际利益、引发贸易纠纷、恶化国际关系和贸易环境等消极影响不可避免，但同时也能倒逼中国企业提高服务贸易的技术含量，提升产业链整体竞争力，迫使中国服务贸易部门完善法律制度，加速与国际惯例接轨，提高企业国际知名度[①]。

第二节　中部省份国际贸易摩擦的相关研究

省级层面上，围绕国际贸易摩擦进行研究的文献主要集中在江苏、山东、广东等沿海省份，中部地区中山西、河南、湖北、安徽、江西、湖南六省研究成果数量不多。笔者在中国知网上按照"省份名称""贸易摩擦""反倾销""技术性贸易壁垒""知识产权"等关键词进行"主题"搜索，时间范围为 2000—2021 年[②]。总体而言，围绕中部省份反倾销、技术性贸易壁垒摩擦和知识产权摩擦的文献相对丰富。

一　"贸易救济摩擦"相关研究

从贸易救济措施摩擦中，反倾销摩擦研究数量最多，且高度集中于湖北省[③]。文献包括两类：①针对两省企业遭遇的来自印度、欧盟、美国等主要贸易伙伴反倾销摩擦的现状进行分析，探讨对策[④][⑤]。张彬和王倩探讨了"特保案"之后湖北省纺织行业发展对策[⑥]，黄谋宏专门针对中小企业应对反倾销摩擦的路径提出建议[⑦]。②结合贸易摩擦的成功

[①] 程炜杰：《贸易摩擦对中国服务贸易发展的影响与应对之策》，《对外经贸实务》2013 年第 11 期。
[②] 由于学术期刊刊载的相关文献数量有限，并未局限于北大中文核心及以上级刊物。
[③] 其他省份研究以报纸刊发文章为主，未作为"学术文献"纳入综述。
[④] 蒋燕：《湖北企业遭遇印度国际贸易救济调查的分析》，《对外经贸实务》2012 年第 1 期。
[⑤] 肖新梅：《浅谈欧盟对湖北企业国际贸易救济措施》，《中国证券期货》2012 年第 9 期。
[⑥] 张彬等：《"特保"之后湖北省纺织服装业面临的挑战和对策》，《理论月刊》2006 年第 7 期。
[⑦] 黄谋宏：《中小外贸企业应对贸易摩擦的路径选择》，《政策》2012 年第 8 期。

案例进行研究[1]，其中"蜂蜜"和"钢铁"案件最为著名。吴让黎、周灏和祁春节等对武汉小蜜蜂食品公司首次出口美国遭遇反倾销及其应诉的成功案例及启示展开分析，指出策略应诉、熟悉规则至关重要[2][3]；而新冶钢集团"无缝钢管"产品数十年的漫长反倾销历程对于湖北省内企业也具有重要的借鉴意义[4][5]。

二 "技术性贸易壁垒摩擦"相关研究

农产品出口遭遇技术性贸易壁垒摩擦最受关注。21世纪初，重庆[6][7]、贵州[8]、青海[9]等内陆省市就关注到绿色壁垒对农业发展和农产品外贸的影响，而中部省份的研究起步稍晚。从数量上，湖北、江西和河南三省文献数量相对丰富[10][11][12]。其中，江西省文献涉及的产品多样，包括柑橘、木制品、烤鳗、茶叶、中药以及纺织品[13][14][15]，河南省文献除

---

[1] 李剑茹、艾力：《入世五年湖北省应对贸易摩擦之路》，《对外经贸实务》2007年第1期。

[2] 吴让黎：《武汉小蜜蜂食品公司：首次出口美国遭遇反倾销及其应诉的案例分析》，《对外经贸实务》2009年第9期。

[3] 周灏、祁春节：《美国对华蜂蜜反倾销效应分析》，《生态经济》2010年第7期。

[4] 王亚亚：《走出丛林系列专访（一）贸易保护主义阴影下的反击 专访湖北新冶钢有限公司国贸公司总经理刘文学》，《中国外汇》2010年第12期。

[5] 于子彬：《新冶钢无缝钢管出口遭反倾销的原因及策略》，《管理观察》2019年第5期。

[6] 梁云等：《绿色贸易壁垒及其对重庆外经贸的影响》，《渝州大学学报》（社会科学版）2001年第4期。

[7] 孙凡：《绿色壁垒对重庆农业发展的影响》，《西南农业大学学报》（社会科学版）2003年第1期。

[8] 李晓璇：《贵州茶叶出口技术壁垒问题研究》，《贵州工业大学学报》（社会科学版）2004年第1期。

[9] 刘小平：《青海省出口贸易遭遇技术壁垒的立体透视及其启示》，《青海师范大学学报》（哲学社会科学版）2005年第6期。

[10] 师冰洁：《绿色贸易壁垒对河南蔬菜出口的影响以及对策分析》，《中小企业管理与科技》（上旬刊）2012年第8期。

[11] 何学松：《后危机时代绿色壁垒对河南省农产品出口的影响及对策》，《江苏商论》2012年第2期。

[12] 周家珂：《基于绿色技术壁垒视野的安徽农产品出口贸易分析》，《农业展望》2019年第15期。

[13] 苏小玲、周裕全：《江西应对绿色贸易壁垒与建设绿色农业强省的思考》，《南昌高专学报》2004年第3期。

[14] 许丹：《新贸易壁垒对江西纺织品出口影响的研究综述》，《市场研究》2015年第9期。

[15] 胡楚芳：《江西省中药出口绿色贸易壁垒破解对策》，《合作经济与科技》2018年第21期。

农产品外还涉及鞋类和化工产品①。而湖北省主要针对食用菌等具有出口竞争优势的产品展开研究②③④⑤⑥。国际金融危机后，随着技术性贸易壁垒中绿色壁垒、碳标签制度等新形式兴起，学者也开始探讨其对湖北省农产品、纺织品等行业的影响与突破路径⑦⑧⑨。

三 "知识产权摩擦"相关研究

知识产权贸易壁垒摩擦是研究的新兴领域，也是近年来备受关注的热点。文献可分为两类：一类文献主要探讨知识产权制度建设问题，如内陆自贸区知识产权问题研究，包括国内外经验的借鉴⑩、知识产权保护机制的构建⑪、综试区知识产权综合执法改革⑫、预警机制的构建⑬⑭等，其与内陆自贸区制度"先行先试"的性质密不可分，但成果从省份上高度集中于河南省自贸区。后疫情时期，数字经济成为中部省份高

---

① 郑聪敏、王旭：《我国化工产品贸易面临的技术壁垒及对策》，《当代化工研究》2016年第1期。

② 颜晓兵、胡蕲：《我国农产品遭遇技术壁垒的成因及对策分析》，《科技情报开发与经济》2005年第18期。

③ 张志良等：《论我国出口农产品跨越技术性贸易壁垒的对策》，《十堰职业技术学院学报》2006年第4期。

④ 刘小方：《技术性贸易壁垒对湖北省出口贸易影响实证研究》，《现代商贸工业》2009年第21期。

⑤ 冯启文：《国外技术壁垒对湖北出口企业的影响及对策研究》，《湖北经济学院学报》（人文社会科学版）2010年第7期。

⑥ 元永平等：《湖北食用菌出口现状、存在问题及其对策》，《中国食用菌》2012年第31期。

⑦ 马伦姣：《我国蜂蜜出口中的绿色壁垒影响剖析》，《河北农业科学》2008年第11期。

⑧ 刘爱东、罗文兵：《我国纺织服装行业应对产品碳标签贸易壁垒策略研究》，《国际经贸探索》2013年第29期。

⑨ 彭慧灵等：《碳标签制度的实施对我国食用菌出口的影响》，《北方园艺》2020年第21期。

⑩ 潘亚楠：《河南自贸区知识产权保护的国内外经验借鉴与启示》，《中共郑州市委党校学报》2021年第2期。

⑪ 梅倩倩、南杰：《河南省自贸区知识产权保护机制探索研究》，《河南科技》2019年第3期。

⑫ 李晓光、杨环生：《河南自贸区知识产权综合行政执法改革的可行性》，《广西质量监督导报》2019年第10期。

⑬ 赵雅琦：《河南自贸区知识产权预警机制的构建》，《法制博览》2017年第30期。

⑭ 王运召、范书珍：《河南自贸区知识产权保护与创新问题探析》，《河南教育学院学报》（哲学社会科学版）2019年第38期。

质量发展的重要领域。作为中部地区核心城市，邵政洋从战略管理体系、金融服务制度、司法保护框架三个角度探讨了数字经济发展背景下如何完善武汉知识产权制度的策略[①]。

另一类文献主要探讨湖北省内企业的知识产权海外维权问题。例如，潘方方和宋凯强提出应在省级维权援助中心建立独立的海外知识产权维权援助平台，从事前预防措施和事后援助两个方面构建河南省海外维权援助机制，并提出了具体措施建议[②]；程意等分析了湖北省企业出口遭遇知识产权摩擦现状，并探讨了主要原因，提出构建知识产权海外维权援助支撑体系的建议[③]。

第三节 文献简评

世界经济一体化发展至今已经达到了前所未有的广度和深度，国际贸易摩擦早已是各国融合与博弈中的常态。从关税措施到配额、许可证等传统非关税措施，到"两反一保"、技术标准、绿色壁垒等更隐蔽的非关税措施，再到知识产权、数字贸易壁垒等涉及国内制度和政策的贸易壁垒，贸易保护主义的身影在经济全球化和贸易自由化进程中不断地以更多、更新、更隐蔽的方式出现，使其无法远离研究者的视线。中国改革开放40多年已深度融入世界经济，成为世界上许多国家最重要的贸易伙伴和海外市场，同时也早已是全球遭遇贸易摩擦最多的国家，更是越来越多国家发起贸易摩擦的主要目标国。作为世界第二大经济体，中国在全球经济增长与价值链中的重要地位使中国的贸易摩擦问题总是备受关注。

本章对近年来中国遭遇的国际货物贸易摩擦（关税摩擦、贸易救济摩擦、技术性贸易壁垒摩擦、知识产权摩擦）和国际服务贸易摩擦相关文献进行了系统梳理。可以发现，对中国贸易摩擦问题的研究从

---

① 邵政洋：《数字经济发展背景下武汉知识产权策略研究》，《品牌研究》2020年第5期。
② 潘方方、宋凯强：《河南省海外知识产权维权援助机制建设研究》，《河南科技》2020年第39期。
③ 程意等：《湖北省出口企业知识产权海外维权挑战及对策研究》，《科技创业月刊》2020年第33期。

20世纪90年代就已开始,随着对外开放的步伐加快、开放领域扩大、国际分工地位提高不断演进,发展至今已是一个成果丰硕、充满创新、富有理论价值与实践意义的领域。文献数量及其关注焦点既反映出中国面临贸易摩擦的主要类型和发展趋势,也反映出中国开放型经济从初级到高级阶段的演进。另外,文献结论也恰恰从理论和实证角度证明了开放型经济发展与贸易摩擦之间的互动关系,为新发展格局下中国继续通过"推进更深层次和更高水平对外开放以应对贸易摩擦"提供科学依据。当然,也为开放水平不高的中部地区构建内陆开放格局过程中将要面临的贸易摩擦挑战、影响以及应对机制与路径研究提供了分析框架和方法。

尽管如此,现有研究仍尚存以下不足:第一,研究程度上,各自领域的文献广度和深度呈现明显不均衡特征。国际服务贸易摩擦的研究明显滞后,而货物贸易摩擦中知识产权等新兴领域的研究还处于初期阶段,反补贴、保障措施、碳标签等问题研究也尚不充分。第二,研究方法上,规范分析、实证分析、调查分析等多种方法并举,但近几年基于微观数据和计量模型的定量研究占据主导,虽然研究成果能够提供更加精准和科学的政策依据,但也凸显了相关理论研究与逻辑分析上的创新不足。第三,研究对象上,对于中国摩擦来源较多的国家研究成果丰富,对新兴市场的研究较少。第四,研究层次上,省级层面贸易摩擦问题的研究不多,主要集中于江苏、广东、福建等贸易摩擦相对集中的沿海地区,内陆省份尤其是中部地区研究不仅数量不多而且高质量学术成果更为少见,这不仅与中部大省遭遇贸易摩擦的现实极不相符,更无法为推进全面开放战略提供有效和有力的智力支持。与此同时,身处内陆地区,中部省份与沿海省份不仅在要素禀赋、经济发展水平、法治环境、营商环境等方面均存在相当大的差异,而且遭遇的摩擦形势在数量、形式、行业结构等方面也并不相同,国家层面或者发达地区的有关结论是否符合中部地区发展实际还有待验证,并且中部省份经济和社会发展的特殊性也要求更具针对性的对策。

基于此,本书着眼于中国构建全面开放新格局背景下,以湖北省为例,对中部省份应对贸易摩擦展开系统研究。本书根据官方公布的贸易摩擦涉案商品HS编码信息与湖北省进出口商品HS编码匹配结果,构建包含涉及湖北省进出口产品的贸易摩擦案件、数量及金额的贸易摩擦数据库,以此为基础沿袭"全球—中国—湖北—行业—产品"(或者"国别—产品")对不同形式贸易摩擦进行多层次结构剖析和分类研究,并结合实际调研结果对湖北省企业遭遇贸易摩擦的现状、趋势、问题展开全面系统分析,最后提出对策,既为湖北省应对贸易摩擦、加速建成内陆开放新高地提供参考,丰富中部地区贸易摩擦问题的探索与成果,也为其他省份应对贸易摩擦提供借鉴。

第三章

湖北省开放型经济发展历程及概况

已有研究表明，对外开放与贸易摩擦存在互动机制[1]。一国开放水平提升不仅表现为贸易和外资规模的扩大，更体现为其全球价值链地位的攀升。产业结构的动态演进决定着经济体之间的竞争或互补关系，从而成为贸易摩擦产生的重要原因[2]。因此，推进"更高水平、宽领域、深层次"开放格局，找寻贸易摩擦的应对方法，将其由外部压力转化为促进变革、提升开放质量的动力，就必须将解析开放型经济的现状和趋势作为研究的逻辑起点。

从兴办经济特区、开放沿海港口城市、设立经济技术开发区，到扩大内陆沿边开放，内陆地区尤其是中部地区已经站在了新时期改革开放的潮头[3]，成为中国推动形成全面开放新格局的关键力量。作为中部地区经济大省，2013 年习近平主席视察湖北省时就从国家战略层面提出了"建成支点，走在前列"的经济社会发展定位。在这一定位下，湖北省以"打造内陆开放新高地"融入国家全面开放战略，"十三五"时期已见成效。基于对外开放与贸易摩擦的互动机理与本书的逻辑起点，本章在简介中部地区以及湖北省对外开放历程基础上，从对外开放的基础设施、产业支撑、对外贸易、跨境投资与技术合作四个方面分析湖北

---

[1] 史长宽：《中美贸易摩擦对我国产业结构升级的影响及对策》，《中国流通经济》2019 年第 6 期。

[2] 祝合良、解萧语：《产业结构调整降低贸易摩擦的机理与路径——以中美为例》，《扬州大学学报》（人文社会科学版）2020 年第 2 期。

[3] 白光裕：《中国区域开放战略的演进与成效分析》，《区域经济评论》2019 年第 5 期。

省开放型经济发展概况[①]。

第一节 开放型经济发展历程

中国的对外开放战略大致可以分为两个阶段：第一阶段（1978—2011年）以东部沿海地区开放为主，在各类优惠政策和优势资源集聚作用下，形成了"东高西低"的格局，区域发展差异显著；第二阶段（2012年至今）中国进入全面开放的新阶段。这一时期，"渝新欧"国际铁路大通道的全线开通和常态化运营[②]，开启了内陆"向西开放"的窗口。2012年，党的十八大报告提出，"创新开放模式，促进沿海内陆沿边开放优势互补，形成引领国际经济合作和竞争的开放区域，培育带动区域发展的开放高地"[③]。自此，内陆开放正式上升为国家战略。党的十九大报告进一步强调"形成海陆海内外联动、东西双向互济的开放格局"，并提出了区域协调发展战略，推动内陆地区进入了加速开放新阶段。同时，中部地区"打造内陆开放新高地"成为"中部崛起"战略的重要内容。

湖北省位于长江经济带中部，处于东、西与南（南岭及其东西延展线以南）、中（长江流域）、北（东北、西北和华北地区）经济带交叉构成的各大经济区域板块的中心位置，自古以来有"九省通衢"的说法[④]，从封闭型经济到开放型经济，大致经历五个发展阶段。

一 第一阶段（1980—1991年）：重启开放进程

1980年4月，武汉海关获得重建，武汉港国际航线通行，其由内陆口岸升级至直接对外口岸，标志着湖北省正式开启了外向型经济发展阶段。之后，湖北省通过和国外州市搭建友好关系开拓国际市场，通过

[①] 依据国内外文献，开放型经济发展水平评价包括单一指标评价法和综合评价法，后者为主流方法。综合评价法的评价维度主要包括开放基础、开放程度、开放结构、开放效益、开放潜力等方面，也有文献从贸易、投资等维度进行评价。本书借鉴已有文献做法从开放环境、产业支撑、对外贸易、投资与技术四个维度进行阐述。

[②] 2011年3月19日，首条中欧班列"渝新欧"全线贯通，2012年进入常态化运营。

[③] 《胡锦涛在中国共产党第十八次全国代表大会上的报告》，新华网，http://www.xinhuanet.com/18cpcnc/2012-11/17/c_113711665.htm。

[④] 刘治彦：《新区域格局下的湖北发展战略》，《城市》2018年第6期。

外贸体制改革扫除制度障碍，通过相继成立对外经济贸易厅、信托投资公司、外轮理货公司等完善外贸发展基本体系，通过建立东湖高新技术开发区、十堰市白浪开发区等吸引外商直接投资，稳步推进对外开放。这一阶段，"中国开放型经济"理念尚处于酝酿时期，以"外向型经济"代为表述非常普遍，其内涵强调一种区别于封闭型经济的经济形态，侧重基于比较优势参与国际分工。①②

二 第二阶段（1992—1998 年）：推行全面开放

1993 年 11 月，党的十四届三中全会提出"充分利用国际国内两个市场、两种资源，优化资源配置……发展开放型经济"③，首次明确提出了"开放型经济"这一概念，其主要内容是强调区域开放、外贸体制改革、加快"引进来"力度等。湖北省也将开放重点由贸易和外资的数量扩张转向质量提升上，尤其是 1995 年 7 月 6 日《关于加快实施外向型经济发展战略的决定》的出台进一步确定了外向型经济的战略地位。这一时期，武汉、黄石、宜昌等城市陆续被国务院批准为沿江开放城市，法兴银行在武汉开设分行，法国领事馆在汉落户，140 多个国家和地区与湖北省内企业开展技术合作。至 20 世纪 90 年代中期，湖北省已基本形成沿江、沿线、沿边地区全方位开放格局④。

三 第三阶段（1999—2008 年）：打造开放高地

中国加入 WTO 后迎来全球贸易与投资自由化的新高潮。党的十五大报告、十五届五中全会、十六大报告以及十六届五中全会一直强调"开放型经济"，并分别提出了扩大服务业开放、发展服务贸易、实施"走出去"战略、实施促进全球贸易和投资自由化便利化、实施互利共赢的开放战略等新的发展任务⑤。这一阶段，湖北省也积极利用中国加

---

① 李滋仁：《对开放型经济的再认识》，《亚太经济》1991 年第 3 期。
② 周小川：《走向开放型经济》，《经济社会体制比较》1992 年第 5 期。
③ 《中共中央关于建立社会主义市场经济体制若干问题的决定》（1993 年 11 月 14 日中国共产党第十四届中央委员会第三次全体会议通过）。
④ 陈丽媛：《湖北对外开放 40 年：成就、机遇与对策》，《社会科学动态》2019 年第 7 期。
⑤ 《高举邓小平理论伟大旗帜，把建设有中国特色社会主义事业全面推向二十一世纪》（1997）、《中共中央关于制定国民经济和社会发展第十个五年计划的建议》（2000）、《全面建设小康社会，开创中国特色社会主义事业新局面》（2002）、《中共中央关于制定国民经济和社会发展第十一个五年规划的建议》（2005）。

入WTO契机，积极推进国际化进程。2000年，武汉出口加工区获批成立，武汉东湖高新技术开发区被列入首批国家高新技术产品出口基地，成为发展外向型经济的重要载体。2003年，武汉航空口岸获准开办落地签证，为服务业开放打通渠道。这一时期，湖北省高新技术产品、化工、纺织等制造业产业优势逐渐显现，对外口岸效率提升、投资创业和发展环境明显改善。

四 第四阶段（2009—2016年）：加速开放进程

国际金融危机爆发之后，党的十七大报告第一次提出"开放型经济体系"概念①，标志着中国开放型经济发展进入了新的阶段。2012年11月，党的十八大对开放型经济发展目标表述为"完善互利共赢、多元平衡、安全高效的开放型经济体系"②。党的十八届三中全会提出"构建开放型经济新体制"以及初步战略设想与政策框架③。同时，党中央也首次提出了区域协调发展战略。在中部崛起战略中，习近平主席于2013年为湖北省提出"建成支点，走在前列"的定位。由此，湖北省一方面抓住"一带一路"建设机遇开拓沿线新市场，开展国际投资与合作；另一方面积极加强与长江经济带、京津冀、长江中游城市群战略等国内区域战略对接，以"打造内陆开放新高地"为目标强力推进对外开放格局。

五 第五阶段（2017年至今）：推进高水平开放

2017年，党的十九大报告提出"发展更高层次的开放型经济"。2018年12月，中央经济工作会议进一步明确指出"推动由商品和要素流动型开放向制度型开放转变"，意味着制度型开放就是开放经济新体制的核心④，具有里程碑意义。2020年10月，党的十九届五中全会再次强调了开放的层次和水平，也更加关注制度型开放的本质。在此背景

---

① 《高举中国特色社会主义伟大旗帜　为夺取全面建设小康社会新胜利而奋斗》，2007年10月15日胡锦涛在中国共产党第十七次全国代表大会上的报告。

② 《坚定不移沿着中国特色社会主义道路前进　为全面建成小康社会而奋斗》，2012年11月8日胡锦涛在中国共产党第十八次全国代表大会上的报告。

③ 戴翔、张二震：《我国增长新阶段开放型经济的转型发展：目标、路径及战略》，《中共中央党校学报》2015年第10期。

④ 徐杰：《深刻认识并推动制度型开放》，光明网，https://share.gmw.cn/theory/2019-02/18/content_32518698.htm。

下,"十三五"时期湖北开放型经济建设加速推进,取得明显成效,外贸、外资、技术合作等多项开放型指标居全国前列。步入"十四五"时期,2021年7月国务院发布《关于新时代推动中部地区高质量发展的意见》,将"高水平开放"作为中部地区"高质量发展"的重要内容,并且明确提出"2025年中部地区开放水平再上新台阶,内陆开放型经济新体制基本形成"的建设目标。由此,湖北省也步入了加速构建以制度型开放为主要特征的开放型经济新阶段。

第二节 对外开放的基础设施

在开放型经济中,基础设施质量的提升能够降低贸易成本、增加产业和产品竞争优势,对提高开放型经济发展水平和质量具有重要作用。广义上,基础设施既包括硬性设施,主要是物流基础设施、信息基础设施,也包括软件基础设施,主要是促进科技创新、人力资本培育、营商便利的外部环境。

一 对外开放的物流基础设施

物流基础设施是原材料、劳动力、商品等实现国内国际流动的渠道,其规模和效率决定了商品的物流成本和竞争优势。在物流设施规模上,2020年湖北省公路里程达28.9万公里,铁路里程达5200公里,较2012年提高24.7%和33.4%[1]。航空运输发展迅猛,截至2020年已开通超过70条国际航线[2]和约300条国内航线[3],中部航空"支点"呼之欲出。另外,从基础设施效率上,2020年货运量达5295.68亿吨公里,港口货物吞吐量约3.8亿吨,分别较2012年提高11.4%和38.1%[4]。

---

[1] 《湖北交通枢纽地位凸显 交通运输网络新格局》,中华人民共和国中央人民政府网站,http://www.gov.cn/gzdt/2012-10/22/content_2248493.htm。

[2] 《湖北综合交通70年大跨越》,凤凰网湖北,https://hb.ifeng.com/a/20190927/7745393_0.shtml。

[3] 《湖北省8座民航机场,荆州沙市机场即将通航》,网易,https://www.163.com/dy/article/FVKAF80D0545SCJ0.html。

[4] 依据湖北统计局《湖北统计年鉴(2013)》和2020年《湖北国民经济和社会发展统计公报》整理。

二　对外开放的信息基础设施

以移动互联网、社交网络、云计算、大数据等为特征的新一代信息技术时代，人类社会逐渐步入人、机、物三元融合的世界。互联网的普及降低了信息不对称，减少了交易风险与成本，也极大地改善了内陆省份的地理劣势。

2020 年，湖北省固定电话普及率达 104 部/百人，移动电话普及率 95.9 部/百人，固定互联网宽带接入用户也提升至 1870.16 万户[①]。新型基础设施逐步建成，截至 2021 年 11 月已累计建成开通 5G 基站超过 4.4 万个，5G 终端用户数超过 1500 万户，稳居全国第一方阵[②]。工业互联网加速发展，国家工业互联网顶级节点（武汉）注册量近 60 亿人，已接入二级节点 23 个，标识解析应用覆盖汽车、光通信、新能源、装备制造等多个重点行业，同时辐射湖北、湖南、江西和河南四省[③]。

三　对外开放的创新环境

20 世纪 90 年代，湖北省就以"破除制约科技资源优势向经济社会发展优势转化中的体制机制障碍"为核心，重点推进科技体制与机制改革，完善科技创新法规政策体系，为实施创新驱动发展提供了强有力的支撑和保障。

截至 2021 年，湖北省坐拥国家信息光电子创新中心和国家数字化设计与制造创新中心两个国家级创新中心，主要进行数字核心技术突破；国家研究中心 1 个，国家重点实验室 27 个（数量全国排名第 4 位），省级重点实验室 181 个，建成脉冲强磁场、精密重力测量、武汉生物安全（P4）实验室等国家重大科技基础设施；59 个省级协同创新中心，其中 48 家对接湖北省内十大重点产业；拥有东湖国家自主创新示范区和 12 个国家高新技术产业开发区（数量全国排名第 4 位），建成省级高新技术产业园区 20 个[④]，到 2025 年预计将形成 3 个国家级、

[①] 依据 2020 年《湖北国民经济和社会发展统计公报》整理。
[②] 《湖北 5G 基站累计建成超过 4.4 万个，年均压降 5G 基站电费约 4800 万元》，荆楚网，http：//news.cnhubei.com/content/2021-10/29/content_ 14210154.html。
[③] 《工业互联网国家顶级节点（武汉）4 年标识注册量近 60 亿》，搜狐，https：//www.sohu.com/a/502725228_ 121124570。
[④] 《湖北：争创两大中心　打造科创策源高地》，人民网，http：//hb.people.com.cn/n2/2021/0218/c192237-34580485.html。

20个省级制造业创新中心①。

2020年，全社会R&D投入由2019年的561.7亿元增至957.88亿元，比2012年增长约1.8倍。2020年专利发明授权量1.76万件②，比2012年增长约3倍③。同时，湖北省注重高质量人力资本的培育，目前共有16所一本高等院校，大学文化程度人口达895.25万人，约占总人口的15.5%，科研机构3678家，28.6万人从事科学研究工作④。

四 对外开放的营商环境

湖北省拥有众多对外开放平台。首先，国际"朋友圈"的数量日益庞大。1979年，湖北省与美国俄亥俄州建立友好省州关系，成为中美历史上第一对友好省州。截至2020年年底，已与5大洲43个国家，共缔结了104对友好城市，数量在中部地区排名首位、全国排名第6位，连续两届荣获中国人民对外友好协会颁发的"国际友好城市交流合作奖"⑤。

其次，多种类型海关特殊区域建成，成为贸易、金融、投资、服务、运输等领域的制度创新重要载体。截至2021年8月，湖北省已经建成中国（湖北）自由贸易试验区、武汉和黄石跨境电子商务综合试验区、6家综合保税区等不同层次开放平台。其中，武汉东湖综保区、武汉新港空港综保区、武汉经开综合保税区三家集中于省会武汉，通过高新技术产业集聚促进产业升级，通过实现武汉新港在长江中上游地区枢纽港地位加速与丝绸之路经济带对接，通过保税加工、保税服务、保税物流和跨境电商业务等贸易模式创新，加速中国光谷、车都向世界光谷、全球车都、通用航空产业之都、机器人之都和智能家居之都进发。

最后，"放管服"改革下，《中共湖北省委省人民政府关于更大力

---

① 《主攻十大重点领域 湖北省谋划全国一流制造业创新中心》，湖北省人民政府网，http://www.hubei.gov.cn/zwgk/hbyw/hbywqb/201703/t20170304_959965.shtml。
② 《2020年湖北省专利授权总量达11万件 同比增长48.91%》，人民湖北网，https://baijiahao.baidu.com/s?id=1691912211852994835&wfr=spider&for=pc。
③ 依据湖北统计局《湖北统计年鉴（2013）》和2020年《湖北国民经济和社会发展统计公报》整理。
④ 《湖北省省情概况》，湖北省人民政府网，http://www.hubei.gov.cn/zwgk/zcsd/ztjd/ztjd91/。
⑤ 《外交部刚刚宣布：4月12日，湖北全球特别推介会》，极目新闻，https://baijiahao.baidu.com/s?id=1696367071034566149&wfr=spider&for=pc。

度优化营商环境激发市场活力的若干措施》《湖北省优化营商环境办法》等政策措施相继出台和深化落实，湖北省营商环境不断优化。2020年中国内陆省份营商环境排行榜中，湖北省排名第17位，处于中游水平（B级）[①]。省会武汉在城市营商水平上全国排名第10位，成为全国营商环境评价中的"跨境贸易标杆城市"[②]。

第三节 对外开放的产业支撑

一 湖北省经济规模与产业结构

21世纪以来，湖北省经济规模快速扩张。2001—2021年地区生产总值（GDP）增长约12.9倍（见图3-1）。受新冠肺炎疫情影响，2020年GDP为4.3万亿元，增速排名全国第29位，中部六省排名第6位。但随着复工复产，经济强劲复苏，2021年GDP已实现5万亿元，按照可比价格，同比增长12.9%，比2019年增长6.8%。

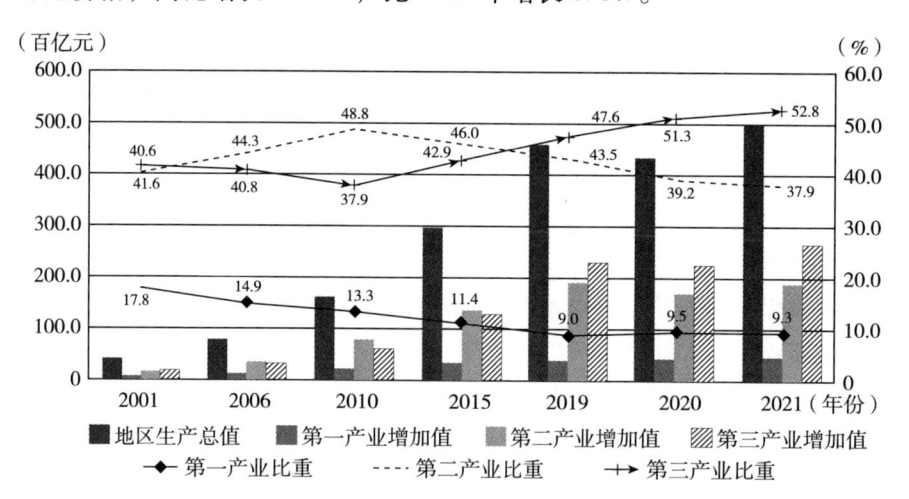

图3-1 2001—2021年湖北省三次产业结构及增长情况

资料来源：根据历年《湖北统计年鉴》整理，2021年数据来源于《湖北省国民经济和社会发展公报（2021）》。

---

① 《中国省份营商环境研究报（2020）》，北京大学光华管理学院管理创新交叉学科平台，https://www.gsm.pku.edu.cn/info/1366/21493.htm。

② 《2020年中国296个城市营商环境报告》，未来智库，https://www.vzkoo.com/document/f44410e56593c96e2e5d2aff8edd56bb.html。

湖北省三次产业增长迅速。2001—2021年第一产业增长6.7倍，年均增幅10%，而第二、第三产业分别增长12倍和16.4倍，年均增幅达13.2%和15.0%，且均高于全国平均水平，是地区经济增长的主要推动力。产业结构方面，对比21年间三次产业产值与GDP的比重变化发现，第一产业已从17.8%持续降至9.3%，第二产业比重于2011年达到48.8%的峰值后逐渐下降至37.9%，相反第三产业比重持续上升至52.8%，其中服务业已于2017年成为湖北省第一大行业，引领全省产业结构实现了"二三一"向"三二一"的转型。

二 制造业增长与结构特征[①]

湖北省第二产业增加值中，工业增加值比重长期保持85%左右，处于核心地位且增长稳健。2020年，在新冠肺炎疫情影响下，规模以上工业增加值仍同比增长4.1%，2021年继续增长14.8%。同时，2021年1—11月，规模以上工业利润同比增长22.7%，比2019年同期增长11.5%，两年平均增长5.6%。工业结构呈现重工业为主（产值占比约65%）、轻工业为辅（产值占比约35%）的格局。

（一）制造业是工业增长主力，总体发展态势良好

2020年，工业企业总数约1.6万家，约占第二产业企业总数的95%。制造业产值达4.3亿元，占工业总产值的90.8%。湖北省内制造业门类齐且增长较为均衡，2021年41个行业中39个实现正增长，其中31个行业保持两位数增长，占比75.6%。

（二）行业集中度明显降低，结构趋向均衡和合理

将2011年和2019年各行业工业增加值比重排序发现，湖北省制造业行业结构变化呈现三点特征：

1. 行业集中度显著降低，增长结构更加均衡

2011年，约55.3%的制造业工业增加值集中于汽车制造业、黑色金属冶炼和压延加工业。截至2019年，汽车制造业仍然排名第一位，但比重已从30%减少到17.3%。同时，排名前10位的行业比重之和也从89.8%降至69.1%，表明制造业内部行业发展更加趋于均衡、更具多

[①] 本部分数据根据2020年《湖北省统计年鉴》和2021年《湖北省国民经济和社会发展公报》整理。参见湖北省统计局《2021年全年湖北经济运行情况》，湖北省统计局，http://tjj.hubei.gov.cn/tjsj/tjfx/qstjfx/202201/t20220120_3972709.shtml。

样性。

2. 各行业发展有退有进，结构分布更加合理

其一，湖北省响应国家节能减排要求，严格控制高污染、高能耗（"两高"）行业，积极化解钢铁、煤炭等行业过剩产能（"一剩"），至2019年"两高一剩"行业比重显著降低，黑色金属冶炼和压延加工业产值比重从25.3%减少至5.2%，有色金属冶炼和压延加工业、石油加工、炼焦和核燃料加工业甚至退出前10位；其二，产业结构升级措施取得成效。除"两高一剩"之外，初级产品制造业和烟草制造业也退出前10位，比重提高的行业包括化学原料和化学制品制造业、计算机通信和其他电子设备制造业、电气机械及器材制造业等中高技术密集型行业。同时，农副食品加工业、纺织业、金属制品业和医药制造业等新晋成为支撑工业增长的重要行业。

3. 运输设备与机电主导，制造业高级化趋势明显

将汽车制造业和铁路、船舶及其他运输设备合归为"运输设备制造业"，将计算机、通信及其他电子设备、专用设备、通用设备、仪器仪表合归为"机械电子制造业"，对2019年各行业产值占工业产值比重排序。结果显示，运输设备制造业和机械电子制造业比重分别达18.6%和17.7%，位列前二，是湖北省最重要的支柱产业。位列二者之后的行业依次是农副食品加工业、化学原料和化学制品制造业、非金属矿物制品业、纺织业、黑色金属冶炼（主要是钢铁制造业）、金属制品制造业（主要是钢铁制品、铝制品制造业）、通用设备制造业、医药设备制造业和专用设备制造业，合计占比约75.7%。

另外，从产业要素密集度来看，2019年初级产品、劳动密集型、低技术密集型、中高技术密集型和高技术密集型产业产值分别占比约15%、21%、11%和40.6%和12.4%，其中知识产权（专利）密集型产业产值占比已实现36.7%[①]，湖北省制造业从低端向高端升级趋势明显。

（三）高新技术产业加速领跑，带动制造业结构升级

自2006年12月湖北省政府发布《高新技术产业发展"十一五"

---

① 该部分数值参照OECD要素密集度划分标准、《高新技术产业（制造业）分类（2017）》和《知识产权（专利）密集型产业统计分类（2019）》等进行粗略估计。

规划》以来，高新技术产业快速成长为带动全省产业结构升级的龙头。

1. 产业规模增长强劲

2020—2021年，湖北省高新技术制造业增加值占地区GDP比重超过20%，两年平均增长16.4%。2020年，医药制造业和通用设备制造业分别增长9.2%和10.3%，快于规模以上工业增速2.1个和3.2个百分点[①]。受新冠肺炎疫情影响，计算机、通信和其他电子设备制造业仅增长4.4%，但2021年强势回弹，以30.2%的增速实现1.2万亿元。新能源汽车、液晶显示屏、手机、平板电脑产品加速领跑，分别增长380%、290%、76.2%、24.6%。

2. 市场主体快速成长

2020年，湖北省市场主体数量约10400家，保持中部第一，全国排名第8位。其中，新认定企业4816家。同时，科技企业孵化器在孵企业突破2万家。华星光电、健鼎电子、中诚信等新经济领军企业落户湖北自贸易区（武汉片区）。

3. 创新能力显著增强

湖北省先进制造、光电子信息、新材料等重点产业成果丰硕，已实施上百个技术创新重大项目。例如，"120W皮秒、40W飞秒激光器"研发成功，进入全球第一梯队；"100G硅光收发芯片"正式投产使用，是目前国际上已报道的集成度最高的商用硅光子集成芯片之一；武汉大学珞珈一号科学试验卫星成功发射入轨运行；华中科技大学国家脉冲强磁场科学中心脉冲平顶磁场强度创造新的世界纪录；中科院武汉物数所甚高精度星载铷钟首次装备北斗三号入轨服役等。国家科技部数据显示，湖北省区域科技创新综合水平已从2013年全国第12位上升至2020年第8位。

（四）制造业园区平台特征突出，产业布局区位集群化明显

1. 各类园区为制造行业提供优质发展平台

根据前瞻产业研究院统计，截至2021年11月，湖北省各类产业园区已达3173个。例如，农产品加工制造业中，全省拥有7个国家级农产品出口示范区和22个省级示范区，2018年规模以上农产品加工企业

[①] 《新浪财经."芯""光"灿烂！湖北高新技术产业增加值达6653亿》，央视网，http://jingji.cctv.com/2019/06/19/ARTIecWMkOYEgPIAriZS2hkT190619.shtml.

主营业务收入达到 1.25 万亿元已经成为湖北省规模最大、发展最快、就业最多、效益最好和农民获利最多的产业[①];又如,以光谷生物城为例,自 2008 年开园以来,园区已集聚各类生物企业 2000 余家,引进 27 个院士项目、28 位国家千人计划、537 个海内外高层次创业团队[②]。

2. 以特色产业集群式发展推动转型升级

自国际金融危机爆发之后,湖北省出台了《促进产业集群发展的意见》,产业集群成为制造业发展的重要依托。截至 2017 年,湖北省各类产业集群已达 103 个,包括多处重点成长型产业集群,如沙洋县新材料产业集群、仙桃市汽车零部件产业集群、武汉光电子信息产业区、黄陂区服装产业集群、黄石市电子信息产业集群、十堰市商用汽车产业集群以及仙桃市无纺布产业集群等,2019 年在此基础上新增枣阳市汽车摩擦密封材料产业集群、谷城县汽车零部件产业集群、宜城市食品加工产业集群、襄阳市襄州区智能轨道交通产业集群等 11 个。其中,2019 年武汉市集成电路、新型显示器件、下一代信息网络和生物医药四个产业集群入选第一批国家级战略新兴产业集群名录,2020 年三峡蜜橘产业集群和小龙虾产业集群还入选了"国家 2020 优势特色产业集群名单"。"十四五"开局,湖北省出台《湖北省制造业高质量发展"十四五"规划》提出培育壮大 20 个千亿级特色产业集群的建设目标。

(五) 制造业增长更加依赖国内市场,少数支柱产业外向度相对较高

产业外向度是衡量某一产业对外开放参与国际分工程度的指标,可以以该产业出口交货值与工业产值的比重衡量。比重越高,表明该产业参与国际分工程度越深,与外部市场联系越紧密。

经测算,2018 年湖北省制造业整体外向度仅为 4.4%;在支柱产业中,外向度最高的是通信及电子设备制造业和集成电路、船舶、航空航天及其他运输设备制造业,分别为 20.6% 和 15.4%。其后,化学纤维制造业和纺织业外向度约 8%—9%,而其他支柱产业的外向度均不足 5%,第一大产业汽车制造业外向度仅仅为 1.7%。皮革、羽毛等制品制

---

① 《湖北粮食总产连续 6 年稳定在 500 亿斤以上 油菜籽产量长期位居全国第一》,新浪财经,https://finance.sina.com.cn/roll/2019-09-06/doc-iicezueu3919846.shtml。

② 前瞻研究所,https://f.qianzhan.com/yuanqu/diqu/42/。

造业外向度最高为41.5%，但其在全省工业产值中的比重却仅为0.6%[1]。上述数据表明：湖北省制造业总体上参与国际分工的程度很低，主要支柱产业也并未真正嵌入全球产业链和价值链中，海外资源尚未被充分利用，发展仍然主要取决于国内市场。另外，由于对海外市场依赖度很低，制造业发展其受外部市场环境变化的影响比较有限。

三　服务业增长与结构特征

（一）服务业总体发展态势良好

2017年，服务行业已成为湖北省第一大行业，带动第三产业在地区经济总量增加值中比重首次超过第二产业达45.2%。2019年，服务业增加值实现2.29万亿元，约占全省GDP的50%，规模居全国第9位、中部第2位，贡献了全省53.0%的税收、57.1%的新增就业、50%以上的固定资产投资和87.1%的新增市场主体，进一步凸显了其对推动高质量发展的重要作用[2]。全省规模以上服务业企业达6138家，新开企业1652家，营业收入达2554.39亿元，同比增长17%，高于全国水平6.9个百分点，且位居中部第一。

（二）现代服务业发展迅速

服务业产业结构上，金融、现代物流、研发设计和科技服务、软件和信息技术服务、商务服务、商贸服务、文化体育服务、旅游服务、健康养老和家庭服务、房地产十大重点服务行业齐头并进，企业竞争力增强。统计局数据显示，2020年全省金融机构各项贷款余额5.98万亿元，同比增长14.6%，创历史同期新高；信息传输、软件和信息技术服务业营业收入保持中部领先。同时，文化产业增速快于全国及中部水平。旅游业从"高速"向"优质"转变，"旅游+"和"+旅游"等新业态蓬勃发展，2020年上半年，全省共接待国内和国际游客4.1亿人次，综合收入3534.86亿元，同比增长16.5%和18.3%。现代物流业持续升温，已实现快递网点乡镇全覆盖，截至2021年1月村级覆盖率已

---

[1] 笔者根据《湖北省统计年鉴（2020）》数据测算。
[2] 《湖北服务业高质量发展步履坚定》，湖北省人民政府网，http://www.hubei.gov.cn/hbfb/szsm/201912/t20191218_1773200.shtml。

经达到大约71%[①]，法人企业数量位列中部地区第一，居全国前列。康养产业兴起，武汉着力打造"世界大健康产业之都"，咸宁、神农架利用资源和地缘优势发展成效明显。同时，多家家庭服务企业进入全国"千户百强"行列，其中百强企业10家。

（三）新模式新业态引领变革

打造全功能与高规格的服务业创业园区或者现代服务业集聚区渐渐成为燎原之势。目前，已形成省级现代服务业示范区53家、综合改革试点区28家。例如，荆州智谷由多名省级现代服务业领军人才联手打造，是集众创空间、科技企业孵化器、加速器于一体的创业园区，截至2019年7月已吸引80家企业入驻，涉及3D打印、智慧医疗、智慧农业、智慧物流、大数据健康管理、BIM项目开发等领域，为当地研发设计和科技服务、软件信息技术服务等现代服务业提供优质平台。

新型商业模式和新型业态迅猛崛起，引领服务业变革。盛天网络、斗鱼TV、卷皮网、宁美国度等湖北省互联网产业"四小龙"不断刷新销售奇迹。元光科技、光听科技等80余家企业在智能公交信息服务、智能交通系统解决方案等应用领域走在全国前列。新型服务业业态方面，数字经济的重要性日益凸显，2020年湖北省6家独角兽企业均是数字经济领域的龙头骨干企业，2019年全省数字经济年产值已近1.4万亿元，占全省GDP超过30%[②]。2020年，数字经济发展氛围更加浓厚、网络建设领跑中部、数据要素加速流转、产业培育稳步推进、融合应用不断深化。

第四节　跨境货物与服务贸易

一　货物贸易发展概况

（一）货物贸易稳步快速扩张，疫后复苏内力强劲

全省货物贸易保持长期快速增长（见图3-2）。2000—2019年，货

[①]《湖北去年快递量突破16亿件　今年全省"村村通快递"》，湖北省人民政府网，http://www.hubei.gov.cn/hbfb/bmdt/202001/t20200118_2006201.shtml。

[②]《中国6大独角兽企业在湖北武汉，不止传统工业武汉的创新实力多强》，网易，https://www.163.com/dy/article/FUOSVFID0541B741.html。

物进出口总额增长16.8倍。其中，出口额和进口额以年均14.7%和13.9%的增长率扩张超过30倍。2017年，全省贸易额首次突破3000亿元大关后，即使在遭遇中美贸易摩擦的严峻形势下，2019年贸易额仍然逼近4000亿元再创新高。2020年，地处新冠肺炎疫情核心区域，由于全省严格管控、停工停产，经济与贸易运行再受冲击，但仅半年时间已基本恢复至上年同期水平，2020年进出口突破4000亿元。2021年继续保持强劲势头，突破5300亿元，同比增长24.8%，比2019年增长36.2%，其中总体增速和出口增速分别高于全国平均水平3.4个和8.7个百分点，分别排名全国第13位和第9位[①]。

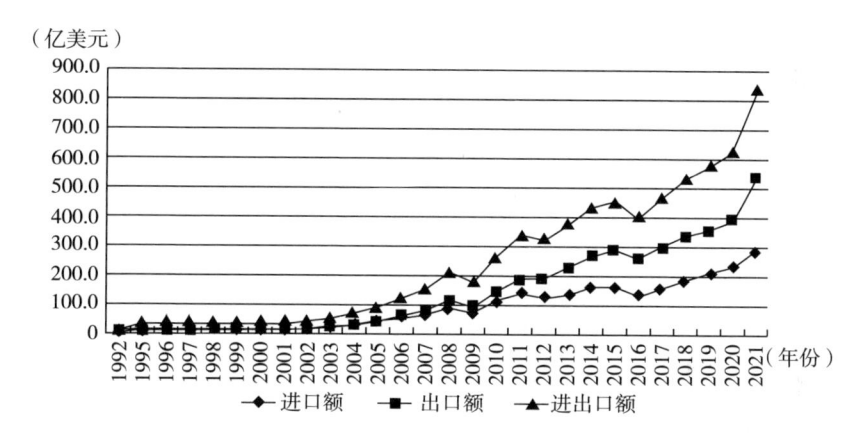

图3-2　1992—2021年湖北省进出口贸易增长态势

资料来源：根据《湖北统计年鉴（2020）》《湖北省国民经济和社会发展公报（2021）》及中国海关在线数据库整理。

从贸易差额看，除2004年进出口持平、2005年出现逆差以外，其余年份均为顺差并保持加速增长，表明湖北省出口产品国际竞争力不断增强。

（二）民营企业占据主体，"稳外贸"主力军作用突出

"民营企业为主、国有企业和外资企业均衡发展"的外贸主体格局已

---

① 《2021年湖北省外贸进出口规模突破5300亿元创历史新高》，中华人民共和国武汉海关，http://www.customs.gov.cn/wuhan_customs/506390/fdzdgknr64/bgtj30/3541119/4134175/index.html。

经形成。截至 2019 年，全省有进出口记录的企业 6431 家，其中民营企业 5487 家，占比 85.3%。2010—2020 年民营企业进出口额年均增长 25.4%，高于国有企业、外资企业以及全省贸易年均增长率[1]。同时，绩效方面（见表 3-1），21 世纪初以来，国有企业与外资企业进出口对全省贸易贡献度持续下降，民营企业则相反，遭受贸易摩擦和新冠肺炎疫情叠加冲击下仍是外贸"稳增长"的主力军。2020 年，民营企业进出口达 2554.7 亿元，增长 20.9%，占全省外贸总额的 59.6%，同比提升 5.9 个百分点。其中，出口增长 18.2%，进口增长 29.9%[2]；2021 年其贡献率更是高达 60.6%，远高于国有企业 20.7% 和外资企业 18.6%[3]。

表 3-1　三类外贸经营主体进出口额占全省贸易额比重变化

经营主体 \ 年份 贸易额比重	进口额/省进口额（%）				出口额/省出口额（%）				贸易额/省贸易额（%）			
	2000	2010	2015	2020	2000	2010	2015	2020	2000	2010	2015	2020
国有企业	50.9	44.7	24.5	22.1	73.0	32.7	19.7	14.2	64.2	26.9	21.2	20.6
外资企业	48.4	46.5	33.9	28.9	22.2	39.4	23.1	20.5	32.7	38.4	27.0	19.8
民营企业	0.1	8.1	41.5	33.3	0.1	26.7	56.6	64.8	0.1	32.8	51.2	59.6

资料来源：根据 2002—2020 年《湖北省统计年鉴》及 2021 年武汉海关统计数据整理。

（三）商品结构稳定集中度高，主要进出口种类存在差异

将 2017 年和 2020 年湖北省 HS 编码下 22 大类货物进出口额在总贸易额中的占比进行排序（见表 3-2）[4]，结果显示，进出口商品结构基

---

[1] 《2020 年湖北省外贸进出口总值突破 4000 亿元创历史新高》，网易，https：//www.163.com/dy/article/G0NRPD150514R9KD.html。

[2] 《2020 年湖北外贸呈现七大亮点》，搜狐网，https：//www.sohu.com/a/445829728_162758。

[3] 《2021 年湖北省外贸进出口规模突破 5300 亿元创历史新高》，中华人民共和国武汉海关，http：//www.customs.gov.cn/wuhan_customs/506390/fdzdgknr9/bgtj30/3541119/4134175/index.html。

[4] 中国进出口商品海关统计采用世界海关组织《商品名称及编码协调制度》（以下简称 HS）。目前全球贸易量 98% 以上使用这一目录。国际上，HS 编码采用六位数编码，一级分类标准为 22 大类（HS0-HS22），二级分类标准为 98 章（HS01-98）。本书所有海关统计数据均采用上述标准。编码对应商品种类名称参见 https：//baike.baidu.com/item/HS%E7%BC%96%E7%A0%81/1532725?fr=aladdin。

本稳定，超过95%的贸易总额、出口额与进口额集中于前12位商品。其中，机电产品占比始终保持40%以上，是最主要的贸易产品；化工产品以约10%的份额稳居其次；占比超过4%以上陈品包括矿产品、纺织品、贱金属产品、运输设备和光学医疗设备五类。

表3-2　　　2017年和2020年湖北省HS一级分类商品贸易额占比排序（前12位）

排序	进出口商品 2017年 HS	进出口商品 2017年 占比(%)	进出口商品 2020年 HS	进出口商品 2020年 占比(%)	出口商品 2017年 HS	出口商品 2017年 占比(%)	出口商品 2020年 HS	出口商品 2020年 占比(%)	进口商品 2017年 HS	进口商品 2017年 占比(%)	进口商品 2020年 HS	进口商品 2020年 占比(%)
1	16	44.6	16	43.0	16	44.4	16	41.9	16	45.0	16	45.0
2	6	9.4	6	10.7	6	12.9	6	14.1	5	20.6	5	18.4
3	5	7.4	15	7.4	11	8.5	11	8.3	18	8.5	18	10.6
4	15	6.6	5	7.2	15	6.8	15	7.9	15	6.2	15	6.5
5	11	6.1	11	5.9	17	6.6	17	6.5	17	3.2	17	4.7
6	17	5.5	17	5.1	2	4.3	20	3.7	7	3.1	7	3.1
7	18	4.1	18	5.0	20	3.2	2	3.1	6	2.8	17	2.6
8	2	3.7	7	2.9	7	2.4	7	2.8	2	2.4	13	2.1
9	7	2.6	20	2.4	12	2.3	13	2.3	13	2.1	14	1.6
10	20	2.2	2	2.4	18	1.9	12	2.0	10	2.0	11	1.6
11	13	1.8	13	2.2	13	1.7	18	1.7	11	1.6	10	1.4
12	12	1.5	12	1.3	8	1.5	8	1.6	9	1.1	2	0.8
合计		95.6		95.3		96.5		96		98.5		98.4

注：主要产品HS编码对应简称（全称可根据编码查阅附表3-1）：HS5为矿产品、HS2为植物产品、HS7为塑料及橡胶产品、HS6为化工产品、HS11为纺织品、HS12为鞋帽伞杖及其零件、HS15为贱金属产品、HS16为机电产品、HS17为运输设备、HS18为光学医疗设备、HS20为杂项制品。表3-2仅取贸易额排名前12位商品，因此占比合计不为100%。

资料来源：根据中国海关在线数据库数据整理。

1. 出口商品集中7大类，机电和化工居前2位

从出口规模来看，机电产品是湖北省最主要的出口产品，份额始终保持40%以上；化工产品稳居其次，比重约占1/3；占比超过5%的商品种类包括纺织品、贱金属产品和运输设备；植物产品和杂项制品分列第6位与第7位，出口份额合计约86%。上述产品是湖北省最重要的7大类出口产品。

进一步对HS二级分类下的98章商品出口额进行排序，结果显示85%的出口额集中于前20位产品中（见表3-3）。其中，16大类"机电产品"所包括的电气音像设备（HS85）和机器机械（HS84）出口份额合计超过40%，且均是最主要的出口产品。有机化学品稳居第三位。占比2%—5%的商品包括非针织服装、车辆及零部件、钢铁、钢铁制品、塑料产品、食用蔬菜等。其余产品出口占比均在2%以下，对全省整体出口增长影响不大。

从出口增速来看，2019年机电产品出口额增长7.5%，其中电器及电子产品增长5.9%、机械设备增长7.5%。受新冠肺炎疫情影响，2020年上半年出口额下降30.1%，但在"荆楚云展"等国际会展刺激下，年底降幅已收窄至2.4%[①]。2021年，机电产品出口不仅由降转升，而且大幅增长44.4%，手机、集成电路、光纤光缆等传统优势产品出口分别增长48%、51%和43.5%。同期，新能源汽车、液晶显示板等产品出口均实现倍增。

不同的是，新冠肺炎疫情影响下，海外市场对医疗防护用品和大宗商品的需求急剧扩张，2020年包括口罩在内的纺织制品出口额增长7倍，带动劳动密集型产品实现了41.7%的逆势增长。

同样出现成倍增长的还有农产品。农产品出口额在湖北省出口总额中占比不大，但湖北省却是全国重要的农产品出口来源地，2001—2020年出口年均增速15.4%，高于全国同期12.4%的增速，且常年处于顺差。干蘑菇、木耳、小龙虾、柑橘、药材、蜂蜜产品等均是全国出口排名靠前且具有较强竞争优势的农产品。

2. 进口商品集中度高于出口，机电矿产医疗设备占比高

机电产品是湖北省最主要的进口产品大类，占比保持约45%；矿产、光学医疗设备排名第2位和第3位；贱金属产品、运输设备、塑料及橡胶产品、化工产品紧随其后排名第3位至第7位，占比2%—

[①] 《外贸"马车"逆风跑出两位数增速》，新浪财经，https://finance.sina.com.cn/china/dfjj/2021-07-29/doc-ikqciyzk8232594.shtml。

10%。上述 7 大类商品进口份额总计约 90%。

HS 二级分类发现（见表 3-3），进口商品比出口商品集中度更高，排名前 15 位商品份额总计约 90%，其中 70% 进口额来自电气音像设备、矿砂及矿灰、机器机械和光学医疗设备；其余 11 章分布较为平均，占比 0.5%—3%，其中矿物燃料及其蒸馏产品、塑料制品、车辆及零部件和铜及其制品占比相对较高。

表 3-3　　　　2017 年和 2020 年湖北省 HS 二级商品贸易额占比排序（主要商品）

排序	进出口商品 2017 年 HS	进出口商品 2017 年 占比（%）	进出口商品 2020 年 HS	进出口商品 2020 年 占比（%）	出口商品 2017 年 HS	出口商品 2017 年 占比（%）	出口商品 2020 年 HS	出口商品 2020 年 占比（%）	进口商品 2017 年 HS	进口商品 2017 年 占比（%）	进口商品 2020 年 HS	进口商品 2020 年 占比（%）
1	85	29.1	85	25.6	85	30.0	85	27.8	85	27.4	84	21.7
2	84	15.5	84	16.7	84	14.4	84	13.8	26	19.4	85	21.7
3	26	6.7	26	5.1	29	5.5	29	6.3	84	17.6	26	13.9
4	90	4.0	90	4.9	62	4.4	62	3.9	90	8.3	90	10.5
5	29	3.8	29	4.3	87	3.8	87	3.8	87	2.9	27	4.8
6	87	3.5	87	3.1	7	3.6	73	2.9	39	2.5	39	2.8
7	62	2.9	39	2.6	31	3.2	72	2.8	74	2.2	74	2.2
8	7	2.5	62	2.5	89	2.7	94	2.7	70	1.9	87	2.0
9	31	2.3	73	2.1	72	2.5	39	2.5	47	1.9	81	2.0
10	39	2.2	27	2.1	73	2.1	89	2.4	12	1.8	70	2.0
11	72	1.9	72	2.0	39	2.0	31	2.2	81	1.2	71	1.6
12	73	1.8	94	1.8	90	1.7	28	2.1	44	1.1	38	1.5
13	89	1.8	31	1.7	64	1.7	7	2.1	73	1.1	47	1.2
14	94	1.2	89	1.5	61	1.7	90	1.6	38	0.9	73	0.9
15	64	1.1	28	1.4	94	1.6	64	1.4	72	0.7	29	0.8
16	61	1.1	7	1.3	28	1.5	61	1.3	—	—	—	—
17	28	1.0	74	1.3	95	1.2	63	1.2	—	—	—	—
18	74	1.0	70	1.1	63	1.1	30	1.2	—	—	—	—
19	70	1.0	38	1.0	30	0.9	69	1.1	—	—	—	—

续表

排序	进出口商品 2017年 HS	进出口商品 2017年 占比(%)	进出口商品 2020年 HS	进出口商品 2020年 占比(%)	出口商品 2017年 HS	出口商品 2017年 占比(%)	出口商品 2020年 HS	出口商品 2020年 占比(%)	进口商品 2017年 HS	进口商品 2017年 占比(%)	进口商品 2020年 HS	进口商品 2020年 占比(%)
20	38	0.8	64	0.9	42	0.9	95	1.0	—	—	—	—
合计		84.9		83.0		86.4		84.0		90.9		89.6

注：主要产品HS编码对应产品简称：HS07为食用蔬菜、HS26为矿砂及矿灰、HS85为电气音像设备、HS84为机器机械、H29为有机化学品、HS62为非针织服装、HS87为车辆及零部件、HS72为钢铁、HS73为钢铁制品、HS74为铜及其制品、HS39为塑料产品、HS27为矿物燃料及其蒸馏产品、HS90为光学医疗设备。仅将进出口贸易额、出口额排名前20位以及进口额排名前15位的商品列于表3-3，因此占比合计不为100%。

资料来源：根据中国海关在线数据库数据整理。

进口增速方面，2020年和2021年机电产品进口额分别增长14.2%和4.6%，其中半导体制造设备和集成电路进口增速均超过20%。同期，消费市场持续回暖，带动消费品进口快速增长，2020年和2021年分别增长45.3%和48.3%，尤其是肉类、日化用品等进口需求旺盛，例如2021年进口牛肉18.3亿元，增长237.7%；进口猪肉3.3亿元，增长41.1%；进口日化用品16.2亿元，增长153.3%。

（四）一般贸易方式占主导，新方式新业态增长快

湖北省货物贸易方式呈现"以一般贸易方式为主、加工贸易为辅、新型贸易方式快速发展"的态势。2010年以来，一般贸易额在全省贸易额中比重保持70%以上并持续小幅增长，2021年上半年连续6个月保持正增长，进出口总额1799.6亿元，同比增长38%，拉动全省整体外贸复苏增长29.7个百分点。相比之下，附加值较低的加工贸易年均增速仅为2.3%，而且2020年比重已降至15%左右，其中加工方式以进料加工为主，来料加工仅约2%[①]。

贸易模式创新具有活力与潜力。一是新型贸易方式快速发展。例如，2021年上半年，武汉东湖综合保税区、武汉新港空港综合保税区、

---

① 《3943.6亿 2019年湖北省外贸进出口值再创历史新高》，湖北省人民政府网，http://www.hubei.gov.cn/hbfb/bmdt/202001/t20200117_1949646.shtml。

宜昌综合保税区、武汉经开综合保税区4个综保区实现进出口额196.8亿元，同比增长182.8%，比全省进出口增速高出135.9个百分点，外贸增长贡献度超过16%[①]。二是新业态融合模式探索成效积极。汉口北于2016年9月获批国家第三批市场采购贸易方式试点，积极探索"市场采购+跨境电商+外贸综合服务"发展模式，成效积极。自2016年12月28日首单通关以来，截至2017年年底外贸备案商户达2060家，提前完成5亿美元出口额目标达7.86亿美元，出口货量3350标准箱，商品种类376种，抵运71个国家和地区，市场采购贸易占比68.6%。2019年，市场采购出口同比增长2.3倍，外贸综合服务企业实现出口额19.2亿元，服务中小微企业约2000家。同时，全省跨境电商公共平台清单量542.5万票，货值12.7亿元，同比分别增长29.3倍和12.3倍。

（五）市场多元化战略显成效，"一带一路"巨大潜力待挖掘

目前，湖北省已与超过220个国家（地区）建立稳定贸易关系，其中出口市场约215个，进口来源地约155个，但约74%的进出口额集中于排名前20位的贸易伙伴。欧盟、东盟、美国始终排名前3位，是最重要的海外市场，贸易总份额保持40%以上。在贸易摩擦与新冠肺炎疫情叠加影响下，2020年湖北省与三大贸易伙伴的贸易额仍然保持17%—30%的增长率。2021年，东盟跃升为第一大贸易伙伴，美国、欧盟位居其后，湖北省对三个贸易伙伴贸易总额分别增长34.1%、26.1%和16.6%。日本、韩国、中国台湾、非洲、智利、俄罗斯等国家和地区也是非常重要的出口目的地和进口来源地，进出口增速均超过20%。

挖掘"一带一路"沿线国家贸易潜力成绩喜人，其与湖北省贸易总额占全省外贸总额约30%。2020年湖北省继续挖掘沿线国家贸易潜力，进出口额增长55.5%，达747.3亿元，2021年再增长32.8%。同时，湖北省对该区域的贸易高度集中于东盟5国（马来西亚、越南、泰国、印度尼西亚和新加坡）、南亚印度、中亚俄罗斯和欧洲4国（德国、法国、荷兰、英国），其他市场的贸易份额均不足1%。因此，尚

---

① 《2021年上半年湖北外贸进出口情况新闻发布会》，中华人民共和国国务院新闻办公室，http://www.scio.gov.cn/xwfbh/gssxwfbh/xwfbh/hubei/Document/1710352/1710352.htm。

存广阔的新兴市场空间①。

（六）总体贸易开放度不高，多点支撑局面尚未形成

湖北省总体贸易开放度不高：①湖北省与中国整体开放水平差距显著②。2021年，湖北省外贸依存度、出口依存度和进口依存度分别为10.8%、7%和3.7%，而同期中国三项依存度指标约为28.1%、15.7%和12.5%，是前者的2—4倍。②湖北省对中国贸易增长贡献度很小。2021年湖北省在中国出口额和进口额中的比重仅约为2%和1.3%。

表3-4　　2019年湖北省各州市进出口额、比重排名及贸易依存度

排名	州市	比重（%）	外贸依存度（%）	州市	比重（%）	进口依存度（%）	州市	比重（%）	出口依存度（%）
1	武汉	66.5	15.0	武汉	81.8	6.6	武汉	58.1	8.4
2	襄阳	6.2	4.7	潜江	4.5	7.2	襄阳	8.4	4.1
3	宜昌	6.0	4.9	荆门	2.5	1.6	宜昌	8.3	4.4
4	荆州	3.2	4.7	襄阳	2.3	0.6	荆州	5.6	3.8
5	孝感	2.7	4.4	宜昌	1.9	0.6	孝感	4.1	3.7
6	荆门	2.6	4.7	荆州	1.8	0.9	黄冈	3.6	2.8
7	潜江	2.1	9.6	黄石	1.5	1.1	荆门	2.8	3.1
8	黄冈	1.9	3.0	孝感	1.2	0.7	十堰	2.7	2.9
9	仙桃	1.8	7.6	仙桃	0.8	1.3	随州	2.5	5.1
10	咸宁	1.7	3.9	咸宁	0.5	0.4	咸宁	2.4	3.5
11	十堰	1.7	3.1	黄冈	0.4	0.2	仙桃	2.3	6.3
12	随州	1.7	5.3	鄂州	0.3	0.4	黄石	0.9	1.2
13	黄石	1.1	2.3	十堰	0.2	0.1	潜江	0.8	2.3
14	天门	0.3	1.7	随州	0.2	0.2	天门	0.5	1.6
15	鄂州	0.2	0.6	天门	0.0	0.0	鄂州	0.1	0.2

---

①《2021年前11个月湖北省进出口同比增长26%　11月份创单月历史新高》，中华人民共和国海关，http://www.customs.gov.cn/wuhan_customs/506390/fdzdgknr64/bgtj30/3541119/4076207/index.html。

② 现有文献采用的衡量开放度的量化指标包括对外贸易比率、对外融资比率、外贸依存度、金融开放度、关税税率、名义汇率与实际汇率差异程度等。基于湖北省数据可获性，本报告使用"外贸依存度"，测算方法为"进出口额占GDP的比重"。

续表

排名	州市	比重（%）	外贸依存度（%）	州市	比重（%）	进口依存度（%）	州市	比重（%）	出口依存度（%）
16	恩施	0.0	0.1	恩施	0.0	0.0	恩施	0.0	0.1
17	神农架	0.0	0.0	神农架	0.0	0.0	神农架	0.0	0.0

资料来源：根据《湖北省统计年鉴（2020）》数据整理。

从地区开放度来看，除神农架林区外，湖北省行政区域内所包含的17个市州均在不同程度上开展对外贸易，但各市州贸易贡献度显著不平衡（见表3-4）。省会城市武汉多年保持绝对领先地位，2019年贸易额实现2440.2亿元，对全省进出口贡献度达66.5%，2020—2021年也持续保持60%以上。贸易贡献度位居前五的除武汉外，依次是襄阳、宜昌、荆州和潜江，但贡献度均非常低，仅为6.2%、6.0%和3.2%、2.6%。

从进出口增速来看，武汉、襄阳、潜江、黄冈、十堰、宜昌等市州保持较快增速。2021年进出口实现增长的14个市州中，十堰进出口增长108.3%，居全省第一位，宜昌、潜江、荆门进出口分别增长64.2%、55.1%、49.1%，均高出全省平均水平20个百分点以上。

综合来看，湖北省内各区域开放程度极不平衡，武汉"一家独大""多点支撑"格局尚未显现。

二　服务贸易发展概况

（一）规模扩张平稳快速，海外市场多元增长

2016年2月，武汉市入选国务院确定的15个服务贸易创新发展试点城市和国家级新区，湖北省以此为契机推进全省服务贸易实现了平稳较快发展。2016年服务贸易总量已突破9000亿元，跻身全国前20名。2019年实现775.9亿元，连续4年排名全国前列、中部第1位。

湖北省服务贸易出口100多个国家和地区，亚洲是最主要海外市场，同时与"一带一路"沿线国家双边服务贸易额保持持续增长。2020年，湖北省内企业承接的服务外包项目来源地遍及"一带一路"沿线30多个国家，执行额近2.7亿美元，同比增长4.4%。

（二）产业结构持续优化，高端服务业优势正在形成

2016年，住宿餐饮服务、批发零售服务、仓储邮政服务、交通运

输服务等传统服务贸易产业在全省服务贸易增加值比重达34.9%，占据主导地位。此后5年，服务贸易产业结构逐步优化。2021年旅行、运输、建筑等传统服务贸易总比重已下降约9个百分点。相反，知识密集型服务业加速发展，尤其是金融服务、技术服务年均增速高达20%、30%，文化创意、通用航空、动漫产业、服务外包等高知识含量和高附加值的新兴服务贸易正在形成规模和竞争优势[①]。

（三）服务外包加速增长，对外承包表现强劲

一方面，湖北省服务外包规模快速扩张，经营主体成长迅速。2018年全省服务外包执行额26.9亿美元，同比增长24.7%，2019年继续增长约30%，达34.98亿美元，居全国第9位、中部第1位。

从结构上看，贸易结构逐步向高端生产性服务延伸。其中，知识类型外包项目离岸执行总量增加超过50%，科技类外包项目执行总量增加1/3，在行业内比重达到10%，而信息技术外包项目比重占据全行业的60%。医药和生物技术研发服务、工业设计服务、检验检测服务和工程技术服务等领域，执行额同比增长均超两位数，发展势头强劲。目前，全省服务外包企业1500多家，武汉佰钧成公司曾多次入围全国十大服务外包领军企业，被评为全国电子信息行业标杆企业，位列中国软件和服务外包网软件出口企业排行榜第6位；捷讯、领航动力、光庭信息、方正国际等公司被评为全国服务外包成长型企业；中英融贯咨询、武汉诚迈科技等企业入选"德勤高科技、高成长中国50强"。2017年，服务贸易带动新增从业人员3.6万人，累计达37.9万人。同时，服务外包企业还吸纳了近40万名大学生就业。

另一方面，"一带一路"建设下，大项目带动对外承包工程业务快速增长。2019年新签合同249份，新增合同额166.3亿美元，同比增长37.6%，居全国第2位；完成营业额66.1亿美元，居全国第8位、中部第1位。其中，合同额1亿美元以上大项目19个，15亿美元以上的特大项目3个。在葛洲坝、中交二航局等一批技术先进、实力强劲的"龙头"企业带领下，湖北省对外工程承包已成为"一带一路"上的亮

---

① 《湖北服务贸易额连续四年中部第一》，光明网，https://difang.gmw.cn/hb/2020-08/24/content_ 34112419.htm.

丽名片①。

（四）服务贸易经济拉动力小，发展滞后短板突出

据《世界贸易报告（2019年中文版）》数据，2005—2017年全球服务贸易以年均5.4%的速度增长，远超货物贸易。WTO全球贸易模型测算，到2040年世界服务贸易份额可能增加50%。同时，中国自2012年以来服务贸易年均增长7.8%，高出全球增速约3.7个百分点，已经成为世界第二大服务贸易国家。新冠肺炎疫情暴发以来，中国服务贸易在全球率先恢复增长态势，2020年占全球服务贸易总额比重未降反升至6.8%，服务贸易发展指数全球排名较2019年第6位升至第14位②。同时，服务贸易数字化趋势明显，2020年中国可数字化交付的服务贸易额为2947.6亿美元，同比增长8.4%，占服务贸易总额的比重达44.5%，成为服务贸易新的增长点，也是未来贸易发展新引擎③。

但是，中部省份对外开放较晚，服务贸易发展更加滞后。2019年，湖北省服务贸易总额约775.9亿元，仅占中国服务贸易总额的1.43%，约占地区GDP的1.7%。上述数据表明，湖北省不仅对中国服务贸易贡献度非常有限，也无法发挥地方经济引擎的作用。

第五节 跨进投资与技术合作

一 外商直接投资概况

（一）外商投资稳定增长，但增速有所放缓

1990年，湖北省实际利用外资金额仅323万美元，至2010年已累计增长729倍至23.5亿美元。近几年，"大通道、大平台、大通关体系"建设加快，襄阳、宜昌三峡保税物流中心封关运营，武汉新港空港综合保税区获批建设，湖北自贸区的设立，营商环境的不断优化，对外资引力增强。2016年以来，湖北省总体利用外资合同金额和实际外

---

① 笔者依据《中国商务年鉴（2020）》数据整理。
② 《［2021全球服务贸易大会］中国服务贸易发展指数排名显著提升》，界面新闻，https://www.jiemian.com/article/6700251.html。
③ 《数字开启未来、服务促进发展 国新办：数字贸易正成为未来贸易发展新引擎》，新浪财经，https://baijiahao.baidu.com/s?id=1709246037020589936&wfr=spider&for=pc。

资金额均稳定增长,但是年均增长率有所放缓,尤其是合同外资额增长率从2017年的157.6%暴跌至2019年的9.6%。由于受到中美贸易摩擦造成的投资转移效果,部分企业直接转向东南亚地区所导致的引资锐减。

新冠肺炎疫情对于招商引资冲击明显。来访的外国商团和湖北出国招商团被迫大量取消或推迟活动,一些在谈外资项目延缓,部分在建外资项目推后。受其影响,2020年上半年实际利用外资、新登记外商投资企业数量都出现超过70%的下滑。但是,随着抗击疫情取得阶段性胜利,外商直接投资的热度和信心迅速升温,2021年上半年呈现显著恢复性增长,连续8个月中部居第1位,增幅达48.8%,居全国前列。全年实际使用外资124.56亿美元,增长20.3%。不仅如此,浠水、长阳、五峰等10个县市实现利用外资破零,1—11月招商亿元以上签约项目、金额同比增长33.8%和51.3%[①]。

(二) 亚洲投资排名靠前,世界500强企业持续增多

湖北省外资来源地主要集中在亚洲地区,日本、中国香港和新加坡排名靠前。2021年上半年,35个国家和地区在鄂实际投资。其中欧洲国家尤其是荷兰、法国、德国、毛里求斯等国投资势头强劲,增幅较大。

同时,来鄂投资的外资企业量增质优。2017年,湖北省内外资企业总数已破万户,2018年新设立外资企业418家,同比增长54.2%[②]。2019年默沙东、美国大都会、丰益国际3家世界500强企业落户湖北。截至2021年6月,湖北省内的世界500强企业已累计321家数量继续保持中部第1位[③]。

(三) 投资聚集新兴制造业,现代服务业成新热点

对比2011年和2020年外商在鄂直接投资项目、合同金额和实际金

---

① 《2021年湖北省社会零售总额将超2万亿元》,新浪湖北,http://hb.sina.com.cn/news/qy/2022-01-14/detail-ikyamrmz5084531.shtml。

② 中华人民共和国商务部驻武汉特派员办事处:《2018年湖北新设立外商投资企业418家》,中华人民共和国商务部,http://www.mofcom.gov.cn/article/resume/n/201901/20190102827717.shtml。

③ 《湖北省利用外资重返中部第一、全国前十》,金台资讯,https://baijiahao.baidu.com/s?id=1705853842630689755&wfr=spider&for=pc。

额的行业分布，结果显示了国际金融危机之后外资产业布局方向和重点变化趋势（见表3-5）。

表3-5 　 2011年和2020年湖北省外商直接投资主要行业分布

行业	项目（个） 2020年占比(%)	项目（个） 较2011年比重差额(%)	合同外资金额 2020年占比(%)	合同外资金额 较2011年比重差额(%)	实际投资金额 2020年占比(%)	实际投资金额 较2011年比重差额(%)
制造业	13.2	-37.5	61.0	1.0	48.8	-17.0
服务业	80.7	41.2	32.5	-3.3	44.4	17.5
建筑业	1.7	0.9	1.6	1.1	1.5	1.5
住宿和餐饮业	2.4	0.7	0.0	-0.3	0.0	0.0
交通运输、仓储和邮政业	1.7	-0.6	1.3	-3.1	3.9	0.7
信息传输、软件信息技术服务业	7.8	3.3	2.0	0.7	5.9	5.6
批发和零售业	16.6	4.8	4.8	1.9	8.7	7.2
金融业	1.4	0.6	0.4	-2.4	0.2	-0.8
房地产业	3.0	0.9	0.7	-14.2	9.8	-4.1
租赁和商务服务业	15.2	7.0	9.7	5.9	12.1	7.2
科学研究和技术服务业	27.4	23.8	10.6	10.0	4.0	3.8

注：服务业中卫生和社会工作、文化教育娱乐、水利、环境和公共设施管理业比重和变化量非常小，未列于表3-5中。

资料来源：根据2021年和2012年《湖北省统计年鉴》整理。

在产业投资布局上，2020年80.7%的项目集中于服务业，项目数量和实际投资金额较2011年分别增加了41.2%和17.5%。相反，制造业实际投资金额比重虽仍略高于服务业，但较2011年减少了17%，表明随着服务业进一步开放和投资壁垒降低，资本流向服务业已是大势所趋。

在服务业行业层面上，服务业中67%的项目、27.1%的合同金额和30.7%的实际投资金额集中于信息传输、软件信息技术服务业，科学研究和技术服务业，批发和零售业与租赁和商务服务业。同时，上述行业在合同外资金额比重和实际投资金额比重上均呈现明显增加，其中信息传输、软件信息技术服务业，科学研究和技术服务业均属于知识产权（专利）密集型行业。上述数据一方面说明湖北省引资结构明显优化，另一方面也表明产业结构升级取得成效，承接国外高附加值产业转移的能力明显提升。

二　湖北省对外直接投资概况[①]

（一）境外产能合作带动对外投资规模扩张

2019年1—7月，湖北备案新设境外投资企业48家，同比增长17.1%，其中超1亿美元的项目1个，即格林美在印度尼西亚设立的青美邦新能源材料有限公司，中方协议投资额1.8亿美元，从事电池级镍化学产品的研制；对外实际投资额9.87亿美元，同比增长4%。援疆计划和"一带一路"倡议也为企业绕开贸易壁垒、开展产能合作提供巨大空间，湖北省在"一带一路"沿线国家实际投资1.83亿美元；新签合同额86.7亿美元，同比增长50.5%，占全省同期总额的81.6%；完成营业额18.2亿美元，占全省同期总额的68.2%，投资合作项目主要流向沙特、印度尼西亚、乌兹别克斯坦、俄罗斯等国。

（二）对外投资结构持续优化

制造业、租赁、商务服务及批发零售等是湖北省对外投资的主要行业。近几年，湖北省第一大产业汽车生产企业的全球布局案例中，湖北三环集团堪称典型。三环集团不仅已成为戴姆勒公司20家全球战略供应商之一，也成为印度塔塔汽车公司战略合作伙伴，成功收购波兰最大轴承企业KFLT公司，开创省属国企以及中国汽车轴承企业海外并购的先河。

同时，湖北省内企业资本也逐渐流向境外高端制造业和现代服务行业。2019年1—7月，湖北省对外租赁和商务服务业投资8222万美元，批发零售业投资4485万美元。同期，增资备案项目12个，其中3个项目增资金额超1亿美元——当代明诚对其在香港设立的两家体育公司分

---

① 《前7月湖北省境外工程新签合同额居全国第二》，人民湖北网，https://baijiahao.baidu.com/s?id=1643161878777857679&wfr=spider&for=pc。无特殊说明，本部分数据均来源于此。

别增资 2.1 亿美元和 1.8 亿美元；人福医药集团对其在美国设立的制药公司增资 1 亿美元。

第六节　本章小结

从 1980 年武汉重启对外开放进程以来，跟随中国开放型经济发展的步伐，湖北省也从发展外向型经济逐步迈入打造更高水平开放型经济的新阶段。相比其他五省，湖北省既是中部经济大省，区位条件更加便利，物流和信息基础设施良好，创新与营商环境持续改进。

湖北省经济规模快速扩张，产业结构已实现"二三一"向"三二一"转型。其中，制造业保持稳健增长，现已形成"运输设备与机电产品制造业为主导，农副食品加工业、化工业、非金属矿物制品业、纺织业、钢铁业、金属制品制造业共同发展"的产业结构。同时，高新技术产业成为结构升级重要驱动力，发展模式园区化和集群化特征突出。第一大产业服务业处于向现代服务业转型期，园区与集群渐成燎原之势，新型商业模式与业态引领变革。

对外开放方面，货物贸易快速增长，应对短期冲击内力强劲；民营企业为主体并成为"稳外贸"的主力军；一般贸易占据主导，同时新业态和新模式逐渐成为外贸转型新动力；主要海外市场稳定，新兴市场潜力持续挖掘；出口商品以机电和化工产品为主，纺织品、贱金属制品、运输设备、植物产品等也占据重要地位，进口商品集中度高，机电、矿产和医疗设备比重大。服务贸易以传统产业为主导，对外工程承包竞争优势继续保持，现代服务贸易增长强劲。受中美贸易摩擦的影响和新冠肺炎疫情冲击，外商投资总体保持增长，虽步伐有所放缓，但世界 500 强企业投资增多。国际产能合作带动对外投资扩张，双向投资行业结构均向新兴制造业和现代服务业升级。

总体来看，湖北省开放型经济发展成效积极，开放基础设施、产业支撑、外贸与外资发展均体现出明显的升级趋势，且发展动力强劲。但不能忽视的是，湖北省整体开放度不高，尤其是支柱产业外向度低、服务贸易发展较为滞后等发展不平衡、不充分问题也非常突出。

在构建全面开放格局部署下，如何充分利用现有开放条件，补齐发展"短板",减少国际贸易摩擦对国际循环与国内循环的负面影响,切实推进全球价值链地位攀升,帮助企业更深更广地参与国际分工将是一个长期课题。基于此,摸清湖北省当前面临的贸易摩擦形势与特点,并对其未来的走势进行预判是提出有效对策的关键,也是后续章节即将展开的研究内容。

第四章

湖北省面临的关税摩擦形势

第二次世界大战之后大半个世纪的贸易自由化进程中，关税壁垒早已不再是世界各国保护国内市场的主要手段，近几年却伴随逆全球化思潮升温而颇受青睐，其引发的关税摩擦也再度成为大国之间贸易摩擦的重要形式，例如美国和印度对中国曾多次发起过关税摩擦。美国是湖北省最重要的海外市场，而印度则是其在"一带一路"沿线最大贸易伙伴。因此，对于湖北省企业而言，美国和印度对华关税摩擦的影响最为直接。

本章基于湖北省与美国、印度双边经贸关系现状及进出口产品结构，系统解析摩擦中的关税措施，明晰在大国摩擦背景下湖北省企业面临的具体摩擦形势，为制定对策提供现实依据。

第一节 中美关税摩擦演进及双边关税措施

一 中美关税摩擦的演进

2017年8月18日，美国在技术转让、知识产权和创新领域正式启动对华"301调查"。2018年3月23日，特朗普总统以"301报告"中"中国存在不公平和有害技术兼并行为"的调查结果为由做出指示：在15天内制定对中国航空航天、信息和通信技术以及机械产品加征25%从价关税的方案①。当天，美国政府依据"232调查"② 结果以"威胁

---

① USTR "301报告" 全称为《对根据1974年贸易法301条进行技术转让、知识产权和创新的中国的行为、政策和做法进行调查的结果》。
② 美国"232调查"指美国商务部根据1962年《贸易扩展法》第232条款授权对特定产品进口是否威胁美国国家安全进行立案调查，美国总统依据"232调查报告"结果决定是否采取最终措施。2018年3月1日，美国商务部对自中国进口的钢铁和铝材发起"232调查"。

美国国家安全"为由决定自当月 23 日起对自中国进口的钢铁和铝材分别加征 25%和 15%从价关税。为平衡"232 措施"给中国造成的利益损失，中国政府宣布于 2018 年 4 月 2 日起对原产于美国的约 30 亿美元进口商品中止关税减让义务。4 月和 6 月，美国贸易代表办公室（USTR）分别拟定"500 亿美元"和"2000 亿美元"征税清单，中方拟定"500 亿美元"反制征税清单[①]予以回应——中美关税摩擦就此发端，其演进可以"加征关税措施生效"为关键事件划分为四个阶段（见附图 4-1）。

（一）第一阶段：正式爆发与首次缓和（2018 年 7 月 6 日至 2019 年 6 月 14 日）

美方分别于 2018 年 7 月 6 日和 8 月 23 日正式实施了"340 亿美元"和"160 亿美元"清单，对自中国进口商品加征 25%关税。中方于同日分别执行了"340 亿美元"和"160 亿美元"反制清单，以对自美国进口商品加征 25%关税作为回击——关税摩擦正式爆发。9 月 24 日，美方实施"2000 亿美元"清单，加征 10%关税，而中方则于同日执行了"600 亿美元"反制清单，加征 5%和 10%不等关税。2018 年 12 月初中美达成一致：美国暂时不将"2000 亿美元"清单加征税率提高至 25%，中方取消反制清单部分税目，摩擦首次缓和。

（二）第二阶段：首次升级但磋商未果（2019 年 6 月 15 日至 8 月 31 日）

美方新增"3000 亿美元"加征关税 25%清单，并于 2019 年 6 月 15 日将"2000 亿美元"清单加征税率由 10%提高至 25%；中方则自 6 月 15 日起将"600 亿美元"反制清单中部分商品加征税率提高 5%—15%予以二次回击。8 月 13 日，USTR 宣布将"3000 亿美元"清单中部分产品加征关税措施延至 12 月 15 日生效；8 月 23 日中方公告对自美国进口约"750 亿美元"商品加征 10%和 5%关税，分别于 9 月 1 日和 12 月 15 日实施。在此期间，中美举行多轮磋商仍未达成协议。

（三）第三阶段：二次升级与关系转折（2019 年 9 月 1 日至 2020 年 2 月 13 日）

2019 年 9 月 1 日，美国正式将"3000 亿美元"清单中 1250 亿美元

---

① 中美双边征税清单价值均以 2017 年产品进出口额计算。

商品加征关税由原定10%提升至15%。同日，中国对"750亿美元"反制清单中约285亿美元商品加征10%和5%关税措施生效，并恢复对约143亿美元的自美国进口汽车及零部件加征关税25%或5%。12月13日，历经13轮磋商后双方终于达成《中华人民共和国政府和美利坚合众国政府经济贸易协议》（以下简称《协议》），中美均宣布暂停实行原定于12月15日生效的关税措施，同时美方承诺将分阶段取消对华加征的关税以实现关税由升到降的转变。

（四）第四阶段：协议签署与摩擦暂停（2020年2月14日至今）

2020年1月15日，中美《协议》正式签署。根据协议，自2月14日美国将3000亿美元清单所加征的15%关税下调至7.5%，取消尚未实施的加征关税计划；中国自2月14日起将2019年9月1日生效的750亿美元自美国进口商品加征税率由5%和10%下调至2.5%和5%，并承诺2020—2021年将增购总值2000亿美元的美国商品。至此，一场历时两年多、发生在全球最大两个经济体之间的关税摩擦告一段落。

二 中美双边关税措施解析

中美贸易摩擦爆发至今，双方均实际生效了三份加征关税清单。为明晰双方摩擦的政策焦点，本书以USTR公布"加征关税清单"中HTS8位编码及中国国务院税则委员会公布"反制征税清单"中HS8位编码的全部商品税目为基础对清单进行解析，税目编码均取自USTR及中国国务院税则委员会官方网站①。

（一）美国对华加征关税清单解析

2018年7月6日至今，美国实际生效三份清单，合计3750亿美元（见表4-1）。

①第一份清单：实施于2018年7月6日和8月23日的总值约500亿美元的清单（后文简称"清单1"），税率为25%②，税目1091项，占全部清单税目10.9%；②第二份清单：实施于2018年9月24日至

---

① USTR公布的商品清单采用HTS编码制度，精确到8位数编码，与我国进出口关税税则所使用的HS编码制度下商品官方描述基本一致。平安证券研究所（2018）的测算结果显示，使用两种编码计算的贸易清单商品征税总额非常接近。因此，使用HS编码数据展开研究可以保证结论的有效性。

② 为方便论述，后文"税率"均指"加征税率"。

2019年6月14日的总值约2000亿美元的清单（以下简称"清单2"），税率为10%。其后，自2019年6月15日起，税率由10%提升至25%，包含税目5660项，占全部清单税目的56.6%，后文将"2500亿美元清单"简称为"清单1+2"；③第三份清单：2019年9月1日"3000亿美元"清单中"清单A"正式生效（以下简称"清单3"），税率为15%。其后，根据《协议》自2020年2月14日起下调至7.5%，包含税目3257项，总值约1250亿美元①。目前，HS8位编码下美国对华实际征税税目共计10008项，其中约67.5%和32.5%的产品需加征关税25%和7.5%②。

表4-1　　　　美国对华加征关税清单、税率及阶段汇总

清单	实施时间		第一阶段	第二阶段	第三阶段	第四阶段
	税目（项）	价值（美元）	加征关税税率（%）			
清单1	1091	500亿	25	25	25	25
清单2	5660	2000亿	10	25	25	25
清单3	3257	1250亿	—	—	15	7.5

资料来源：根据USTR官方公布清单整理。

在HS一级分类（22大类）和二级分类（98章）下将清单税目种类及税率进行归类排序发现③：

从大类看，"清单1+2"中化工产品、机电、纺织品和贱金属产品的税目数量位列前4，合计占清单税目总数的55.2%；同时，植物产品、食品、纸制品等11大类税目占比约2.4%—5.2%。而"清单3"中纺织品、食品、贱金属产品、动物产品、机电产品等税目数量占比位列前5，合占62.1%。光学医疗设备、植物产品、杂项制品、化工产品、鞋帽伞产品等多达150—250项。

进一步在HS二级分类下解构发现：

---

① 美方原定于12月15日生效的"清单B"（List B）未按期生效并于中美《协议》达成后被取消。

② 美国对华征税清单商品税目种类及各种类占比排序结果详见附表4-1和附表4-2。

③ 后文HS编码对应产品名称使用简称，请参见世界海关组织《商品及编码协调制度》。

（1）"清单1"中97.4%税目集中于8章商品，其中超过60%的税目集中在第16大类（机器机械和电气音像设备），而光学医疗仪器、塑料产品、铁道及电车道车辆及其零件与车辆及零部件分别占比13.4%、13.2%、5.4%和2.7%。据苏庆义基于产品技术密集度的研究，本清单中约总金额56.2%、税目数量43.4%的产品为尖端和高端产品，且与《中国制造2025》所列产业相关，大部分其余产品也属于高技术产业或资本技术密集型制造业，遏制中国高端制造业发展意图明显[1]。

（2）"清单2"中除了有机化学品的税目约790项占比12.1%外，其余占比1%—10%的商品分布于33章商品，范围较"清单1"显著扩大。由于"清单2"涵盖2000亿美元的进口值，已接近中国对美出口总额40%，且包含大量木浆、食品、皮革、贱金属制品等劳动密集型产品、低技术低附加值产品，因此第一阶段加征10%关税及第二阶段上调关税至25%的措施冲击非常广泛。

（3）"清单3"价值约1250亿美元，不足原定"3000亿美元"清单价值50%，其中非针织服装税目最多，占比约11%；针织服装、食用动物产品、钢铁税目数量位列其后，合计约占20.4%；钟表、机器机械、钢铁制品等税目占比均为3%—5%，其余税目则广泛分布于75章商品中。

综上可知，"清单1"税目集中度高、"清单2"税目范围广，而"清单3"主要针对消费品。但需注意的是，雨伞、羽毛制品、部分鞋靴、玩具等众多美国对华进口依赖度极高的产品以及视频游戏控制台、计算机监视器等中国具有出口优势的产品均包含在尚未生效的"清单B"中。如果将来中美关系再度恶化而实施"清单B"，将对劳动密集型生产部门生产和出口造成影响。

目前，美方对华实际加征关税范围已涵盖10008项商品，打击范围从高附加值产品向低附加值及消费品逐步扩展。据估计，贸易摩擦爆发后的2年内，美国对华进口加权关税水平已从3.1%上升到21.2%[2]，

---

[1] 苏庆义、丁艳明：《美国对华"301调查"：历史与当下》，《中国外汇》2018年第8期。
[2] 《四张图看清美国对华关税》，第一财经研究院，http://www.cbnri.org/news/5441884.html。

即使在《协议》生效后自中国进口的商品中仍有64.5%的税目面临15%—25%的附加税。因此,中国企业对美出口的关税成本已大幅提高。

(二) 中国对美国反制加征关税清单解析

中国国务院关税税则委员会针对美方多次背离共识,单方面升级贸易摩擦被迫多次采取反制措施,共实施三份清单,总价值约1400亿美元①。

①第一份清单:实施于2018年7月6日和8月23日的"反制清单1"和"反制清单2"税目共计878项,总值约500亿美元,税率为25%。其后,中方于2019年1月1日减少了两份清单中的144项税目,最终加征25%关税税目减少到734项,后文称为"清单"(734)。

②第二份清单:包含2018年9月24日生效的4份附件,总值约600亿美元,加征5%和10%不等关税。2019年1月1日,中方对附件4中67项税目暂停加征关税,但自6月15日起将"附件1"和"附件2"税率分别由10%提高到25%和20%,"附件3"税率由5%提高到10%。最终4份附件包含税目数量分别为2493项、1078项、974项和595项。因此,后文分别称为"附件1"(2493)、"附件2"(1078)、"附件3"(974)、"附件4"(595)。

③第三份清单:2019年9月1日起实施的"反制清单3",总值750亿美元。实际生效部分共计1717项税目,分别对其中916个和801个税目加征10%和5%关税,总值约285亿美元,后文称为"清单"(1717)。自2020年2月14日起,该清单税率已根据《协议》由5%和10%下调至2.5%和5%。需要注意的是,该1717项税目与前两份清单存在不同程度重合,意味着重合税目须加征叠加税率。整理可知,"清单"(1717)实际新增税目522项,最高叠加税率为35%,涉及全部反制清单中的税目共计358项。

目前,HS8位编码下中国对美反制征税税目共计6369项,表4-2显示了各档加征税率下对应税目的数量。从分布上看,近60%税目集

---

① 根据2017年中美贸易额计算,2019年9月1日生效的对美反制清单价值约285美元,主要原因是清单中存在大部分税目与已经生效的反制清单税目重合。中国对美反制征税清单及清单执行时间见附表4-3。

中在20%—25%税率档位，约30.8%税目分布在5%—15%，而处于30%—35%档位的税目占比不足10%。

表4-2　　　　　中国对美国反制税率、税目数量及占比

加征税率（%）	5	10	15	20	25	30	35
税目数量（项）	876	1016	127	873	2918	201	358
数量占比（%）	13.8	15.9	2	13.7	45.8	3.2	5.6
占比合计（%）		31.7			59.5		8.8

资料来源：根据中国国务院税则委员会公布清单整理。中国对美国反制征税清单商品税目种类及各种类占比排序结果详见附表4-4和附表4-5。

1. 5%—15%关税税目结构

该档税目共计2019项，其中机电产品和化工产品税目占比超过50%，主要包括有机化学品、无机化学品、机器机械、电气音像设备4章商品。剩余税目广泛分布在纺织品、贱金属产品、矿产品等8章中，代表性商品包括冷冻甜玉米、乙酸钠、急救药箱、车辆后视镜、船用舷外点燃式发动机、喷涂机器人、木糖醇烟花、石油或天然气钻探机用零件、3D打印机、听诊器、假牙等。

2. 20%—25%关税税目结构

该档税目共计3791项，机电产品、纺织品、贱金属产品和化工产品4大类税目合计约64.5%，主要包括机器机械、电气音像设备、有机化学品和钢铁4章商品。同时，约21.6%的税目相对集中于木制品、食品、塑料及橡胶产品等类别中，代表性商品如亚麻子、伏特加酒、牙膏、塑料马桶坐圈及盖、船用压燃式内燃发动机、热敏打印机、碎纸机、轴承等。

3. 30%—35%关税税目结构

该档税目共计559项，其中动物产品和植物产品两大类税目合计占比约68.3%，对应HS二级分类下肉及食用杂碎、无脊椎动物产品、食用蔬菜和水果及果皮是最主要的征税种类；其次，排名第3位至第5位的产品大类依次为纺织品、食品和纸制品，分别占比7.5%、5.2%和4.7%，主要集中于地毯及纺织材料、衣着附件、无脊椎动物制品、谷物、淀粉或乳制品、饮料、酒精和纸制品等产品。同时，少量涉及矿产品、化工、塑料和橡胶制品。

综合比较发现，中国反制清单呈现三个重要特征：①坚定的斗争决心。在时间节点上，中方均在美方加征关税措施后同日实施反制，表明中国政府已做好充分政策储备。②反制精准性与策略性。例如，2019年9月1日实施的反制清单中，已经被加征25%从价税的黄豆叠加征税后加征税率升至30%，会对美国豆农与大豆市场造成较大负面影响，令美国当局面临更多压力。③打击面逐渐扩张，阶梯式税率方案趋利避害。例如，乙醇进口的完税成本比国内市场价格高出30%，已基本不具备市场可能。

第二节　湖北省面临的中美关税摩擦形势

一　湖北省与美国货物贸易特征

湖北省与美国双边经贸关系历史悠久，1979年10月31日与美国俄亥俄州签署的《友好省州关系协议》是中美正式建交后双方建立的第一对友好省州关系，被称为"中国地方对外开放的一面旗帜"。1982年，湖北省派克密封件厂在武汉注册成立，成为中美两国第一个省州合资企业。1985年，湖北省与美国亚拉巴马州建立了第二对友好省州关系。其后，武汉市、荆州市、襄阳市等与美国匹兹堡市、韦斯特切斯特郡、罗丽市等建立了数对友好城市关系。多年来，双边贸易发展态势良好，呈现三方面主要特征。

（一）进出口规模稳步扩张，出口主导贸易态势

2009年至中美贸易摩擦爆发之前，湖北省与美国货物贸易规模稳步扩张，从152.5亿元翻两番至2017年的572.3亿元。其中，对美国出口额与进口额分别增长309%和196%（见图4-1）。2013—2017年双边贸易总额、对美国出口额与进口额均以约6.2%的年均增速增长。贡献度上，湖北省对美国出口额与进口额在对美国贸易总额中分别占比76.1%和23.9%，表明出口贡献度远高于进口，且占据绝对主导地位，其变化直接影响双边贸易发展态势。

（二）海外市场地位重要，对美出口依赖度高于进口

美国在湖北省进出口市场中一直占据重要地位。国际金融危机爆发

(亿美元)

```
60.0                                        55.7
50.0        41.4    42.5    42.5
40.0  37.5          
      28.7   31.7   30.7    34.0    44.4
30.0                
20.0
10.0   8.8   9.7   11.8    8.6    11.2
  0
     2013  2014  2015   2016   2017 (年份)
   ◆ 对美国进口额  ■ 对美国出口额  ▲ 与美国双边贸易额
```

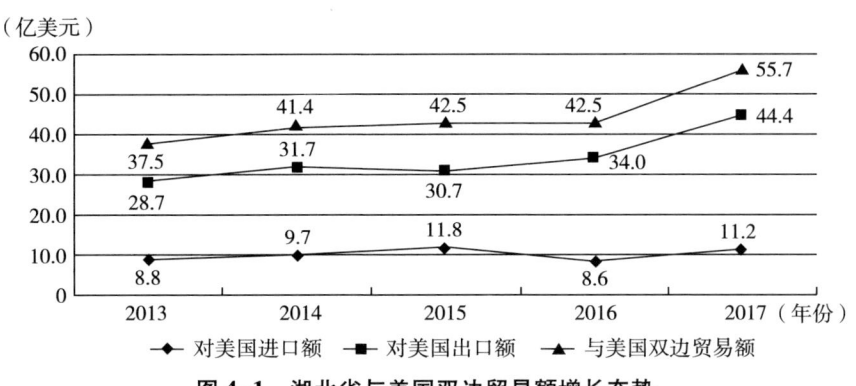

图 4-1　湖北省与美国双边贸易额增长态势

资料来源：根据《湖北省统计年鉴（2015—2020）》和中国海关在线数据库数据整理。

之后，美国在湖北省内对市场中的份额由 2009 年的 8.8% 稳步扩张至 2017 年的 12%，其中出口和进口份额分别达到 14.6% 和 7.1%，为第一大出口目的市场和第二大进口来源地。进出口地位差异表明，湖北省对外贸易对美国市场的进出口依赖程度明显不同，贸易密集度测算结果也证实了这种差异（见表 4-3）：对美国市场的出口依赖度明显高于进口。这就意味着，即使在中美双边采取同等关系措施的条件下，对全省对美国出口额的直接影响将大于对其自美国进口额的影响。

表 4-3　2009—2017 年湖北省对美国贸易份额及贸易密集度

年份	2009	2010	2013	2015	2016	2017
对美国进口占湖北省贸易总额的份额（%）	8.8	10.3	10.3	9.3	10.8	12.0
自美国进口占湖北省总进口的份额（%）	6.2	6.8	6.5	7.2	6.4	7.1
对美国出口占湖北省总出口的份额（%）	10.7	13.1	12.6	10.5	12.0	14.6
贸易密集度	0.84	0.98	1.00	0.81	0.94	1.09
进口密集度	0.74	0.81	0.78	0.80	0.71	0.81
出口密集度	0.86	1.03	1.03	0.76	0.94	1.09

注：贸易密集度是反映两国贸易依赖关系强弱的一个最重要指标，可以分为出口密集度与进口密集度。其公式为出口密集度 =（A 国对 B 国的出口额/A 国的出口总额）/（B 国进口总额/世界贸易中进口总额）；进口密集度 =（A 国从 B 国的进口额/A 国的进口总额）/（B 国出口总额/世界贸易中出口总额）：如果贸易密集度大于 1，表明两国的双边贸易关系比较紧密，两国互为重要的贸易伙伴；如果贸易密集度小于 1，则表明两国的贸易关系还比较弱。

资料来源：根据《湖北省统计年鉴（2010—2018）》和中国海关在线数据库数据整理。

二 湖北省与美国进出口商品结构

2017—2018年，湖北省对美国进出口商品结构、出口结构和进口结构基本稳定，且集中度较高。表4-4显示，排名前12位的HS大类产品贸易额、出口额与进口额比重合计均在96%以上。其中，机电产品稳居绝对领先地位，占比保持45%—50%，其HS二级分类下电气音像设备和机器机械均是最主要的贸易商品，对双边贸易增长具有决定性影响。排名第2位至第4位的品类依次为化工产品、纺织品及运输设备，贸易份额合计约25%（见表4-5）。

表4-4　　2017年湖北省HS一级分类下对美国商品贸易额占比排序（前12位）

排序	对美国进出口商品 HS	占对美国贸易额（%）	占湖北贸易额（%）	对美国出口商品 HS	占对美国出口额（%）	占湖北出口额（%）	对美国进口商品 HS	占对美国进口额（%）	占湖北进口额（%）
1	16	44.9	6.0	16	42.8	6.8	16	51.8	4.7
2	6	10.7	1.4	6	12.5	2.0	18	17.2	1.6
3	11	8.1	1.1	11	9.7	1.5	17	9.5	0.9
4	17	6.9	0.9	20	7.3	1.2	6	5.1	0.5
5	20	5.6	0.8	17	6.1	1.0	5	3.3	0.3
6	18	5.0	0.7	15	5.7	0.9	11	3.2	0.3
7	15	4.8	0.6	12	4.1	0.7	7	2.7	0.2
8	7	3.5	0.5	7	3.8	0.6	9	2.1	0.2
9	12	3.1	0.4	13	2.7	0.4	15	2.0	0.2
10	13	2.2	0.3	8	1.3	0.2	10	0.9	0.1
11	8	1.0	0.1	18	1.2	0.2	2	0.8	0.1
12	4	0.9	0.1	4	1.1	0.2	13	0.5	0
合计		96.9	13.0		98.3	15.6		99.0	9.0

注：①由于2017年和2018年湖北省对美国商品结构基本稳定，表4-4仅列明2018年数据。②主要产品编码及简称：HS2为植物产品，HS5为矿产品，HS6为化工产品，HS7为塑料及橡胶产品，HS9为木制品，HS11为纺织品，HS12为伞鞋帽，HS15为贱金属，HS20为杂项制品，HS16为机电产品，HS17为运输设备，HS18为光学医疗设备、精密仪器等。③表4-4仅列湖北省对美国贸易额排名前12位商品，因此占比合计不为100%。

资料来源：根据中国海关在线数据库数据整理。

表 4-5　　2018 年湖北省 HS 二级分类下对美国商品贸易额占比排序（前 20 位）

排序	对美国进出口商品 HS	占对美国贸易额（%）	占湖北贸易额（%）	对美国出口商品 HS	占对美国出口额（%）	占湖北出口额（%）	对美国进口商品 HS	占对美国进口额（%）	占湖北进口额（%）
1	85	25.1	3.4	85	30.8	4.9	84	44.8	4.1
2	84	19.9	2.7	84	12.0	1.9	90	17.1	1.6
3	29	6.0	0.8	29	7.8	1.2	85	7.0	0.6
4	87	5.6	0.8	87	5.9	0.9	87	4.8	0.4
5	90	4.9	0.7	62	5.2	0.8	88	4.3	0.4
6	62	4.0	0.5	94	4.2	0.7	52	2.8	0.3
7	94	3.3	0.4	39	3.6	0.6	26	2.8	0.3
8	39	3.2	0.4	95	2.8	0.4	38	2.6	0.2
9	95	2.1	0.3	30	2.3	0.4	39	2.2	0.2
10	30	1.9	0.3	63	2.2	0.4	44	2.1	0.2
11	73	1.9	0.3	73	2.2	0.4	32	0.9	0.1
12	63	1.7	0.2	64	1.9	0.3	73	0.8	0.1
13	64	1.5	0.2	61	1.8	0.3	12	0.8	0.1
14	38	1.5	0.2	67	1.6	0.2	47	0.8	0.1
15	61	1.4	0.2	69	1.4	0.2	30	0.7	0.1
16	67	1.2	0.2	42	1.3	0.2	29	0.5	0
17	69	1.1	0.2	38	1.1	0.2	40	0.5	0
18	88	1.0	0.1	83	1.0	0.2	82	0.5	0
19	42	1.0	0.1	90	1.0	0.2	27	0.4	0
20	83	0.8	0.1	28	0.9	0.1	72	0.4	0
合计		89.1	12.1		91.1	14.5		96.8	8.8

注：①由于 2017 年和 2018 年湖北省对美国商品结构基本稳定，表 4-5 仅列明 2020 年数据。②主要产品编码与简称：HS12 为含油子仁、工业用或者药用植物、饲料等，HS26 为矿砂、矿渣及矿灰，HS29 为有机化学品，HS39 为塑料产品，HS44 为木及木制品、木炭，HS50 为棉花，HS61—63 为服装，HS64 为鞋靴，HS84 为机器机械，HS85 为电气音像设备，HS88 为航空航天器，HS94 为家具及灯具等，HS95 为玩具，HS90 为光学医疗设备。③表 4-5 仅列湖北省对美国贸易额排名前 20 位商品，因此占比合计不为 100%。

资料来源：根据中国海关在线数据库数据整理。

(一) 对美国出口商品结构

湖北省约98.3%的对美国出口额来自排名前12位的HS大类商品。其中，机电产品稳居第1，占比保持45%—50%，其中电气音像设备和机器机械均是最主要的对美国出口商品。但不同的是，对美国出口额和湖北省出口总额中，电气音像设备的比重约高于机器机械2—3倍，前者长期顺差，而后者长期逆差，表明湖北省内企业在电气音像设备产品上出口竞争力更强，且其直接影响全省对美国出口和总体出口增长。

化工产品、纺织品出口额分别位列第2和第3，占对美国出口比重较大，代表性商品包括有机化学品、服装。而杂项制品、运输设备、贱金属、塑料及橡胶产品、伞鞋帽5类商品出口份额均约3%—5%，代表性商品包括塑料产品、家具及灯具等、玩具、鞋靴等。其他品类分布广泛但比重较小，对全省出口增长影响甚微。

(二) 对美国进口商品结构

第16大类机电产品既是最主要的出口产品，同时也是最主要的进口产品。但其中84章机器机械的进口份额明显高于85章电气音像设备。位列自美国进口比重第二的是第18大类"光学医疗设备、精密仪器等"，以其中的"光学医疗设备"为主，呈现持续上升的态势，2020年对美国进口份额约为20.8%。

值得注意的是，此次中美贸易摩擦发生前，2017年"植物产品"排名第3位，其中最主要的商品是"含油子仁、工业用或者药用植物、饲料等产品"。但随着中国反制清单的实施，该章商品进口额急剧缩减，2019年1—5月已几乎为零。与之类似的还有第9大类中的"木及木制品、木炭"以及第5大类中的"矿砂、矿渣及矿灰"。替而代之的是第17类运输设备，尤其航空航天器进口迅速增加，并成为当前最主要的进口产品之一。

自美国进口份额约3%—5%且排序基本稳定的商品包括化工产品、纺织品、塑料及橡胶产品、贱金属四类，代表性商品如塑料产品、棉花等。

依据湖北省对美国进出口商品结构，分析中美关税摩擦的影响则须关注双边征税清单所涉及的湖北省对美国主要进出口商品的种类与金额。具体而言，在出口方面应重点关注美方加征关税措施所涉及的电气音像设备、有机化学品、服装产品、塑料产品、玩具鞋靴、家具等,而进口方面则应重点关注中方加征关税所涉及的机器机械、光学医疗设备、航空航天器、塑料产品、棉花等。

三 湖北省对美国出口贸易面临的关税摩擦形势

以湖北省对美国进出口商品结构为基础,以 2018 年 1 月至 2019 年 12 月为时间跨度,在 HS8 位数编码下将湖北省对美国进出口产品与中美双边征税清单中正在实施征税的全部税目进行匹配。为论述方便,后文将税目编号完全一致的进出口商品称为"清单出口商品"与"清单进口商品"。本章重点关注 HS 二级分类下湖北省主要进出口商品和对美国进出口商品中清单商品情况,并从种类、金额、行业三个维度分析判断此次关税摩擦影响的范围和程度。

(一)"清单出口商品"种类分布

表 4-6 匹配结果显示,"清单 1+2"征税税目共计 6751 项。2018 年,湖北省清单出口商品种类共 596 项,占比 8.8%,同时占对美国出口种类的 23%,占湖北省出口商品种类的 11.6%。"清单 3"征税税目共计 3794 项,2018 年湖北省清单出口商品种类仅为 295 项,占比 7.8%,占对美国出口和全省出口商品种类约 11.8% 和 5.7%。

表 4-6　　2018 年和 2019 年湖北省清单出口商品种类分布

清单出口商品种类指标	年份 2018	年份 2019
(2018 年 7 月 6 日)加征关税 25%(2018 年 7 月 6 日至今)		
"清单 1"出口种类占对美国出口种类比重(%)	5.9	5.5
"清单 1"出口种类占湖北出口产品种类比重(%)	2.9	2.8
(2018 年 8 月 23 日)加征关税 10%→25%(2019 年 6 月 15 日至今)		
"清单 2"出口种类占对美国出口种类比重(%)	17.1	16
"清单 2"出口种类占湖北出口产品种类比重(%)	8.7	8.1
(2019 年 9 月 1 日)加征关税 15%→7.5%(2020 年 2 月 14 日至今)		
"清单 3"出口种类占对美国出口种类比重(%)	11.8	9.3
"清单 3"出口种类占湖北出口产品种类比重(%)	5.8	5.6

注:"→"表示"加征关税税率调整至"。
资料来源:根据中国海关数据及清单匹配结果整理。

自 2019 年 1 月 1 日起，湖北省对美国出口商品种类中 5.9%继续承担 25%加征税率，约 17.1%的商品税率从 10%提高至 25%，自 9 月 1 日起新增约 11.4%的商品对美国出口关税提高了 15%。因此，截至 2022 年 1 月全省对美国出口商品种类中约 21.5%和 9.3%仍面临 25%和 7.5%加征税率，分别占全省出口商品种类的 10.9%和 5.6%。

（二）"清单出口商品"金额分布

2018 年湖北省货物出口总额 2252.1 亿元人民币，其中对美国出口额 356.3 亿元。表 4-7 匹配结果显示，"清单 1+2"出口产品总值约 24.7 亿元，"清单 3"商品出口额 19.8 亿元，分别占对美国出口额的 6.9%和 5.6%，但仅占全省出口总额约 1.0%和 0.9%。

表 4-7 　　　　　　　湖北省清单出口商品金额分布

清单出口商品金额指标	年份	
	2018	2019
（2018 年 7 月 6 日）加征关税 25%（2018 年 7 月 6 日至今）		
"清单 1"出口额占对美国出口额比重（%）	1.4	1.2
"清单 1"出口额占湖北出口总额比重（%）	0.1	0.2
（2018 年 8 月 23 日）加征关税 10%→25%（2019 年 6 月 15 日至今）		
"清单 2"出口额占对美国出口额比重（%）	5.5	5.0
"清单 2"出口额占湖北出口总额比重（%）	0.9	0.7
（2019 年 9 月 1 日）加征关税 15%→7.5%（2020 年 2 月 14 日至今）		
"清单 3"出口额占对美国出口额比重（%）	5.6	3.6
"清单 3"出口额占湖北出口总额比重（%）	0.9	0.5

注："→"表示"加征关税税率调整至"。
资料来源：根据中国海关数据及清单匹配结果整理。

自 2019 年 1 月 1 日起，湖北省对美国出口额中占比 1.4%的商品继续承担 25%加征税率，而约 5.5%商品关税税率从 10%提高到了 25%。自 9 月 1 日起约 5.6%商品对美国出口的关税提高了 15%。截至 2022 年 1 月，对美国出口额中约 6.2%和 3.6%的商品分别面临 25%和 7.5%的加征税率，分别占全省出口总额的 0.9%和 0.5%。

（三）"清单出口商品"行业分布

结合前文对湖北省进出口商品结构（见表3-3）及对美国商品结构（见表4-4和表4-5）从种类和金额两个方面分析"清单出口商品"的行业结构特征。

1. "清单出口商品"种类的行业分布特征

据表4-8可知，2018年湖北省"清单1+2"中清单出口商品种类中约36%集中在电气音像设备、机器机械和塑料产品中，尤其是电气音像设备和机器机械占比合计接近30%。以上三章产品均是湖北省对美国最主要的出口产品，其清单商品种类总数分别占对美国出口产品种类和全省总体出口产品种类约9%和4.4%。同时，合约19%的清单出口商品种类分布于钢铁制品、有机化学品、铁道及电车道车辆及其零件及光学医疗设备中，但均在对美国出口产品种类中占比很小。

表4-8　2018年湖北省清单出口商品税目种类的部分行业分布

HS（章）	商品名称	"清单1+2"比重（%）	"清单3"比重（%）
84	机器机械器具及其零件	19.1	8.1
85	电气音像设备	10.1	5.1
39	塑料及其制品	6.7	2.0
73	钢铁制品	4.5	3.1
28	无机化学品	4.0	0.7
90	光学、照相、精密设备	3.4	2.4
29	有机化学品	2.9	0.3
72	钢铁	2.7	4.1
94	家具、灯具及照明装置等	1.2	0.3
87	车辆及其零件、附件，但铁道及电车道车辆除外	0.4	0.7
61	针织或钩编的服装及衣着附件	0	16.6
62	非针织或非钩编的服装及衣着附件	0	12.2
63	其他纺织制成品；成套物品等	0	7.5
64	鞋靴、护腿和类似品及其零件	0	2.4

注：表4-8中各HS编码下的"比重"为"该HS编码下的清单出口商品税目种类与对应清单中湖北省清单商品种类的比值"，仅显示湖北省出口排名前20章商品中的清单出口商品统计结果。2019年测算结果并无实质变化，未列于表4-8中。

资料来源：根据中国海关数据及清单匹配结果整理。

"清单3"中的清单出口商品种类中,分别约16.6%、12.2%和7.5%的税目集中在第12大类"纺织品"中的针织服装、非针织服装和其他纺织制成品,均为湖北省比较重要的对美国出口产品。机器机械、电气音像设备、钢铁、钢铁制品、塑料产品、鞋靴等商品征税的税目涉及湖北省主要出口产品的种类也相对较多。

综上可知,在湖北省对美国出口的主要商品中,美国加征关税清单税目数量涉及较多的产品是机械设备、塑料及制品、纺织服装、钢铁及钢铁制品。

2. "清单出口商品"金额的行业分布特征

据表4-9可知,"清单1+2"中的清单出口商品金额50%以上集中在电气音像设备、机器机械和塑料产品中,但上述产品在对美国出口额中仅占0.9%、1.4%和1.3%。清单出口商品金额占比相对较大的产品还包括车辆及零部件、钢铁制品、家具及灯具和有机化学品,但上述商品在对美国出口额中占比均不超过0.5%。截至目前,以上产品均需承担25%的加征关税,但其在全省出口总额中占比合计不足1%,影响甚微。

表4-9　2018年湖北省清单出口商品税目金额的部分行业分布

HS	"2500亿美元"清单出口商品			"3000亿美元"清单出口商品		
	占清单出口额比重(%)	占对美国出口额比重(%)	占省出口总额比重(%)	占清单出口额比重(%)	占对美国出口额比重(%)	占省出口总额比重(%)
39	18.2	1.3	0.2	9.2	0.5	0.1
84	18.9	1.4	0.2	3.8	0.2	0
85	12.2	0.9	0.1	7.6	0.4	0.1
87	4.3	0.4	0.1	6.7	0.4	0.1
73	4.3	0.4	0.1	3.0	0.2	0.1
94	4.2	0.3	0.1	0.1	0	0
29	5.5	0.4	0.1	0	0	0
64	0	0	0	25.1	1.4	0.2
72	0	0	0	7.0	0.4	0.1

续表

HS	"2500亿美元"清单出口商品			"3000亿美元"清单出口商品		
	占清单出口额比重（%）	占对美国出口额比重（%）	占省出口总额比重（%）	占清单出口额比重（%）	占对美国出口额比重（%）	占省出口总额比重（%）
61	0	0	0	6.5	0.4	0.1
62	0	0	0	8.0	0.4	0.1
63	0	0	0	3.0	0.2	0

注：表4-9中"占清单出口额比重"指当期该HS编码下湖北省清单商品出口额占该清单出口商品出口总额的比重。"占对美国出口额比重"指当期该HS编码下湖北省清单商品出口额占湖北省对美国出口总额的比重。"占省出口总额比重"指当期该HS编码下湖北省清单商品出口额占湖北省出口总额的比重。因篇幅有限，表4-9仅显示湖北省出口排名前20章商品中的清单出口商品统计结果。HS编码对应行业名称见报告文字部分。2019年测算结果并无实质变化，未列于表4-9中。

资料来源：根据中国海关数据及清单匹配结果整理。

2019年9月1日生效的"清单3"中，清单出口商品金额约1/4集中于鞋靴，占比相对较多的商品还包括车辆及零部件、电气音像设备、非针织服装、钢铁和塑料产品。以上产品中，鞋类的清单产品出口额在湖北省对美国出口额中的占比略微超过1%，其余产品占比均不足0.6%。同时，上述清单产品出口额在全省出口额中的比重均不高于0.2%。因此，"清单3"加征关税影响也非常有限。

综合上述分析可知，无论是数量还是金额，美方征税清单所涉及的湖北省出口产品在对美国贸易和全省对外贸易中的比重都很小，宏观层面上影响将非常有限。但同时需要注意的是，塑料及塑料制品、机械机电设备、钢铁及钢铁制品、纺织服装、鞋靴等产品目前依旧需要承担7.5%—25%的加征税率，远高于行业利润率，也超过了许多中小民营外贸企业能够承受的范围。因此，微观层面上，相关行业的企业面临着较大的退出美国市场压力。

四 湖北省自美国进口贸易面临的关税摩擦形势

（一）"清单进口商品"种类分布

2017年以来，湖北省自美国进口商品种类在全省进口商品种类中的比重稳定于40%左右。2018年"清单进口商品"税目共计1370种，占中国实际生效的反制清单税目约 20.7%，占自美国进口商品种类约 89%，涉及全省进口产品种类的 35%—40%。

表 4-10 匹配结果显示，自 2019 年 9 月 1 日，湖北省自美国进口产品种类近 50% 需加征关税 20%—35%，约 35% 需加征关税 10%—20%，两者分别占全省进口税目总数约 15% 和 20%。因此，从种类来看，中方加征关税措施所涉及的湖北省自美国进口产品的范围相当广泛。

表 4-10 湖北省清单进口商品种类分布

清单进口商品种类指标	年份 2018	年份 2019
（2018 年 7 月 6 日）加征关税 25%→25%—35%（2019 年 9 月 1 日至今）		
"500 亿美元反制清单"进口种类占对美国进口种类比重（%）	3.3	3.1
"500 亿美元反制清单"出口种类占湖北进口产品种类比重（%）	1.4	1.2
（2019 年 1 月 1 日）加征关税 10%→25%（2019 年 6 月 15 日至今）		
"附件 1"进口种类占对美国进口种类比重（%）	23	19.7
"附件 1"进口种类占湖北进口产品种类比重（%）	9.9	7.5
（2019 年 1 月 1 日）加征关税 10%→20%（2019 年 6 月 15 日）→20%—30%（2019 年 9 月 1 日至今）		
"附件 2"进口种类占对美国进口种类比重（%）	24.3	24.2
"附件 2"进口种类占湖北进口产品种类比重（%）	10.5	9.3
（2019 年 1 月 1 日）加征关税 5%→10%（2019 年 6 月 15 日）→10%—20%（2019 年 9 月 1 日至今）		
"附件 3"进口种类占对美国进口种类比重（%）	24.7	25.1
"附件 3"进口种类占湖北进口产品种类比重（%）	10.7	9.6
（2019 年 1 月 1 日）加征关税 5%→5%—15%（2019 年 9 月 1 日至今）		
"附件 4"进口种类占对美国进口种类比重（%）	11.9	10.9
"附件 4"进口种类占湖北进口产品种类比重（%）	5.2	4.2
（2019 年 9 月 1 日）加征关税 5% 和 10%（2019 年 9 月 1 日至今）		
"750 亿美元"进口种类占对美国进口种类比重（%）	1.8	1.9
"750 亿美元"进口种类占湖北进口产品种类比重（%）	0.8	0.7

注："→"表示"加征关税税率调整至"。
资料来源：根据中国国务院关税委员会反制清单税目编码与湖北省进出口商品 HS8 位数进口数据匹配结果整理。

(二)"清单进口商品"金额分布

依据表 4-11 可知，2018—2019 年湖北省反制清单进口商品总额在自美国进口总额中占比始终接近 50%，而两次关税上调所涉及的产品进口金额占自美国进口总额的 40% 左右，对相关产品的进口企业产生一定成本压力。但清单进口商品的进口额在全省进口总额中比重不足 5%，而其中涉及关税上调的产品仅占进口额的 3%。因此，宏观层面上中国反制措施对湖北省进口规模的影响十分有限。

表 4-11　　湖北省清单进口商品金额分布

清单进口商品金额指标	2018	2019
（2018 年 7 月 6 日）加征关税 25%→25%—35%（2019 年 9 月 1 日至今）		
"500 亿美元反制清单"进口额占自美国进口额比重（%）	10.2	4.0
"500 亿美元反制清单"进口额占湖北进口额比重（%）	0.9	0.3
（2019 年 1 月 1 日）加征关税 10%→25%（2019 年 6 月 15 日至今）		
"附件 1"进口额占自美国进口额比重（%）	3.6	3.5
"附件 1"进口额占湖北进口额比重（%）	0.3	0.2
（2019 年 1 月 1 日）加征关税 10%→20%（2019 年 6 月 15 日）→20%—30%（2019 年 9 月 1 日至今）		
"附件 2"进口额占自美国进口额比重（%）	10.5	14.5
"附件 2"进口额占湖北进口额种类比重（%）	1.0	1.0
（2019 年 1 月 1 日）加征关税 5%→10%（2019 年 6 月 15 日）→10%—20%（2019 年 9 月 1 日至今）		
"附件 3"进口额占自美国进口额比重（%）	11.3	11.4
"附件 3"进口额占湖北进口额比重（%）	1.0	0.8
（2019 年 1 月 1 日）加征关税 5%→5%—15%（2019 年 9 月 1 日至今）		
"附件 4"进口额占自美国进口额比重（%）	9.5	9.0
"附件 4"进口额占湖北进口额比重（%）	0.9	0.6
（2019 年 9 月 1 日）加征关税 5%/10%（2019 年 9 月 1 日至今）		
"750 亿美元"进口额占自美国进口额比重（%）	0.1	1.9
"750 亿美元"进口额占湖北进口额比重（%）	0.0	0.0

注："→"表示"加征关税税率调整至"。

资料来源：据中国国务院关税委员会反制清单税目编码与湖北省进出口 HS8 位数进口数据匹配结果整理。

（三）"清单进口商品"行业分布

结合前文对湖北省进出口商品结构（见表3-3）及对美国商品结构（见表4-4和表4-5）从种类和金额两个方面分析"清单进口商品"的行业结构特征。

1. "清单进口商品"种类的行业分布特征

第一，在湖北省自美国进口商品中，木及木制品、钢铁、铜及制品、机器机械、电气音像设备、光学医疗设备等产品中2/3的税目列于反制清单中。而杂项化学品、玻璃及其制品、其他贱金属、金属陶瓷及其制品等产品中清单税目约占1/3。上述产品均面临进口关税的上调，影响范围很广泛。

第二，全省清单进口商品种类主要集中在机器机械、电气音像设备等、光学医疗设备、塑料产品和钢铁制品5章中。征税涉及的税目在湖北省同类进口产品税目总数中的比重也比较大。例如，2018年"600亿美元反制清单"中4个附件涉及第73章钢铁制品约72个税目，在湖北省所有进口的第73章钢铁制品种类中比重接近50%，意味着湖北省进口的全部钢铁制品中近乎一半的品种会受到加征关税措施的影响。

2. "清单进口商品"金额的行业分布特征

研究发现（见表4-12）：①进口清单商品集中度比较高：电气音像设备、机器机械、车辆及其零部件和光学医疗设备进口额占比稳居前4，合计保持60%以上，且均是湖北省最主要的进口产品。②从加征税率的档位看，机器机械清单涉及产品比较平均地分布在20%—30%以及5%—20%两档，电气音像设备（HS85）清单产品主要处于20%—30%税率档位，光学医疗设备以5%—20%加征税率为主，但车辆及其零部件涉及产品则需要承担25%—35%高档位加征税率。③2018年，HS84、HS85、HS87和HS90四章清单产品进口额湖北省在自美国进口额中的占比约9.6%、5.0%、4.6%和11.0%，合约30.2%，但仅占湖北省进口总额的2.7%。④除上述产品之外，木及木制品、塑料产品、钢铁制品三章中清单产品进口额比重分别为1.5%—3%，其他产品占比均低于1%。

表 4-12　　　　2018 年湖北省主要清单进口商品金额分布

HS	"1100 亿美元"清单进口商品									全部清单进口商品		
	"500 美元"清单			"附件 1+2"清单			"附件 3+4"清单					
	税率 25%—35%			税率 20%—30%			税率 5%—20%			税率 5%—35%		
	占清单进口额(%)	占自美进口额(%)	占进口总额(%)	占清单进口额(%)	占自美进口额(%)	占进口总额(%)	占清单进口额(%)	占自美进口额(%)	占进口总额(%)	占清单进口额(%)	占自美进口额(%)	占进口总额(%)
84	0	0	0	28.6	5.0	0.5	21.9	4.6	0.4	19.7	9.6	0.9
85	1.2	0.2	0	19.3	3.4	0.3	6.9	1.4	0.1	10.3	5.0	0.5
87	31.1	4.1	0.4	0	0	0	2.2	0.5	0	9.4	4.6	0.4
90	2.2	1.1	0.1	11.5	2.0	0.2	38.4	8.0	0.7	22.8	11.0	0.9
合计	34.5	5.4	0.5	59.4	10.4	1.0	69.4	14.5	1.2	62.2	30.2	2.7

注：表 4-12 中 HS 商品名称见正文文字部分。由于"750 亿美元清单"与其他清单和附件大量重合，表 4-12 已将计算结果合并最后列，表中税率为 2020 年 2 月起实施的加征税率。

资料来源：笔者根据匹配结果整理。

综合而言，中方反制关税措施所涉及的湖北省进口商品种类广泛，但行业集中度高，且主要集中在主要进口行业中。从种类和金额两方面看，均应重点关注机械器具、电气音像设备、光学医疗仪器、车辆及零部件等产品的进口规模。从影响看，清单进口产品对自美国进口贸易额和全省进口规模的宏观影响非常有限。除了关税措施对进口增长的直接影响外，中国加入 WTO 后制造业部门积极参与全球分工，电器、运输设备、橡胶、塑料等产品的全球价值链国外部分长度都增加了 30% 以上[1]，其最终产品中蕴含的国外中间投入品价值越来越多，因此反制措施对所在行业上下游部门的间接影响更值得警惕。

特别值得注意的是，光学医疗仪器产品属于中国自美国进口的主要产品，而且加征进口关税的产品对美国进口依存度普遍较高，替代来源地选择很少，因此，这类商品反制措施影响会更加明显。

---

[1] 马风涛：《中国制造业全球价值链长度和上游度的测算及其影响因素分析——基于世界投入产出表的研究》，《世界经济研究》2015 年第 8 期。

第三节 印度对华关税摩擦演进及关税措施

一 印度对华关税摩擦的背景

2014年莫迪就任印度总理以来，印度政府发起了声势浩大的"印度制造""数字印度""季风计划""向东行动""环印工业走廊"等重大战略，以期通过发掘新的经济增长点重塑经济格局。其中，"印度制造"（Make in India）的战略目标是通过发展汽车制造、生物技术、纺织品服装、机械装备、信息技术等25个产业，力争到2025年将印度GDP中制造业比重从2014年的15%提高至25%，同时累计创造近1亿个就业岗位[①]，最终振兴国内制造业、增强国际竞争力。

为推进"印度制造"战略，为本土制造企业预留足够空间，2014年至2021年8月，印度政府逐步提高了4000多个商品税目的进口关税。特别指出的是，尽管未指名针对中国，但印度政府征税产品几乎全部为中国对印度出口且保持顺差的主要产品，其摆脱对中国产品进口依赖的意图非常明显。近年来，双边关系随着中印边界冲突白热化更加紧张。面对新冠肺炎疫情的重创，雄心勃勃的"印度制造"战略目标下，加征关税措施持续升级，阻碍中国企业开拓印度市场。因此，本书将印度持续提高关税壁垒引发的贸易摩擦界定为"印度对华关税摩擦"。

二 2017年以来印度提高关税壁垒的演进过程

2017年7月，印度正式实施GST税收制度改革，增加了电子电器产品进口税费。12月中旬，将手机以及录像和摄影设备等电子电器产品的进口关税由10%提升至15%，电视和微波炉由10%提高至20%。自此，印度政府步入了全面提高关税壁垒的新阶段，截至2021年8月大幅度上调进口关税共计5次（见表4-13）。

1. 第一次提高关税

2018年2月1日，为加速推进"印度制造"，保护国内产业，印度财政部发布"2018年中央财政预算案"决定调整进口关税并公布征税清单，第2天即2月2日正式实施。本次关税调整方案中，除了对生腰

---

① 文富德：《未来十年印度经济发展的趋势》，《南亚研究季刊》2014年第2期。

果、部分陶瓷玻璃制品关税有所下调，对用于制造太阳能电池的太阳能钢化玻璃予以免征关税以外，其余商品全部为关税上调，上调幅度最高达 18.5%。此外，印度当局还决定自 4 月 1 日起对全部进口货物在基本关税基础上加收 10% 社会福利附加费。

表 4-13　　2018—2021 年印度上调关税产品及加征税率

类别	产品名称	2018 年 2 月	2018 年 9 月	2020 年 2 月	2021 年 2 月
机电产品	手机	15% 调至 20%			
	手机配件	10% 调至 15%			
	手机部分零件（手机零组件的组装印刷电路板、相机模组、连接器）				0 调至 2.5%
	智能手表、可穿戴设备	10% 调至 20%			
	LCD/LED/OLED 组件	7.5% 调至 15%			
	光伏太阳能电池	35%		2022 年调至 40%	
	太阳能组件			2020 年 8 月调至 20%—25%	
	电器以及固定物			10% 调至 20%	
	扬声器		10% 调至 15%		
	商用冰箱			7.5% 调至 15%	
	空调、冰箱、洗衣机		10% 调至 20%		
	冰箱和空调压缩机		7.5% 调至 10%	7.5% 调至 12.5%	
	铁路运输风扇			7.5% 调至 10%	
	焊接和等离子切割机			7.5% 调至 10%	

续表

类别	产品名称	2018年2月	2018年9月	2020年2月	2021年2月
机电产品	隧道掘进机				0调至7%
	风扇、食物研磨机/搅拌器、剃须刀、热水器、烤箱等				10%调至20%
运输设备	部分汽车零部件	7.5%调至15%			
	组装汽车	20%调至25%			
	摩托车零部件	10%调至15%			
	电动公交车和电动卡车（成品）			25%调至40%	
	公共汽车、卡车（半成品）			15%调至25%	
	乘用车和三轮车			15%调至30%	
	电动汽车进口套件（印度组装）			10%调至15%	
宝石首饰	人造珠宝	15%调至20%			
	非工业用钻石等		5%调至7.5%		
橡胶塑料制品	用于移动电话的塑料制品	10%调至15%			
	子午线轮胎		10%调至15%		
	塑料浴缸、餐具、文具等		10%调至15%		
光学医疗仪器、钟表	太阳镜	10%调至20%			
	医疗设备	7.5%调至10%			
	钟表	10%调至20%			
纺织鞋帽玩具皮革	鞋类	10%调至20%		25%调至35%	
	玩具	10%调至20%		20%调至60%	
	行李箱		10%调至15%		
	丝机织物	10%调至20%			10%调至15%
	生丝和丝纱				

续表

类别	产品名称	2018年2月	2018年9月	2020年2月	2021年2月
植物产品	去壳核桃			0调至100%	
	食用油		12.5%调至35%		
	棉花				0%调至10%
矿产品	空涡轮机燃料			0%调至5%	
食品	橙汁、葡萄汁、其他食品	30%调至50%			
家具	家具、灯具、座具等	10%调至20%		20%调至25%	
纸制品	风筝	10%调至20%			
化工产品	美容用品	10%调至20%			
	化妆品	10%调至20%			
	蜡烛	10%调至25%			
钢铁制品	用于手机的机械件	10%调至15%			

注：2018年10月12日关税上调产品未公布具体产品和征税信息，未列于表4-13。2021年2月2日生效的 AIDC 税率产品主要是6大类农产品，篇幅有限未列于表4-13，参见《重要！印度新年全面调整关税，超30种产品进口税提高5%—100%!》，中国制造网，https://baijiahao.baidu.com/s?id=1692354037339793348&wfr=spider&for=pc。

资料来源：根据各主要新闻网站资料整理。

2. 第二次提高关税

2018年9月26日，印度政府宣布提高价值约8600亿卢比（约118.4亿美元）的19种"非必要商品"关税①。征税产品和税率为：部分珠宝产品税率由5%上调至7.5%，家电税率从10%翻倍至20%，鞋类、扬声器、餐具等税率上调5%。征税措施于次日即9月27日生效。

3. 第三次提高关税

2018年10月11日，印度政府宣布上调17种商品进口关税，其中智能手表、电信设备等产品的关税从10%提高至20%，征税措施于次日即10月12日生效。

---

① 19种"非必要商品"依2017—2018年进口总额计算达8600亿卢比（约118.4亿美元），占同期印度进口总额的18.7%。

4. 第四次提高关税

2020年2月，提高进口关税的清单包括：①提高玩具、鞋帽、纺织、皮革、家具以及食品等"非必要消费品"关税，例如鞋类关税提高至35%，玩具税率提高至60%，去壳核桃关税更提高至100%。②以电子产品和汽车产品为重点，尤其针对产品零部件和货物成品提高税率。

5. 第五次提高关税

2021年2月，印度政府公布2021—2022财政年度的预算案，第五次全面调整进口关税，超过30种产品进口关税提高5%—100%，调整重点是电子和移动产品、钢铁、化工、汽车零部件、可再生能源、纺织品等以及鼓励本地生产的农产品。除上调关税外，预算案还推出了"农业基础设施与发展中心（AIDC）"措施，规定某些商品在基准关税税率上加征AIDC附加关税。例如，苹果基准关税为15%，需加征35%AIDC附加税，总税率合计为50%；又如，酒类（如白兰地、苦艾酒、其他发酵饮料等）基准税率为50%，加征100%AIDC税率后总税率为150%。此轮关税措施于2021年2月2日生效。另外，400项商品正在审查之中，为之后可能出台的新一轮征税措施做准备。

三 印度关税措施制定与实施的主要特点

（一）征税产品种类广但重点突出

其一，五次征税产品种类广泛涉及多个行业（见表4-13），从食品、化工产品、光学仪器到运输设备、机电产品等几乎涵盖所有制造业门类。例如，于2018年2月2日生效的征税清单涉及HS编码二级分类下共计21章产品，而同年9月27日生效的清单也涉及矿产品、纺织品、化学品、机电产品等多个类别。其二，从征税清单的产品进口额比重来看，征税重点非常突出，主要集中在机电产品和运输设备，目的是提高印度国内产品替代率、减少贸易逆差。

（二）征税措施频率高且突发性强

征税频率高是印度政府实施关税措施的显著特点。2018年2月至2021年8月，印度政府对不同产品提高了5次关税，其中3次是在2018年的7个月中实施的。同时征税频次也越来越快，仅2018年10月就实施了两次关税上调措施，相隔时间不足半个月。

突发性强是印度实施关税措施的另一重要特点。2018 年的 3 次征税关税措施、2021 年 2 月加征 AIDC 税率都是在官方公布征税消息和产品清单后次日实施的。对于出口商和进口商而言毫无预期，进口阻断效果更强，同时造成的福利损失也必然更大。

第四节 湖北省面临的中印关税摩擦形势

一 湖北省与印度双边经贸关系

湖北省与印度的双边往来可以追溯到春秋时期。据考证，春秋时期楚国商人就已向印度运送丝和丝织品，同时从印度购买琉璃、玑、珠等我国稀缺之物。这条古丝绸之路，从汉江流域经云贵高原到达缅甸和印度，是我国最早的丝绸之路。1924 年 5 月，印度诗人泰戈尔也曾应湖北省教育界和佛学界的邀请，与著名文学家徐志摩一同到访武汉。而在 2013 年中国国家主席习近平提出"丝绸之路经济带"构想中，丝绸之路的南线便是旧时的楚印商道与茶马古道。

在"一带一路"建设推进下，双方经贸关系发展更为密切。印度成为沿线 64 个国家中，湖北省最大的贸易伙伴。湖北省内很多企业对印度出口，如三环集团、联想移动通信贸易（武汉）有限公司、汉口北进出口服务有限公司、黄石东贝电器股份有限公司等；同时部分企业在印度汽车、钢铁、光电子等行业开展直接投资。2017 年双边重点合作项目达 8 个，包括钢股份出资 980 万美元与特变电工在印度古吉拉特邦巴罗达市共同投资成立特变电工—武钢印度有限公司并建设硅钢加工配送中心项目、中冶南方承接的印度 JSP 转炉炼钢项目和印度钢铁管理公司 BSP 项目、中南电力设计院承接的印度 ENPLI350MW 电厂 BTG 岛项目和印度佳凯德燃煤电站主机岛设计项目等。在跨境教育服务领域，来湖北省留学的印度学生数量排名全国第二位[1]。

二 湖北省与印度双边货物贸易特征

（一）贸易规模快速增长，顺差呈现扩张态势

截至 2018 年印度大规模上调关税之前，湖北省对印度贸易规模保

---

[1] 《湖北与印度竟有这些渊源，交往始于春秋时期……》，荆楚网，http://news.cnhubei.com/xw/zw/201804/t4103760.shtml。

持快速增长（见图4-2）。2009—2017年双边贸易规模从5.2亿美元增长近4倍到19.3亿美元。2011年、2013年、2015年和2017年增速高达16.7%、18.6%、42.2%和19.2%。从贸易流向看，对印度出口额始终是进口额的7—10倍，表明出口增长是拉动双边进出口扩张的主要动力。

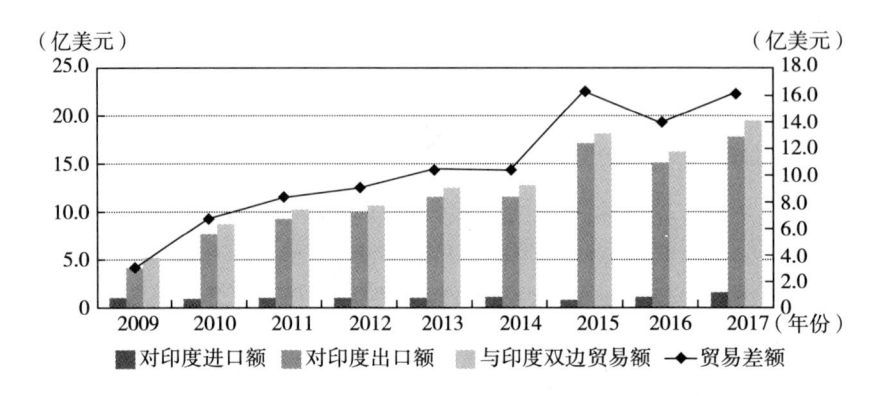

图4-2　2009—2017年湖北省对印度进出口额及贸易差额

资料来源：根据《湖北统计年鉴（2015—2020）》和中国海关在线数据库整理。

同时，从贸易平衡来看，湖北省对印度贸易始终保持顺差，而且顺差也呈现持续成倍扩张态势。截至2017年，湖北省对印度贸易顺差已达16.2亿美元，是2009年3亿美元的4.4倍，占全省货物贸易顺差总额的11%，表明湖北省出口产品在印度市场上竞争力较强。

（二）印度是重要的新兴市场，贸易发展潜力巨大

据中国海关数据，2017年全球与湖北省经贸往来的国家（地区）超过220个，但在湖北省贸易总额中占比超过1%的贸易伙伴只有30个①。印度是进出口份额排名靠前的新兴市场，占湖北省贸易份额约4.2%，排位于美国、中国香港、日本和韩国之后。

同时，印度作为湖北省出口市场和进口市场的重要性存在很大差距。2017年，湖北省对印度出口额占全省出口总额约5.8%，甚至超过日本和韩国份额，是新兴市场中排名第1位的出口目的地。相反，印度

---

① 本部分将东盟10个国家和欧盟27个成员方单独计算。

在湖北省进口总额中的份额常年保持约1%，甚至位列非洲刚果之后。可见，印度作为湖北省出口市场的重要性远高于进口，而且尚存非常巨大的市场潜力。

三 湖北省与印度进出口商品结构

湖北省对印度贸易商品集中度非常高（见表4-14）。2017年，贸易额排名前15位的商品在湖北省对印度贸易总额和出口总额中合计占比分别达到94.1%和95.5%。而排名前4位的商品贸易额和出口额占比合计高达78.1%和80.7%，表明机电产品（包括机器机械和电气音像设备）和化工产品（包括有机化学产品和肥料产品）是双边贸易中最重要的产品。从贸易差额来看，湖北省在上述四种产品对印度贸易中全部保持顺差，而且机电产品顺差占湖北省对印度顺差总额约60%，顺差占比也高达16.7%和7.8%，表明湖北省在印度市场上具有竞争优势的产品也主要集中这两类。

表4-14　2017年湖北省与印度主要贸易商品（排名前15位）

总额排名	HS（章）	贸易额比重（%）	贸易差额比重（%）	出口排名	HS（章）	出口额比重（%）
1	85	39.3	46.7	1	85	42.7
2	29	17.0	16.7	2	29	16.9
3	84	11.3	7.8	3	31	11.4
4	31	10.5	12.5	4	84	9.7
5	72	3.7	4.5	5	72	4.1
6	87	2.7	2.0	6	87	2.4
7	55	2.0	-2.1	7	39	1.9
8	39	1.9	2.0	8	73	1.4
9	73	1.3	1.5	9	96	0.9
10	90	0.9	0.6	10	69	0.9
11	96	0.8	1.0	11	90	0.8
12	69	0.8	1.0	12	94	0.7
13	94	0.7	0.7	13	38	0.5
14	25	0.6	-0.7	14	33	0.5
15	38	0.6	0.5	15	28	0.5

续表

总额排名	HS（章）	贸易额比重（%）	贸易差额比重（%）	出口排名	HS（章）	出口额比重（%）
合计		94.1		合计		95.5

注：①贸易额比重=该章产品贸易额/湖北省对印度贸易额；出口额比重=该章产品贸易额/湖北省对印度出口额；贸易差额比重=该章产品贸易差额/湖北省对印度贸易差额。②主要产品编码及简称：HS84 为机器机械设备、HS85 为电气设备、HE29 为有机化学品、HS39 为塑料产品、HS72 为钢铁、HS73 为钢铁制品、HS87 为汽车产品、HS94 为家具、HS33 为化妆品、HS28 为无机化学品、HS90 为医学仪器。其他 HS 各章名称见附表 3-1。③表 4-14 仅列湖北省与印度贸易额排名前 15 位商品，因此比重合计不为 100%。

资料来源：根据中国海关在线数据库整理。

另外，钢铁及钢铁制品、汽车产品、塑料产品出口额比重约为1%—4%，也是比较重要的出口产品，均处于顺差状态。而家具、化妆品、无机化学品、医学仪器等出口额比重不足 1%，对双边贸易影响不大。

在 HS8 位编码下对出口排名前 14 位的商品进一步分析发现：14 种商品出口额占比合计超过 60%（见表 4-15），是湖北省对印度出口的最主要商品，包括手持式无线电话机的零件（天线除外），手持（包括车载）式无线电话机，冷藏、冷冻箱压缩机，磷酸氢二铵，未列名含氮基化合物等。目前，生产和出口上述产品的企业主要包括三环集团、联想移动通信贸易（武汉）有限公司、湖北沙隆达对外贸易有限公司、汉口北进出口服务有限公司、宜昌金信化工有限公司、黄石东贝电器股份有限公司等。

表 4-15　2017 年湖北省对印度主要出口商品（出口排名前 14 位）

HS（章）	HS 编码	产品名称	出口额比重（%）
85	85177030	手持式无线电话机的零件（天线除外）	26.1
	85171210	手持（包括车载）式无线电话机	5.8
	85299042	非特种用途的取像模块	2.6
	85076000	锂离子蓄电池	1.4
	85177090	品目 8517 所列设备用其他零件	1.1

续表

HS（章）	HS 编码	产品名称	出口额比重（%）
84	84143011	冷藏、冷冻箱压缩机，电动机额定功率≤0.4kw	2.3
	84733090	品目 8471 所列其他机器的零件、附件	2.3
	84303130	自推进的隧道掘进机	1.1
72	72251100	取向性硅电钢平板轧材，宽度≥600mm	1.8
31	31053000	磷酸氢二铵	9.7
87	87141000	摩托车（包括机器脚踏两用车）用零件、附件	1.2
29	29299090	未列名含氮基化合物	2.2
	29309090	未列名有机硫化合物	1.9
	29299040	乙酰甲胺磷	1.3
比重合计			60.8

注：出口额比重=该章产品出口额/湖北省对印度出口额。
资料来源：根据中国海关在线数据库整理。

四 湖北省对印度出口贸易面临的关税壁垒形势

（一）2018 年 2 月征税清单下的关税壁垒分析

在五次征税清单中，于 2018 年 2 月 2 日生效的清单公布了征税产品 HS 编码[①]。产品涉及 HS2 位编码下共计 21 章商品，如太阳能光伏、手机、汽车、纺织、手工制造业、农业等种类繁多。关税增幅最低的为医疗设备类产品（1.5%），最高为食用油产品（18.5%），其余产品关税增幅为 2.5%—15%不等。本书选择 2017 年 HS8 位编码下湖北省对印度出口产品与印度征税清单税目海关编码进行匹配。后文将匹配商品称为"清单出口商品"，即 2017 年向印度出口但 2018 年根据清单应增缴关税的产品[②]，据此分析关税壁垒形势。

1. "清单出口商品"种类分布

2017 年，湖北省对印度出口商品共计 1615 种，清单出口商品 197 种，意味着湖北省对印度出口产品种类中 12.2%的商品自 2018 年 2 月起需缴纳附加关税。其中占比最多的商品包括用于通信的光纤、用于移

[①] 清单编码参见 https://www.sohu.com/a/225415466_99944746。
[②] 由于 HS 编码的前 6 位为国际编码，因此少 8 位编码下无法匹配的产品取前 6 位匹配的产品进行统计。

动通信的电子产品、机动车及零部件、家具和座具，分别为31种、30种、37种和34种，合计占比67.5%。

2."清单出口商品"金额分布

表4-16列举了此轮征税中湖北省每一种类别清单商品中的主要商品。对比表4-15发现，家具灯具类产品（HS94）关税上调的宏观影响很小。一是虽然印度进口家具中46%来自中国，但是来自湖北省的家具产品非常少。二是湖北省这类产品出口额在其对印度出口额中份额仅占0.5%。但微观层面上，此轮关税措施上调5%的关税将导致出口成本明显增加，而且上调后税率高达20%，对于向印度出口相关产品的企业而言无疑意味着退出印度市场。

表4-16　2018年2月印度关税措施中的湖北省主要清单出口商品

HS		代表性产品名称	税率	种类（种）	种类比重（%）	金额比重（%）
70	—	用于通信级别玻璃纤维	0调至5%	31	15.7	0.0
85	85171210	手持（包括车载）无线电话机	10%调至15%—20%	30	15.7	11.1
	85076000	锂离子蓄电池				
	85177090	8517所列设备用其他零件				
	85299042	非特种用途的取像模块				
87	87141000	摩托车（包括机器脚踏两用车）用零件、附件	10%调至15%	37	18.8	2.2
94	94054090	未列名电灯及照明装置	10%调至20%	34	17.3	0.7
	94053000	圣诞树用的成套灯具				

注：①"种类比重"为清单出口商品种类占全部清单商品种类的比重；"金额比重"为该类清单产品金额占湖北省对印度出口额比重。②"代表性商品"为该类清单出口商品中金额排名前5位的商品。③HS70为"用于通信级别玻璃纤维"，具体产品编号不详，依据近似HS编码的同类商品税目和贸易额取值计算。

资料来源：根据匹配结果整理。

通信设备（HS85）和运输设备（HS87）均是湖北省对印度出口额排名前10位的商品，2017年分别占湖北省对印度出口总额的42.7%和2.4%。两大类产品中的代表性商品也均是湖北省对印度出口的主要商品。例如，2017年湖北省对印度出口手持电话机（HS85171210）占出口总额的5.8%，在此轮关税措施中上调关税10%，目前进入印度市场需要缴纳20%的进口关税。锂离子蓄电池、取像模块等也是如此。同时，摩托车等运输设备关税上调5%后也需15%的高关税。从清单产品金额占比上看，通信设备和运输设备两类商品中清单出口产品金额占比分别为11.0%和2.2%。由此可见，通信设备受此轮关税上调影响最大。

（二）后续印度关税措施下的壁垒分析

由于无法获得2018年9月、2020年2月和2021年2月征税清单的HS编码，本书依据征税产品类别与湖北省对印度出口商品结构的重叠度，对上调关税措施影响做出基本判断。通过表4-13征税产品种类发现，以下五类产品遭遇的关税壁垒非常突出，而且大部分为新增产品，但是加征关税的影响各异。

第一类是电气音像设备（包括冰箱、洗衣机、扬声器等）和机器机械设备（包括空调压缩机、焊接和等离子切割机、太阳能产品等）。上述产品关税增幅为5%—10%，目前关税水平为7.5%—20%。2018年，湖北省对印度机电产品出口额占对印度出口总额比重约52.4%，其中通信设备、电气音像设备产品关税上调后处于10%—20%的关税水平，对于中等技术密集型产品而言尚存一定市场空间。光伏产品进一步加征关税的预期已非常明确，因此预期出口市场空间必将趋紧。

第二类是运输设备。继2018年2月对机动车零部件上调进口关税后，2020年2月关税上调清单中又出现大量机动车产品，包括电动公交车和电动车、三轮车、电动汽车进口套件等，上调幅度为5%—15%。其中，零部件产品上调5%，半成品上调10%，而成品进口上调15%。上调后，电动公交车和电动卡车的整车进口关税高达40%，而乘用车和三轮车高达30%。上述征税方案意图明显：通过提高关税有效保护率，保持一定零部件进口和半成品进口，扶持国内运输设备制造业。由于运输设备并非湖北省对印度出口的主要产品，因此多次关税上调措施并不会对总体贸易额产生显著影响。但同时，目前该类产品中大量产品已处于15%—60%的关税水平，不仅极大压缩了现存出口企业的利润，而且计划新进印度市场的运输设备出口企业可能因过高的关税壁垒而转向开拓其他市场。

第三类是家具、鞋类和玩具三种劳动密集型产品。这三种产品的关税已于2018年2月从10%上调至20%，并于2020年2月再次上调。目前，鞋类关税水平已上升至35%，而玩具产品关税已高达60%的超高水平。历经两次关税上调，上述劳动密集型产品出口印度市场的可能性已经非常微小。

第四类是农产品。于2021年2月2日生效的AIDC税率征税清单主要针对农产品，包括苹果、食用油、豆类、酒产品、煤产品、肥料等印度政府鼓励本土生产的农产品。实施AIDC税率后，苹果、食用油和酒类产品的最终关税将升至32.5%—150%，意味着印度几乎可以将上述的国外农产品排除在外了。

第五类是化工产品。2018年湖北省对印度出口化工产品占对印度出口总额的28.3%，幸运的是最主要的出口产品尚未受到关税措施影响，仅仅是美容、化妆、蜡烛等产品中的少部分产品关税提高至20%—25%的关税水平。因此，目前对印度化工产品出口贸易面临关税摩擦压力较小，潜在市场空间较大。

第五节 本章小结

基于湖北省与美国和印度两个重要贸易伙伴的双边贸易商品结构和两国加征关税措施的清单匹配结果，本章分析了湖北省面临的关税摩擦形势。

中美关税摩擦暂停至今已两年时间，期间两国双边平均关税依旧处于20%左右的高位[①]。宏观层面上，加征关税措施涉及部分对美进出口商品。从种类和金额来看，摩擦对双边贸易规模产生一定冲击，但对湖北省贸易总量影响甚微。产业层面上，出口方面，化工、机械、钢铁、纺织业对美国出口最受冲击，尤其是电气音像设备、塑料产品、有机化学品、钢铁及钢铁制品、纺织服装、鞋靴等产品需要重点关注；从要素密集度来看，中高技术密集度产品占比较大，主要集中在化工产品和机

---

① 《负责任大国的担当——中国履行第一阶段经贸协议（金融服务篇）》，国际经济与金融研究中心，http://cifer.pbcsf.tsinghua.edu.cn/index.php?m=content&c=index&a=show&catid=107&id=448。

械设备类的电子信息产品中。近几年，湖北省产业升级态势明显，若中美关税摩擦持续，必将对湖北省对美国出口产品结构优化产生抑制效应。进口方面，需要关注电气音像设备、光学医疗仪器、运输设备等产业的上下游产业溢出效应。另外，对于光学医疗设备这类处于比较劣势的高技术密集型产品，由于进口依赖度高，关税摩擦必然加剧产业安全与风险。

印度是发展中国家中频频提高关税壁垒的典型代表。作为新兴市场中湖北省最重要的贸易伙伴和出口目的地，对于"一带一路"倡议、实施市场多元化战略具有重要意义。为推行"印度制造"战略，高筑关税壁垒成为其保护国内市场、帮助本国制造业实现进口替代的重要手段。自2018年2月起，印度多次大规模上调进口关税，对湖北省对印度出口的电子音响设备、太阳能产品等产品影响范围最大，但同时也大幅挤压了运输设备、农产品的市场空间。因此，在当前印度关税壁垒形势下，湖北省乃至中部省份外向型企业拓展印度市场潜力面临很大阻力。

第五章

湖北省面临的非关税摩擦国内外形势

第二次世界大战之后,《关税与贸易总协定》(GATT)与 WTO 推动下,世界关税壁垒大幅减少,但非关税壁垒措施增长的速度之快、数量之多令人惊讶,其引发的贸易摩擦已经成为全球贸易摩擦的主要形式。从壁垒措施上看,配额、进出口许可证等传统非关税壁垒已近乎消弭,取而代之的是反倾销、反补贴和保障措施、技术性贸易壁垒、知识产权壁垒等新型非关税壁垒,隐蔽性更强,花样更多,规避成本更高而且层出不穷。越来越多的湖北省贸易企业不仅因此付出了高昂的贸易成本,也承担着巨大的市场风险。

本章从贸易救济摩擦、技术性贸易壁垒摩擦和知识产权摩擦内涵与形式入手,分析湖北省面临的非关税摩擦国内外形势,为第六章研究湖北省内企业面临三种摩擦的态势与特点奠定基础。

第一节 非关税摩擦概述

一 贸易救济摩擦概述

(一)贸易救济摩擦内涵

在国际贸易中,当外国进口对一国国内产业造成负面冲击时,该国政府所采取的减轻乃至消除该类负面影响的措施称为"贸易救济"(Trade Remedy)。1994 年 GATT 乌拉圭回合谈判中,《反倾销协定》《补贴与反补贴措施协定》《保障措施协定》等一系列规范贸易救济的协定得以签署,并成为 WTO 规则的一部分。此后,许多国家遵循 WTO 透明、公平原则逐步规范贸易救济制度的国内立法。

依法合规地实施贸易救济是世界各国公认、WTO 允许的国内产业保护工具。但滥用贸易救济措施则变成了以维护"公平贸易"之名行"贸易保护"之实的手段。本书探讨的贸易救济摩擦是指一国为了对国内产业提供不正当保护而滥用贸易救济措施所引发的与贸易伙伴之间的贸易摩擦。学术研究中通常以贸易救济案件的数量及涉案金额予以量化。

(二) 贸易救济摩擦形式

在 WTO 框架内,"贸易救济"包括三种形式:反倾销、反补贴与保障措施,不正当使用时都可以成为引发贸易摩擦的直接原因。

1. 反倾销 (Anti-dumping)

根据 GATT 第 6 条规定:"一国产品以低于正常价值的方式进入另一国市场,若因此对某一缔约国领土内已建立的某项工业造成实质性损害或者损害性威胁,或对某一产业的兴建产生实质性阻碍,则称为倾销。"在此情况下,进口国可以采取反倾销措施进行救济。通常做法是在征收一般进口关税基础上根据价值差额在一定时期内(通常 5 年)征收反倾销税,提高其国内售价,维护公平竞争。在反倾销救济程序中,"日落复审"与"反规避调查"制度值得关注。

其一,日落复审。根据 WTO 的要求,在实施救济措施过程中,进口国主管机关必须对实施情况、产业损害情况进行行政复审。在征收反倾销税 5 年期满进行的行政复审,称为"期满复审",也即"日落复审"。若作出复审否定性裁决,即终止征收反倾销税不会继续导致倾销和损害,则将终止继续征税;相反则继续征收。近十年的明显趋势是复审肯定性终裁的概率非常高。由于日落复审并没有次数限制,因此进口国可能通过多次日落复审对某一产业提供长达数十年的保护,并导致外国产品无法进入市场或者退出市场。

其二,反规避调查。为了应对越来越频繁的反倾销,许多出口国选择在进口国或第三国进行零件组装、转口、轻微改变或改进产品绕开反倾销调查。这种做法显然极大程度上抵消了进口国贸易救济的效果。因此,"反规避"措施应运而生,即进口国为限制国外出口倾销商采用各种方法排除反倾销措施的适用而采取相应救济措施的法律行为。反规避措施通常以征税形式实施,即若终裁确定出口商存在反规避行为,进口国将大幅提高该产品进口关税或者在同等税率下扩大征税产品范围。WTO《反倾销协议》强调了反规避措施的合理性,但尚未形成多边贸易协定法律文本,各国在国内法律框架下实施反规避措施具有很大自主性和自由度,因而逐渐成为更加隐蔽的贸易保护手段。

2. 反补贴（Countervailing）

补贴是指由一缔约方境内的政府或任何公共机构提供并由此授予各种利益的财政资助、措施或任何其他形式的收入或价格支持。当进口国由于进口接受补贴的产品而造成本国产业损害或者损害威胁,则可以实施"反补贴"救济措施。

WTO《补贴与反补贴措施协定》和《农业协议》并非禁止成员方政府的所有补贴行为,而是禁止或不鼓励使用对其他成员方贸易造成不利影响的补贴,例如直接出口补贴、进口替代补贴等禁止性补贴以及部分可诉补贴[①]。具体救济措施包括两种:一种是进口成员根据国内反补贴法令,通过调查征收反补贴税,实施期限不超过5年;另一种是通过WTO争端解决机制授权采取反补贴措施。

3. 保障措施（Safeguards）

当一国某类产品进口实际数量激增而对国内产业造成严重损害或者损害威胁时,经过WTO相关部门批准,可以依据非歧视原则对该产品实施保障措施,如提高进口关税、实行配额或直接数量限制,实施期限一般不超过4年。

"不问产品来源"的非歧视性原则是保障措施实施的重要原则,即进口国对所有同类产品的进口限制措施应一视同仁,而不能只针对某一特定成员。但是,中国加入WTO谈判时,最终在1999年与美国达成的协议中接受了"特殊保障措施条款"（Special Safeguards）并写入了加入世界贸易组织协议中,即WTO成员为防止源于中国的进口

---

① WTO《补贴与反补贴措施协定》和《农业协议》将补贴分为三类:禁止性补贴、可诉补贴和不可诉补贴。各类补贴内涵参阅WTO相关文本。

产品对本国相关产业造成损害而实施的限制性保障措施[①]。显然，实施"特保措施"（后文均简称"特保"）明显违反了"无歧视性原则"。

二 技术性贸易壁垒摩擦概述

（一）技术性贸易壁垒内涵

技术性贸易壁垒（Technical Barriers to Trade，TBT）是指一国或区域组织以维护其基本安全、保障人类及动植物的生命及健康和安全、保护环境、防止欺诈行为、保证产品质量等为由采取的一些强制性或自愿性的技术性措施。这类措施通常以技术形式出现，是国际贸易中最为隐蔽、最难应对的非关税壁垒。

（二）技术性贸易壁垒形式

WTO《技术性贸易壁垒协议》（TBT协议）规定了技术性贸易壁垒的三种类别：技术法规、技术标准和合格评定程序[②]。其中，技术法规具有强制性，而技术标准则不具有强制性。更为广义的范围内，TBT还包括动植物及其产品检验和检疫措施（Sanitary and Phytosanitary，SPS）、包装和标签及标志要求、绿色壁垒、信息技术壁垒等。其中，SPS可以视为动植物产品领域对技术性贸易壁垒的补充，也是最主要的技术标准类非关税壁垒形式。

（三）技术性贸易壁垒相关国际规则与制度

1. TBT多边协定

在WTO框架下管辖技术性贸易壁垒的多边协定包括两项：①《技术性贸易壁垒协定》（TBT协议），对技术法规和标准、符合技术法规和标准、信息和援助、机构、磋商和争端解决等方面均做出明确规定，

---

① 特保措施最早适用于1953年申请加入GATT的日本，一些GATT成员国若发现原产于日本的纺织品进口数量激增并对本国相关产业构成损害或者损害威胁时可以采取相应限制进口的措施。

② WTO《技术性贸易壁垒协议》对三种技术性贸易壁垒的形式均给出了定义。"技术法规"是指产品特性或相关工艺和生产方法的强制规定，主要表现为政府或有关部门制定法律、政策决议、技术准则和规范性文件。"技术标准"是指经过具有公信力的权威组织认可的、自愿实行的有关产品的特性或工艺和生产手段等各方面的规定，主要表现为相关术语、符号、包装和标签要求等。"合格评定程序"是指无论是直接的还是间接的，只要能够确定某种产品是否达到一国标准的程序均可称为合格评定程序，例如取样和检测、评估验证、注册认证的程序等。

适用于所有工业品和农产品。②《实施卫生与动植物卫生措施协议》（SPS协议），单独规范有关动植物卫生的措施。

2. 世界主要国家TBT体系

美国TBT体系是联邦法律、地方法律法规和权威中介机构推行标准的三个层次的统一。其中，联邦政府法律主要是制定法律法规保护产业和国家安全，限制不合格产品进入美国市场，比如美国食品药品管理局制定的FDA标准；地方法律法规则主要针对出入本地区的产品安全制定；而权威中介机构标准主要是由专门从事认证的实验室提出，例如电器产品UL标准。

欧盟TBT体系包括欧盟指令和技术标准，所有成员国采用同样标准"一致对外"。最著名就是强制性安全认证标志——"CE标志"：无论产品是否原产于欧盟成员国都必须获得"CE认证"以表明产品符合欧盟《技术协调与标准化新方法》指令的基本要求，否则无法在欧盟市场上流通。

日本TBT体系主要包括：食品进口评定程序、包装与标签要求、动植物检测检疫制度、农兽药残留标准、产品认证制度等。其中，JIS体系用于机械、电器、化工等制造业产品质量监控；2006年颁布的《肯定列表》用于对农产品管理的检验检疫制度，其农兽药残留标准非常严格。进入日本市场，除了国际标准外，还需要符合日本本国标准甚至行业标准。

中国TBT体系中最重要的是"CCC"强制性产品认证制度。凡列入"强制性认证目录"的产品必须获得指定机构的认证证书，否则一律不得进口和销售。目前，强制认证产品包括家电、汽车、安全玻璃、医疗器械、电线电缆、玩具等。

（四）技术性贸易壁垒摩擦内涵与形式

技术性贸易壁垒引发的贸易摩擦即为技术性贸易壁垒摩擦。在国际贸易中，产品遭遇技术性贸易壁垒摩擦大多是在边境执法时，进口国海关依法对不符合本国技术法规、技术标准的产品要求改进、退回甚至销毁，从而产生贸易摩擦。从方向上，包括企业因国外技术贸易壁垒遭遇出口受阻和国外进口产品不合格引发的摩擦。

三 知识产权摩擦概述

（一）知识产权内涵

"知识产权"（Intellectual Property Right，IPR）一词是在 1967 年世界知识产权组织（WIPO）成立后出现的，意指人类智力劳动产生的智力劳动成果所有权，包括版权（著作权）和工业产权。版权（著作权）是指创作文学、艺术和科学作品的作者及其他著作权人依法对其作品所享有的人身权利和财产权利的总称；工业产权则是指包括发明专利、实用新型专利、外观设计专利、商标、服务标记、厂商名称、货源名称或原产地名称等在内的权利人享有的独占性权利。法律上，地域性、独占性和实践性是知识产权最显著的三种特征。

（二）知识产权相关法律制度

知识产权摩擦产生和解决所依循的法律制度包含两个层次：WTO 框架下有关知识产权的多边协定和各国国内知识产权法律制度。

1. 知识产权保护国际协定——《TRIPs》

如果将 1474 年威尼斯颁布的专利法作为国际知识产权制度的开端，那么国际知识产权保护的历史已超过 500 年。历经 17—19 世纪的发展，商标、专利和著作权制度作为知识产权的三大支柱基本形成。1883 年签订的《保护工业产权的巴黎公约》和 1886 年签订的《保护文学艺术作品的伯尔尼公约》共同形成了最早的知识产权国际保护机制。

在此基础上，1993 年 12 月 15 日 GATT 乌拉圭回合达成了《与贸易有关的知识产权协定》（Agreement on Trade-Related Aspects of Intellectual Property Rights，TRIPs），其后发展成为 WTO 管辖下的一项重要多边协定。TRIPs 涵盖了绝大多数知识产权类型，并且构成了 WTO 成员在知识产权方面必须达到的最低标准。同时，在维护国际贸易领域知识产权保护和解决纠纷方面，WTO 争端解决机制发挥了重要作用。

2. 美国知识产权制度

美国是与中国发生知识产权纠纷最多的国家。美国的知识产权保护体系非常完备，其中"301 条款"和"337 条款"是最主要的涉外知识产权保护手段，也是发起中美知识产权摩擦的重要法律依据。其中，"301 条款"源于美国《1962 年贸易扩展法》和《1974 年贸易和关税法》，两部法律赋予总统对美国认为"不合理"的贸易行为采取限制措施的权利。《1974年贸易和关税法》所规定的"301条款"经过《1988年综合贸易与竞争法》修订后又衍生出"特别301条款"。这一条款专门针对美国认为没有提供充分有效的知识产权保护的贸易伙伴而制定，目的是要求贸易伙伴健全知识产权体系，保护本国市场上美国产品的知识产权。

在美国市场上，根据美国《1930年关税法》第337条（以下简称"337条款"），USITC可以对进口产品的侵权行为发起调查并采取救济措施。在实践中，"337调查"主要针对专利或商标侵权行为，少数涉及版权、工业设计以及集成电路布图设计侵权行为、侵犯商业秘密、假冒经营、虚假广告、违反反垄断法等。针对调查结果的救济措施包括普遍排除令、有限排除令、停止令、临时救济措施以及辅助性措施，例如扣押和没收、民事罚金、保证金等。其中，普遍排除令最为严厉，即肯定性终裁将禁止源于所有产地和所有生产商的某一特定产品进入美国市场；而最常用的方式是有限排除令，即禁止某一特定生产商的侵权产品以及该产品上下游产品进入美国市场。但无论何种"排除令"，对于出口国涉案产品的市场准入排除均是"永久性"的，因此对出口企业危害极大。

3. 欧盟知识产权保护制度

欧洲作为现代意义上知识产权保护制度的发源地，在知识产权观念和制度上始终走在世界前列。从20世纪70年代发展至今，欧盟已形成了兼具统一性与多样性的知识产权保护制度。欧盟根据其所加入的国际公约（如TRIPs）和各成员国国内法来制定知识产权司法保护的法规和指令，主要包括：《欧洲专利公约》、《信息社会的著作权及邻接权指令》、第2004/48/EC号令以及欧盟关于诉讼的条例（如《布鲁塞尔条例》）。各成员国依据欧盟法规和指令具体执行。在各成员国内部，欧盟法优于成员国的国内法。

4. 日本知识产权保护制度

日本很早就确立了知识产权立国的战略。2002年，日本设立直属于首相的"知识产权战略"会议，颁布了《知识产权基本法》，并于2005年成立知识产权高级法院。主要法律法规包括《专利法》《实用新型法》《商标法》《外观设计法》《著作权法》《不正当竞争防止法》等。

（三）知识产权摩擦形式

由于知识产权具有独占性的根本特征，任何侵犯知识产权的行为都会引发侵权者与被侵权者之间的摩擦，也即知识产权摩擦。主要表现为：①知识产权诉讼。在中国对外贸易中，主要是中国企业被控专利侵权、商标侵权或者商业秘密侵权。原因可能是中国企业技术或者商标被他人在国外抢先注册后反过来控告我方，也可能是加工出口后侵犯了委托企业的外观专利或者技术专利。②知识产权行政执法调查。最典型的是美国"337调查"、欧洲展会侵权调查和各国海关知识产权保护执法。

第二节 贸易救济摩擦的国内外形势

一 全球贸易救济摩擦总体态势

总体数量上，1995—2021年全球累计贸易救济原审立案7131起[1]，呈阶段性波动态势。1995—2001年，立案数量从161件急剧升至366起，自2002年呈现缓和态势并持续下降至2007年最低值170起。国际金融危机之后，贸易环境再次陷入恶化，2013年和2015年救济案件发起量均超过320起。2018—2020年立案总数达997起，占1995年以来案件总数的13.9%。尤其是2020年新冠肺炎疫情暴发后，救济案件数量增加更为迅猛，全年430起，同比增长47.3%。

救济类型上，反倾销始终居于主导地位，占原审立案总数的83.7%，反补贴和保障措施立案仅占8.8%和6.3%。不仅如此，同期反倾销日落复审案件累计数量达3391起[2]，反规避调查103起[3]。

措施执行率上，救济措施执行率接近65%，其中反倾销、反补贴和保障措施分别为64.8%、57.7%和60.9%，特保措施相对较低，约

---

[1] 贸易救济立案包括原审立案、复审立案、反规避立案等。原审立案是指对一项新产品提出新的救济调立案。统计时间段为1995年1月1日至2021年12月31日。
[2] 包括一次及以上日落复审立案调查、终审的全部案件。数据依据中国贸易救济信息网数据整理。
[3] 包括2020年6个国家（地区）发起的13起反规避立案。

为40%[1]。

二 后危机时期全球贸易救济摩擦特征

（一）摩擦发起国数量多，国别集中度较高

2009—2021年案件总量共3617起，发起国家（地区）共50个[2]。其中8个为发达经济体，包括美国、欧盟、加拿大、澳大利亚、新西兰、韩国和日本，42个均为新兴经济体与发展中国家。案件发起量排名前10位的依次是美国、印度、巴西、澳大利亚、欧盟、加拿大、阿根廷、中国、巴基斯坦和土耳其。其中，位列前五的国家（地区）案件数量在总数量中比重分别为17.7%、16.8%、7.7%、5.7%和5.6%，合计超过50%。同时，印度尼西亚、墨西哥、马来西亚、泰国等国发起量呈赶超之势。

（二）救济以反倾销为主，各类措施国别特征明显

从案件类型看，上述10个国家（地区）也居反倾销发起量前10位。50个国家（地区）中仅有17个发起过反补贴调查，其中美国、加拿大、欧盟和澳大利亚依次位列前四，分别占总发起量的49.9%、12.1%、10.3%和7%，印度和中国是发起量相对较多的发展中国家，分别占比6.8%和4%。相比之下，保障措施案件数量仅占7%，更受发展中国家青睐，排名前4位的是印度、土耳其、印度尼西亚和乌克兰；而特殊保障措施案件仅11起，发起国为印度、美国和多米尼加，其中印度发起8起[3]。

（三）行业分布广泛，涉案行业集中度高

贸易救济案件涉及行业达31个，但近60%的案件集中在化工原料和制品工业（224.6%）、钢铁工业（20.2%）和金属制品工业（14.2%）。排位其后且比重相对较多行业的依次是非金属制品工业、纺织工业、造纸工业、电气工业和有色金属工业，占比约为

---

[1] 依据中国贸易救济信息网数据整理。执行率为"正在实施"和"终止措施"案件数量总和与"原审立案"数量之比。
[2] 统计数据中，欧盟作为一个发达经济体统计。
[3] 为节省篇幅，全球贸易救济摩擦案件发起国（地区）、案件数量及比重详细数据见"附表5-1"。

3.0%—6.0%[①]。

三 中国遭遇贸易救济摩擦总体态势

改革开放至20世纪80年代末，中国仅遭遇过1起国外对华反倾销调查。但自90年代起，摩擦数量迅速增加，且一直处于全球贸易救济摩擦的中心地带。可分为三个阶段（见图5-1）。

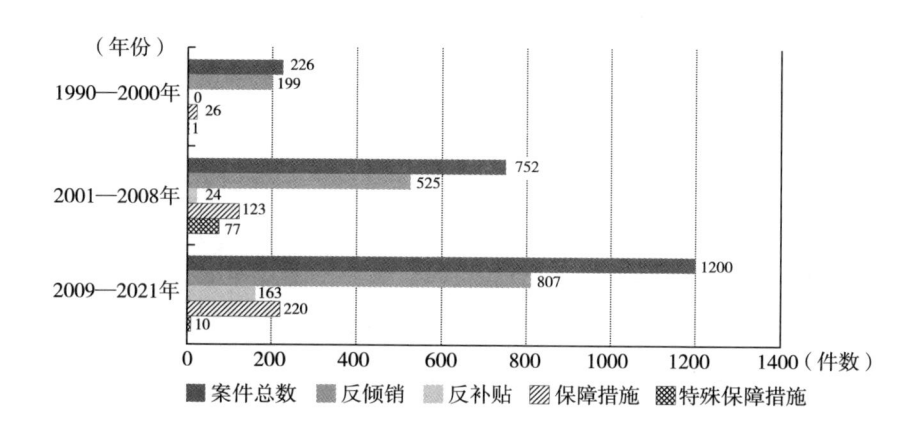

图 5-1　1990—2021年中国遭遇贸易救济摩擦态势

1990—2000年：案件总数226，反倾销199，反补贴0，保障措施26，特殊保障措施1

2001—2008年：案件总数752，反倾销525，反补贴24，保障措施123，特殊保障措施77

2009—2021年：案件总数1200，反倾销807，反补贴163，保障措施220，特殊保障措施10

注：此部分统计不包含中国香港、台湾和澳门地区。

资料来源：根据中国贸易救济信息网整理。参见中国贸易救济信息网，http://cacs.mofcom.gov.cn/。

第一阶段（1990—2000年）：20世纪90年代后，国外对华发起贸易救济案件激增至226件，其中88%为反倾销起诉；发起国共27个，其中发达经济体达7个，包括美国、加拿大、欧盟、澳大利亚、新西兰、日本和韩国。

第二阶段（2001—2008年）：加入世界贸易组织之后，与全球趋缓态势相反，中国迅速成为全球贸易救济摩擦第一目标国和对象国，9年遭遇调查数量增长3.3倍至752件。其中，反倾销与反补贴案件数量分别增长2.6倍和1.8倍，反补贴从0增加至26件，而特保措施从1件增加至77件，发起国从15个增加至42个，且全部为发展中国家。

---

① 为节省篇幅，全球贸易救济摩擦案件行业分布详细数据见"附表5-2"。

第三阶段（2009—2020年）：2008年国际金融危机后，中国遭遇贸易救济摩擦的形势更为严峻。截至2018年，中国已连续23年和17年成为全球遭遇反倾销和反补贴调查最多的国家。发起国家中，欧盟、美国、澳大利亚等7个发达经济体保持不变，而发展中国家增加到42个，其中印度、墨西哥、阿根廷、巴西等国发起量呈明显递增态势。2020年受新冠肺炎疫情影响，截至6月，主要经济体仍处于经济停滞甚至负增长，贸易保护主义愈加盛行，中国依旧是打击重点。当年全球430起贸易救济案件中的1/3针对中国发起。类型上，全球反倾销、反补贴和保障措施分别为344起、61起和25起，而对华案件占比为26.1%、32.8%和89.2%。2021年全球贸易救济案件锐减53%至199起，但三类对华案件占比仍然达到26.3%、38.8%和90%。后疫情时期，全球经济增长不确定性因素增多形势下，中国外贸企业面临的贸易救济摩擦形势依然相当严峻。

四　中国遭遇的贸易救济摩擦主要特征

（一）反倾销为主要形式，但"双反"与保障措施增势明显

1995—2021年，全球对华反倾销共1535起，占全球对华贸易救济案件总数约71%，是中国企业遭遇贸易救济摩擦的最主要形式。同时，反补贴、保障措施和特保措施案件占比9.1%、15.9%和4.1%。值得注意的趋势是，国际金融危机之后中国遭遇反倾销和特殊保障措施案件比重明显下降，而保障措施与反补贴案件比重显著上升。主要原因是面临危机之后加速经济复苏的紧迫任务，保障措施能为国内特定产业（产品）阻挡来自所有进口来源地的竞争，相比只针对中国的特殊保障措施的救济效果更好。另外，欧盟、美国、澳大利亚等发达经济体对华同时发起"反倾销"和"反补贴"（后文称"双反"）强化救济效果的案件数量激增。

（二）钢铁金属制品化工居前三，中国均为主要目标国

对华贸易救济案件的行业分布上，钢铁（17.3%）、金属制品（17.5%）、化工原料和制品工业（16%）高居前三位，与全球摩擦行业分布趋同。非金属制品工业、纺织工业、电气工业、有色金属工业和造纸工业的救济案件占比为3.0%—7.9%。同时，近2/3的涉案行业中，对中国发起救济调查的数量占全球同行业救济调查数量的比重超过

40%。例如皮革、其他运输设备、通用设备、汽车工业、光伏产品等行业比重分别高达 80%、78.6%、68.6%、67.6%、55%[①]，表明中国在多数行业中都是全球贸易救济的主要目标国。

第三节 技术性贸易壁垒摩擦的国内外形势

一 全球 TBT 数量持续增长，通报领域和通报理由集中

为促进 WTO 成员间技术信息沟通，减少信息不完全造成的壁垒和摩擦，通报咨询制度成为 WTO 多边体系中的重要组成部分。在这一制度下，各成员须及时向 WTO 通报本国有关 TBT 的法律政策、贸易政策和技术政策的制定和变更情况。因此，WTO/TBT 和 WTO/SPS 通报量通常被视为各国技术性贸易壁垒高低的重要衡量指标。

2017—2021 年，全球 WTO/TBT 通报国中，美国和欧盟始终是通报量最多的发达经济体。不同的是，美国始终排名前三位，占全球通报总量比重保持 10% 左右；而欧盟位居前十，通报量仅是美国通报量的 1/4—1/2。其他排名靠前的国家以非洲和美洲发展中国家为主，如乌干达、肯尼亚、巴西、坦桑尼亚等。"一带一路"沿线国家通报数量占比较高，2019—2021 年占比合计高达 55%—60%[②]，其中埃及、以色列、沙特等位居前列。另外，在通报涉及的领域中，有关食品技术的通报量以绝对优势稳居首位，其他重要领域包括环保、保健和安全、化工技术、医药卫生技术、农业等。"保护人类安全和健康"是永恒不变的主题，而保护消费者、防止欺诈行为、质量要求、产品或技术安全要求、食品安全等均是最主要的目标和理由。

WTO/SPS 通报方面，2017 年以来巴西、美国、加拿大、欧盟始终位列前五。常规通报热点包括视频和饲料添加剂问题、农兽药残留和植物卫生问题。通报最多的理由始终是保障食物安全，其次是动物健康、植物保护、保护国家/地区及人类免受有害生物的危害等。

[①] 为节省篇幅，国外对华贸易救济摩擦案件行业分布详细数据见"附表 5-3"。

[②] 2017—2018 年"一带一路"WTO/TBT 和 WTO/SPS 通报统计是指当期与中国签订共建"一带一路"合作文件的 71 个国家/地区，通报数量占全球总量不足 30%。2019—2021 年统计范围增加至 137 个国家/地区，占比超过 50%。两阶段比重不具有可比性。

二 中国对外通报数量较少，遭遇 TBT 摩擦位居全球前列

（一）中国通报数量较少且关注环保健康与安全

2017—2021 年，中国通报数量较少，且占全球通报量比重非常小，但自 2019 年 WTO/TBT 通报量全球排名进入前 10 位后，2020 年和 2021 年排名保持第 7 位。在通报领域上，TBT 通报集中于环保、保健与安全、医药卫生技术三个方面，合计占比超过 1/3；SPS 通报中食品安全关注度最高，相关通报量年均占比约 65%，有关动物健康的通报量位居其次，约占 20%—35%。

表 5-1　2017—2021 年全球和中国 WTO/TBT 和 WTO/SPS 通报情况

年份	WTO/TBT 通报总数（件）	中国通报数量（件）	占比（%）	WTO/SPS 通报总数（件）	中国通报数量（件）	占比（%）
2017	2587	58	2.2	1480	9	0.6
2018	3065	64	2.1	1631	54	3.3
2019	3337	91	2.7	1762	33	1.9
2020	3354	128	3.8	2122	51	2.4
2021	3966	126	3.2	1825	56	3.1

注：统计期间为 2017 年 1 月 1 日至 2021 年 12 月 31 日。
资料来源：根据江苏省应对技术性贸易壁垒信息平台《技术性贸易措施通报》整理。http://www.gdtbt.org.cn/html/note-282871.html。

（二）出口遭遇 TBT 摩擦位居全球前列

中国出口产品在美国、欧盟、日本等市场遭遇 TBT 数量及占比居全球前列。

其一，出口美国受阻：①2020 年美国消费者安全委员会（CPSC）发布召回来自中国的产品 135 例，占 CPSC 召回总数的 52.5%。2021 年 CPSC 召回量同比减少 14.8%，但召回来自中国的产品仅减少 1 例，占召回总数比例反增至 61.2%，涉及价值约 53.9 亿美元[1]。被召回产品最多的是电器/电气设备、家具和家居饰品、儿童用品、食品接触材料

---

[1] 资料来源：广东省应对技术性贸易壁垒信息平台，http://www.gdtbt.org.cn/html/note-322856.html。"召回"包括产品被当地海关拒绝进口、自动扣留以及进入对方市场后被召回等多种出口受阻情况。

和纺织服装。②2020 年中国农食产品被 FDA 拒绝进口批次占 FDA 通报总数的 13.9%①，以蔬菜水果和烘焙类产品为主，来源最多的省份依次是福建、广东和中国台湾。2021 年中国输美农食产品被拒绝进口通报 581 批次，主要原因包括全部或部分含有污秽的、腐烂的、分解的物质或其他不适合食用的物质和疑含三聚氰胺和/或三聚氰胺类似物等。③2020—2021 年，中国被 FDA 拒绝进口医药品占被 FDA 拒绝医疗产品总批次约 30.4%，其中新型冠状病毒核酸试剂、温度计、口罩等防疫用品通报量剧增，主要原因为"未备案""疑似假冒或质量不达标""不合规"等。

其二，出口欧盟受阻：2020 年至 2021 年第三季度 RAPEX② 召回通报中，中国产品占 48.1%，主要是玩具、电气与设备、照明设备和灯串、业余爱好/运动设备等。而 RASFF 召回通报中，中国产品占 6.2%，主要是膳食补充剂类产品、坚果/种子产品等。

其三，出口其他国家受阻：2020 年至 2021 年第三季度中国医疗器械产品中加拿大 HC 通报召回 178 批次③，韩国召回 151 批次，澳大利亚 8 批次，日本视频通报 326 批次。

第四节　知识产权摩擦的国内外形势

从 2016 年苹果三星"滑动解锁"专利侵权案、"基因剪刀"CRISPR 技术专利战、吉利德—默沙东"丙肝药"专利侵权案等国际知名企业专利诉讼案件，到 2018 年美国以知识产权为由对华发起大规模关税摩擦，从微观层面到宏观层面，知识产权摩擦一直都是知识经济时代各国经济发展无法绕开的利益冲突核心。而且，全球知识产权的纷争中也总是不乏中国身影。

一　知识产权侵权诉讼概况

一方面，中国企业在海外遭遇知识产权起诉大案多。2003 年，"美

---

① 2019 年比 2018 年各项比重都有所下滑，部分原因是中美贸易摩擦引起出口量下滑后受阻数量随之下滑。
② 欧盟两大预警系统：RAPEX（非食品类危险产品快速预警系统）和 RASFF（食品和饲料类快速预警系统）。
③ HC 制度：加拿大的医疗管理实行产品注册制度。

国思科系统公司起诉华为美国子公司侵权案""世界五百强企业——美国伊利诺斯工具制品有限公司诉福建泉州一鸣交通电器有限公司商标侵权案""美国高空作业机械巨头诉江苏申锡建筑机械公司产品外观侵权及不正当竞争案"等都是中国企业在海外遭遇起诉的知名案件。同时,外国企业在中国起诉中国企业侵权案件也屡见不鲜。例如,2020年4月加拿大著名玩具品牌斯平玛斯特公司曾在中国成功起诉苏州高新鸿图影视动漫有限公司侵犯玩具专利权,并获得了创纪录的1550万元巨额赔偿。该公司还表示,中国公司对于国外专利的"抄袭行为"已是长期存在的问题。

另一方面,中国企业在海外"被侵权"的案件也不在少数。据不完全统计,中国驰名商标海外被抢注年均超过100起,"同仁堂""王致和"等老字号驰名商标都有此遭遇。在中国国内市场上,国外企业"盗用"中国专利的事件也时有发生。例如,2019年"意大利进口莱卡滤水器被诉侵犯中国企业知识产权案"最终裁定意大利企业侵权,并要求其支付100万元赔偿金[①]。

二 美国对华"337调查"概况

(一)"337调查"是中美知识产权摩擦的主要形式

中国企业在海外市场遭遇知识产权行政执法调查以美国"337调查"最为突出。1986年12月,美国David Leinoff公司以"侵犯其专利权"为由对中国农副产品进出口公司的皮毛类产品发起的"337调查"开辟了美国企业对华发起"337调查"的先河。2002—2017年美国对华"301调查"仅2件,"337调查"却高达259件,而2018—2021年"337调查"的立案数量就已达到196起,其已成为美国知识产权贸易壁垒的核心部分,也是中美知识产权摩擦的主要形式[②]。

(二)中国已成为"337调查"的"第一目标国"

1992年1月至2022年1月,美国对全球发起"337调查"案件920起,对华发起350起,占比38%。将上述时期分为四个阶段后发

---

① 余东明:《国外企业侵权在中国被诉 法院判决彰显涉外知产案件平等保护》,腾讯网,https://new.qq.com/omn/20191008/20191008A0DHRF00.html。
② 根据中国贸易救济信息网"337调查"统计数据整理。参见中国贸易救济信息网,http://cacs.mofcom.gov.cn/cacscms/view/notice/ssqdc。

现，对中国发起的"337调查"案件在各阶段美国调查案件总量中的比重持续上升：20世纪90年代仅为15.7%，中国加入世界贸易组织至国际金融危机之前增长至31%，2015年提升至40.4%，2021年进一步升高为45.8%。上述变化表明，自加入WTO以来，中国就成为美国知识产权调查主要目标国，国际金融危机之后更成为"第一目标国"。

（三）"侵权"为主要诉由且胜诉率低

从中国企业被诉案件诉由来看，90%以上案件诉由为侵权行为，包括版权、商标、专利和包装等方面的侵权，以违反合同、虚假广告、盗用商业秘密等为诉由的案件极少。从裁定结果来看，败诉率约为40%，以和解与撤诉结案的比例大约为40%，胜诉率仅约20%。值得注意的是，中方在应诉过程中需承担很高诉讼费用，即便是在以和解与撤诉结案的案件中，美方和解与撤诉的原因主要是被诉的中国企业缴纳了巨额"和解/撤诉费用"。因此，尽管美方胜诉率低，中国出口企业付出的摩擦成本仍然很高。

三 国际展会侵权调查与海关知识产权执法概况

（一）海外参展遭遇查抄屡见不鲜

中国企业展品在海外参展期间遭遇美国、欧盟执法部门查抄案件非常常见。例如，在2016年美国拉斯维加斯举行的国际消费类电子产品展览会上，常州市菲思特国际贸易有限公司遭遇展位查抄。涉案产品Trotter牌独轮电子滑板平衡车产品为该企业自主研发产品，在中国国内已获得数项国内专利，国际专利正处于受理状态。但因此次展会受阻，上百款同类产品在阿里巴巴网上被强制下架，网上结算被中止，企业经营几乎陷入瘫痪。尽管最终起诉方撤诉，但该品牌的国际市场推广遭受重创，企业绩效受损。

（二）海关成为知识产权保护的有力屏障

各国知识产权海关执法保护日趋严格。例如，日本财务省关税局数据显示，2016—2018年日本海关查获源于中国侵权产品占比70%—90%。2018年1—9月收缴侵权物品中，中国产品占比高达79.8%。

另外，中国海关查扣的进口侵权货物数量也持续增长。2020年，全国海关共采取知识产权保护措施6.53万次，查扣进出口侵权嫌疑货物6.19万批，同比增长19.1%，涉及货物5618.19万件，同比增长

20.1%，涉及38个国家和地区，约1.2万项知识产权。随着互联网新业态的发展，同年在快件渠道扣留侵权货物数量首次突破千万件。跨境电商渠道扣留侵权货物7097批，涉及侵权货物157.38万件。

第五节 本章小结

本章在阐述贸易救济摩擦、技术性贸易壁垒摩擦、知识产权摩擦的内涵、形式和相关法律制度基础上，从全球和中国两个层面分析了湖北省对外开放进程中所面临的非关税贸易摩擦的外部环境。

研究表明，反倾销、反补贴等贸易救济措施滥用引致的摩擦已经成为非关税摩擦的重要形式。国际金融危机之后，全球贸易救济摩擦再次步入增长期，新冠肺炎疫情暴发后增势更加迅猛。中国自改革开放以来就处于全球贸易摩擦的中心地带，早已成为多个国家在多个行业实施救济措施的主要目标国。

技术性贸易壁垒摩擦比贸易救济摩擦更加普遍，技术性贸易壁垒（TBT）以技术法规、技术标准及合格评定程序为核心内容，包装与标签要求、绿色壁垒、信息技术壁垒等为新的形式，客观上体现了一个国家技术创新与进步成果以及科学技术的现实水平。世界各国对食品安全、产品质量、消费者保护、人类健康的高度关注推动着全球TBT迅速增长。在WTO框架下，不影响其他国家条件下设立TBT也被认为是合理的。但是，贸易实践中正当使用技术性贸易措施与推行保护主义的尺度难以把握，其引起的摩擦数量甚至高于贸易救济措施。在中国不断融入全球市场进程中，中国对外实施技术性贸易措施增长缓慢，而企业因外国TBT出口受阻却位居全球前列。2015年中国出口企业因国外技术性贸易措施产生的直接损失达933.8亿美元，新增贸易成本247.5亿美元，受影响的出口企业约占40%[①]。

国际金融危机之后，随着《美国先进制造业国家战略计划》《德国工业4.0战略》《英国工业2050》《新工业法国计划》等战略纷纷出

---

① 姜立梅：《中国技术性贸易措施年度报告（2016）》，《中国质量与标准导报》2017年第2期。

台，创新成为新一代工业化浪潮下各国经济增长的核心驱动力，知识产权则成为最重要的战略资源与国际间抢占先进制造制高点的必争之地。随着中国成为知识产权大国，无论是国内企业在海外市场遭遇知识产权纷争，还是作为贸易大国遭遇美国以知识产权问题为由挑起的贸易争端，知识产权摩擦都已经成为中国面临的重要摩擦形式。

基于非关税摩擦国内外形势分析，第六章将具体研究湖北省内企业面临的三种非关税摩擦的形势与特点。

第六章

湖北省面临的非关税摩擦形势

近十年来，湖北省企业面临的非关税摩擦在数量、金额、来源国家、涉及产品等方面都呈现出明显增长。基于第五章对湖北省面临的非关税摩擦的国内外环境分析，本章进一步研究湖北省内企业在国际经济活动中遭遇非关税摩擦的具体形势与特点。

第一节 湖北省面临的贸易救济摩擦形势

近十年来，湖北省出口遭遇贸易救济摩擦明显增加，但主要摩擦对象在救济制度、惯用救济措施等方面存在较大差异。因此，本节将从总体和国别层面展开研究，在明晰湖北省面临贸易救济摩擦总体态势的基础上，系统分析主要摩擦对象的差异化特征。

一 湖北省面临贸易救济摩擦的总体形势

（一）研究数据说明

本节使用数据及来源：①贸易救济案件数据：包括湖北省出口涉及的贸易救济案件数量与金额、国别（地区）、救济措施类型、涉案行业、案件状态等。数据来源于中国贸易救济信息网，统计时间截至2021年6月30日。②湖北省与贸易摩擦对象国贸易数据：根据中国海关在线数据库数据计算。

由于中国贸易救济信息网仅提供外国对华贸易救济案件文字说明，无法直接获得湖北省涉案商品数据，因此按如下步骤筛选：①收集中国贸易救济信息网1995—2021年国外对华贸易救济案件。②筛选截至6月30日仍然处于"执行期"的所有案件。执行期包括立案调查期（原审立案调查和日落复审立案调查)、裁定期(初裁和终裁)、措施实施期。③将涉案产品 HS 编码与 2017—2020 年湖北省对发起国的出口商品 HS 编码匹配,连续 3 年无出口数据则可认为湖北省不出口此种商品,该案件并未对贸易额产生影响,其余情况下均为湖北省涉案案件①。④如无特别说明,下文"涉案数量"均指截至 2021 年 6 月 30 日涉及湖北省进出口产品的仍处于执行期的案件;"涉案金额"均以 2018 年出口额计算。

(二)贸易救济摩擦基本情况

湖北省遭遇的贸易救济摩擦呈现加速增长态势。2003 年以前,湖北省仅遭遇过贸易救济摩擦 6 起,但截至 2007 年 7 月已累计增至 50 起,涉案产品 40 多种,涉案企业 120 多家,发起调查的 WTO 成员方多达 14 个。国际金融危机后,摩擦增长态势愈加明显,2009 年案件数量急剧增加至 23 起,涉案企业 60 多家,钢铁、机电、化工成为"救济重灾区",同时印度进入主要发起国行列。

2017 年 1—9 月,湖北省出口涉案共计 44 起,总价值约 1.27 亿美元。其中,100 万—1000 万美元案件 9 起,1000 万—5000 万美元案件 3 起,5000 万美元以上案件 1 起;涉案企业增至 159 家,产品范围扩大到钢铁、化工、新能源、轻工、机电设备 5 大类 37 个品种;除美国、澳大利亚、欧盟等主要发起国外,与印度、土耳其、巴西、阿根廷、巴基斯坦、墨西哥、越南等发展中国家的摩擦数量明显增多。

(三)贸易救济摩擦地理分布

截至 2021 年 6 月 30 日,国外对华贸易救济案件共计 672 件,湖北省涉案 432 起②,占比 64.3%,摩擦来源地理分布呈现两个主要特征(见表 6-1)。

---

① 中国贸易救济信息网由中国商务部主办、中国国际电子商务中心承办,提供最权威和实时更新的贸易救济案件信息。由于案件信息中的商品编码为发起国的商品编码,与中国 HS8 位编码存在一定差异,因此少数部分数据在 8 位码无法匹配情况下,进行 6 位码或者 4 位码匹配,最终统计结果与实际可能存在一定差异,但对分析结果不会产生实质影响。

② "双反"案件(对同一商品同时发起反倾销与反补贴)、"反倾销""反补贴"均单独统计。

表 6-1　　湖北省出口贸易救济摩擦国别（地区）分布

地区	国家（地区）	涉案数量（件）	各国（地区）案件占案件总数的百分比(%)	涉案金额（万美元）	各国（地区）金额占金额总数的百分比(%)
北美洲	美国	105	24.6	524016.5	54.0
	加拿大	16	3.7	2266.2	0.2
	墨西哥	21	4.9	1497.4	0.2
	地区合计	142	33.3	527780.1	54.4
南美洲	巴西	23	5.4	3550.9	0.4
	阿根廷	23	5.4	893.3	0.1
	哥伦比亚	7	1.6	129.9	0
	秘鲁	1	0.2	17.3	0
	地区合计	54	12.6	4591.3	0.5
欧洲	欧盟	49	11.5	146113.6	15.1
	乌克兰	4	0.9	46.5	0
	欧亚经济联盟	10	2.3	402.9	0
	地区合计	63	14.8	146563.0	15.1
大洋洲	澳大利亚	16	3.7	3522.3	0.4
	地区合计	15	3.7	3522.3	0.4
南亚	印度	84	19.7	285266.1	29.4
	巴基斯坦	14	3.3	187.1	0
	地区合计	98	23.0	285453.3	29.4
东南亚	中国台湾	2	0.5	28.7	0
	韩国	3	0.7	34.2	0
	马来西亚	2	0.5	628.7	0.1
	越南	5	1.2	97.9	0
	印度尼西亚	12	2.8	7533.4	0.8
	泰国	3	0.7	84.1	0
	地区合计	16	3.7	877.7	0.9
中亚北非	土耳其	27	6.3	1060.7	0.1
	埃及	7	1.6	415.0	0
	地区合计	34	8.0	1475.6	0.2
21国（地区）合计		432	100	970322.4	100

注：由于四舍五入的原因，占比合计有可能不完全等于100%。
资料来源：根据中国贸易救济信息网数据整理。

1. 贸易摩擦来源分布广泛

432 起案件涉及 21 个发起国（地区），分布于北美（美国、加拿大、墨西哥）、南美（巴西、阿根廷、哥伦比亚、秘鲁）、欧洲（欧盟、欧亚经济联盟①、乌克兰）、大洋洲（澳大利亚）、南亚（印度、巴基斯坦）、东南亚（中国台湾、韩国、马来西亚、越南、印度尼西亚、泰国）、中亚和北非（土耳其、埃及）。其中，发达经济体 6 个，发展中经济体超过七成。

2. 贸易摩擦地理集中度较高

各地区摩擦数量比重排序显示：北美以 33.3% 高居首位，其后依次是南亚（23.0%）、欧洲（14.8%）和南美（12.6%），其他地区占比不足 10%。从国别比重来看，美国（24.6%）、印度（19.7%）和欧盟（11.5%）高居前三，合约 55.6%。其他 18 个国家（地区）比重均不足 7%，摩擦数量相对较多的是土耳其（6.3%）、阿根廷（5.4%）、巴西（5.4%）和墨西哥（4.9%）。

摩擦金额比重排序显示：源于北美地区的贸易救济案件金额比重高达 54.4%，南亚和欧洲以 29.4% 和 15.1% 位居第 2 和第 3，前三者合计 98.9%。从来源国别来看，美国、印度和欧盟占比高达 54%、29.4% 和 15.1%，合约 98.5%，均是湖北省在该地区遭遇贸易救济摩擦的最主要来源地。

（四）贸易救济摩擦类型分布

湖北省贸易救济案件涉及反倾销、"双反"、保障措施等多种类型，呈现两个主要特征（见表 6-2）。

1. 反倾销为最主要贸易救济类型，"双反" 救济使用较多

从各类型案件数量比重来看：湖北省涉及的 432 起案件中，反倾销案件达 327 起，占比 75.7%，"双反" 案件达 75 起，占比 17.4%，而反补贴和保障措施案件仅 10 起和 19 起。同时，从涉案金额比重来看：湖北省涉案总额约 97 亿美元。其中，反倾销案件占比 67.3%，"双反" 案件占比 32.4%，而反补贴和保障措施案件仅占 0.2% 和 0.1%。

---

① 欧亚经济联盟成立于 2015 年，又称欧亚经济委员会，成员国包括俄罗斯、哈萨克斯坦、白俄罗斯、吉尔吉斯斯坦和亚美尼亚五个国家，贸易救济案件数据将其视为一个整体。

表6-2 各种救济措施类型的国别（地区）分布

排序	反倾销 国家/地区	数量占比（%）	金额占比（%）	排序	反补贴 国家/地区	数量占比（%）	金额占比（%）
1	印度	24.5	43.1	1	美国	45.5	22.1
2	欧盟	13.5	22.2	2	欧盟	18.2	48.0
3	美国	13.5	32.2	3	澳大利亚	9.1	28.6
4	土耳其	7.8	0.2	4	泰国	9.1	0.2
5	巴西	7.0	0.5	5	印度	9.1	1.1
6	阿根廷	7.0	0.1		保障措施		
7	墨西哥	6.4	0.2	1	国家/地区	数量占比（%）	金额占比（%）
8	巴基斯坦	4.3	0	2	印度尼西亚	31.6	46.4
9	欧亚经济联盟	2.8	0	3	印度	28.6	46.5
10	澳大利亚	2.8	0.3	4	乌克兰	15.8	1.8
11	埃及	2.1	0.1	5	土耳其	14.3	1.3
12	哥伦比亚	2.1	0	6	越南	5.3	0
13	印度尼西亚	1.8	1.0	7	欧亚经济联盟	5.3	3.8
14	越南	1.2	0	8	美国	5.3	0
15	韩国	0.9	0	9	欧盟	5.3	0.2
16	加拿大	0.9	0		双反措施		
17	泰国	0.6	0		国家/地区	数量占比（%）	金额占比（%）
18	马来西亚	0.6	0.1	1	美国	72.4	99.1
19	中国台湾	0.6	0	2	加拿大	17.1	0.7
20	秘鲁	0.3	0	3	澳大利亚	7.9	0.2
21	乌克兰	0.3	0	4	欧盟	2.6	0

注：表6-2按照案件数量占比排序。由于四舍五入的原因，占比合计有可能不完全等于100%。

资料来源：根据中国贸易救济信息网数据整理。

2. 发达经济体使用反倾销和反补贴多，发展中国家更青睐保障措施

从各国使用贸易救济措施类型来看：①21个国家（地区）毫无例

外地使用过反倾销措施,但印度、欧盟、美国发起量高居前三位,金额占比合计98.4%。土耳其、巴西、阿根廷、墨西哥发起量相对较多,但金额占比微小。②使用反补贴救济措施的国家(地区)仅包括美国、澳大利亚、欧盟、泰国和印度5个,10起案件中5件由美国发起;欧盟虽然仅发起2起,但金额占比48%,位列第一。③"双反"摩擦仅来源于美国、加拿大、澳大利亚和欧盟四个发达经济体。76起案件中美国发起量和金额分别占比72.4%和99.1%。④19起保障措施案件发起国以发展中国家为主,印度尼西亚和印度位居前列,金额占比合计约46.5%,发达经济体中只有美国和欧盟分别发起过1起(见表6-2)。

(五)贸易救济摩擦行业分布

湖北省贸易救济摩擦涉及20个行业(见表6-3),呈现两个主要特征。

表6-3　　　　湖北省涉及贸易救济案件行业分布

行业名称 (主要产品要素密集度)	数量占比 (%)	排序	行业名称 (主要产品要素密集度)	金额占比 (%)
金属制品业(L)	27.1	1	金属制品业(L)	21.2
化学原料及制品制造业(H)	16.4	2	化学原料及制品制造业(H)	19.7
钢铁工业(L)	13.7	3	钢铁工业(L)	12.8
机械电子设备制造业(M/H)	10.2	4	非金属矿物制品业(LR)	10.4
非金属矿物制品业(LR)	7.8	4	机械电子设备制造业(M/H)	5.0
小计	75.2		小计	69.1
橡胶和塑料制造业(M)	5.4	5	造纸及纸品业(LR)	7.0
纺织工业(LR)	4.5	6	家具制造业(LR)	6.1
电气机械及器材制造业(H)	3.8	7	交通运输设备制造业(M)	5.5
交通运输设备制造业(M)	3.3	8	纺织工业(LR)	4.5
通用设备制造业(M)	3.1	9	专用设备制造业(H)	4.4
电子及通信设备制造业(H)	2.6	15	食品及农副食品加工业(P)	2.8
造纸及纸品业(LR)	2.4	10	医药制造业(H)	2.7
文教体育用品制造业(LR)	2.4	11	橡胶和塑料制造业(M)	2.1
家具制造业(LR)	1.7	12	电气机械及器材制造业(H)	0.2
医药制造业(H)	1.4	13	电子及通信设备制造业(H)	0.4

续表

行业名称 （主要产品要素密集度）	数量占比 （%）	排序	行业名称 （主要产品要素密集度）	金额占比 （%）
木材加工制造业（LR）	1.4	14	文教体育用品制造业（LR）	0.1
食品及农副食品加工业（P）	1.4	16	通用设备制造业（M）	0
专用设备制造业（H）	0.7	17	皮革毛皮羽绒制造业（LR）	0
皮革毛皮羽绒制造业（LR）	0.5	18	木材加工制造业（LR）	0
其他制造业	0.2	19	其他制造业	0
化学纤维制造业（P）	0.2	20	化学纤维制造业（P）	0

注：①涉案产品归属行业依据中华人民共和国海关总署通关司［20020222］《HS商品大类及四位编码表》、《国民经济行业分类》（GBT4754—2017版）匹配结果进行适当合并调整；各行业及产品要素密集度参考盛斌、马涛（2002）、OCED要素密集度分类标准及《高新技术产业（制造业）分类》（2017）（详见附表6-1）。"机械电子设备制造业"包括电气机械及器材制造业、通用设备制造业、电子及通信设备制造业和专用设备制造业四个子行业。其中，除通用设备外，均为高新技术产业。行业名称括号内字母含义为：P代表初级产品，LR代表劳动资源密集型，L、M、H分别代表低技术密集型、中技术密集型和高技术密集型，其他制造业未分类。②由于四舍五入的原因，占比合计有可能不完全等于100%。

资料来源：根据中国贸易救济信息网数据整理。

1. 贸易摩擦行业集中度较高

无论涉案数量还是金额，湖北省遭遇的贸易救济案件集中在五个行业：金属制品业、化学原料及制品制造业、钢铁、机械电子设备制造业和非金属矿物制品业，案件数量占比75.2%，金额占比69.1%。涉案产品主要包括电气音像设备、通用设备、专用设备、通信设备、钢铁制品（HS73）、有机化学品、钢铁产品、陶瓷等。上述产品除陶瓷外均是湖北省的主要出口产品。

2. 涉案产品技术密集度总体偏低

涉案产品要素密集度数量分布上，初级产品、低技术密集型产品、劳动资源密集型产品、中技术密集型产品和高技术密集型产品分别占比1.6%、40.8%、20.6%、8.7%和23.5%，金额占比依次为2.8%、34.0%、28.1%、7.6%和27.4%。可见，无论数量或金额，源于欧盟的贸易救济摩擦均集中在劳动资源密集型和低技术密集型产品上。

进一步发现，在中、高技术密集型产品中，机械设备产品是湖北省最重要的出口产品，2019年占全省出口总额的41.6%。其在源于欧盟的贸易救济摩擦中涉案数量占 10.2%，涉案金额占比却仅为 5%，表明产品价值并不高。

二 湖北省面临贸易救济摩擦的国别分析——美国

目前，湖北省贸易救济摩擦来源地为 21 个，既包括美国、欧盟等 6 个发达经济体，也包括印度、巴西等 15 个发展中国家。更细致的国别研究有助于了解不同市场的贸易摩擦风险，制定差异化对策。

本节依据表 6-1，综合考虑贸易救济摩擦数量、经济发展水平以及地区分布选择 4 个发达经济体（美国、欧盟、加拿大、澳大利亚）和 5 个发展中经济体（印度、土耳其、巴西、墨西哥和阿根廷）展开国别研究。

（一）双边经贸发展简况

2018 年，湖北省与美国双边货物贸易总额 70.8 亿美元，占湖北省货物贸易总额的 13.4%，按单个经济体计算，为湖北省最大的海外市场[1]。其中出口 53.8 亿美元，进口 17.1 亿美元，分别占湖北省出口与进口市场份额的 15.8% 和 9.1%，是湖北省最大出口目的地和第四大进口来源地。受中美关税摩擦的直接影响，2019 年美国贸易地位退居第三，但仍然保持 11.4% 的市场份额。2020 年双边贸易再次强劲增长，美国以 13.3% 的份额回归首位。可以说，对美贸易始终发挥着湖北省外贸增长"压舱石"的作用[2]。

湖北省对美国出口商品相对集中，机电产品出口额占比近 50%，稳居第一，化学原料及制品、纺织原料及制品占比约 12.5% 和 9.7%，分列第二、第三位，而有机化学品、针织、非针织服装及附件、运输设备、塑料制品等均是比较重要的出口商品[3]。

（二）贸易救济摩擦总体情况

加入 WTO 之初，湖北省企业就遭到来自美国的反倾销调查。2002 年 5 月，美国 2000 多家蜂农向美国商务部提出申请，要求调查包括武汉小蜜蜂食品股份有限公司在内的 7 家中国企业"倾销"行为，对倾

---

[1] 2009—2017 年湖北省与美国双边经贸发展概况详见第四章第二节，此处不再赘述。
[2] 此处统计中，将欧盟成员国单个计算进行排序。
[3] 有关"湖北省与美国经贸关系及进出口商品结构"请参阅第四章第三节相关数据和分析。

销产品征缴24%—183.8%特别关税。2005年6月,美国商务部对原产于中韩的金刚石锯片进行反倾销立案调查,中国涉案企业约1500家,其中包括湖北宜昌黑旋风锯业有限公司。虽然两起案件中湖北省涉案企业积极应诉,并均以胜诉告终,但此后出口美国遭遇的贸易救济摩擦从未停止,截至2020年上半年遭遇美国贸易救济调查案件共105件,占涉案数量总数24.3%[①]。国际金融危机之后,美国始终是湖北省贸易救济摩擦的第一大来源地。

(三)贸易救济摩擦主要特点

1. "双反"是主要贸易救济手段

105起贸易救济案件中,"双反"案件为55起,占比52.4%,为当前最主要的救济手段。"反倾销"案件44起,位居其次,反补贴和保障措施仅6件。2020年,湖北省出口的床垫和预应力混凝土钢绞线为新增的2项原审立案产品,也均为"双反"调查。

从制裁力度来看,美国针对中国产品的裁定倾销或者补贴幅度都很高,意味着涉案企业将承担很高的反倾销税和反补贴税税率,而对于未应诉企业承担的税率比应诉企业更要高出数倍甚至数十倍[②]。例如,2009年7月美国商务部对"厨房用金属架产品"原审终裁补贴率为13.3%—170.82%,2020年6月第二次日落复审终裁补贴率为17.51%—175.03%;又如,2012年10月对晶体硅光伏电池组原审终裁倾销幅度为31.14%—249.96%,2018年11月行政复审继续裁定非单独税率企业普遍税率为249.96%。再如,2019年3月针对钢制轮毂双反终裁为"普遍倾销率231.7%、补贴率457.1%"。上述产品均是湖北省对美国出口的代表性产品,裁定结果无疑大幅提高出口成本。

2. 主要出口行业遭遇救济摩擦较多

表6-4显示,贸易救济摩擦涉及12个行业,其中金属制品工业、

---

① 本部分在各个出口市场遭遇摩擦案件数量均来自表6-1。
② 反倾销调查和最终反倾销税的征收对象是涉案产品的所有出口企业。在美国反倾销调查中,企业要想取得低税率甚至是零税率的结果必须首先申请应诉,美国商务部通过问卷调查结果以及应诉企业数量来抽取少量强制应诉企业,其他企业则成为单独税率企业。强制应诉企业根据自身数据进行裁决,承担较低甚至零税率的可能性较大;而强制应诉企业的反倾销税率(不包括"零税率")加权平均值一般适用于单独税率企业。因此,积极应诉的强制应诉企业、单独税率企业与不应诉企业最终承担的税率存在很大差异,不应诉者通常需要承担几倍于产品价格的"惩罚性税率"。

化学原料及制品制造业、机械电子制造业、橡胶和塑料制造业、家具制造业、交通运输设备制造业为湖北省对美国的主要出口行业。2018年，上述行业主要出口商品的出口额占全省对美国出口总额的81.1%[①]。源自美国的贸易救济案件中，数量占比85.2%、金额占比68.8%集中在上述6个行业。

表6-4　　湖北省遭遇美国贸易救济摩擦行业分布

行业（要素密集度）	反倾销（件）	反补贴（件）	保障（件）	双反（件）	合计（件）	数量占比（%）	金额占比（%）
金属制品工业（L）*	15	1	0	21	37	35.2	23.7
化学原料及制品制造业（H）*	12	1	0	6	19	18.1	19.6
机械电子制造业（M/H）*	3	0	1	4	8	7.6	2.0
橡胶和塑料制造业（M）*	1	0	0	6	7	6.7	13.3
交通运输设备制造业（M）*	0	0	0	2	2	1.9	1.0
非金属矿物制品工业（LR）	2	1	0	4	7	6.7	9.0
家具制造业（LR）*	3	0	0	3	6	5.7	9.3
钢铁工业（L）	2	0	0	4	6	5.7	10.8
造纸及纸品业（LR）	2	1	0	2	5	4.8	10.9
木材加工制造业（LR）	0	1	0	2	3	2.9	0.0
食品及农副食品加工业（P）	3	0	0	0	3	2.9	0.5
纺织工业（LR）	1	0	0	1	2	1.9	0.0
合计	44	5	1	55	105	100	100

注：括号中为行业密集度，英文字母释义同表6-3。*表示该行业为湖北省对美国出口的主要行业。由于四舍五入的原因，占比合计有可能不完全等于100%。

资料来源：根据中国贸易救济信息网数据整理。

同时，上述6个行业集中了75%以上"反倾销"和"双反"案件。如果将"双反"案件数量按照"反倾销"和"反补贴"分别计算，那么金属制品工业中"反倾销"和"反补贴"案件将分别为36件和22件，均占同类案件总数的1/3，远高于其他行业。其中，金属制品中的

[①] 2018年湖北省对美国出口商品出口额排名前20位所在的行业，参见第四章第三节相关数据。

钢铁制品遭遇"双反"措施最多，涉及的湖北省代表性出口产品包括钢货架、冷轧/热轧钢板产品、无缝碳钢、合金钢管产品等。

3. 摩擦向中高技术密集度产业蔓延

在湖北省对美国出口遭遇的贸易救济案件中，22.5%集中在劳动密集型产业，主要为家具和造纸制造业；40.9%集中在低技术密集型产业，主要是金属制品及钢铁产品；前两者合计超过60%。同时，在中、高等技术密集型行业中的贸易救济案件也占据相当份额（约34.3%），主要是化学原料及制品、塑料制品、通用设备三类。综上表明，源于美国的贸易救济案件涉案产业要素密集度不高，但已表现出低端走向高端的明显趋势。

4. 贸易救济保护手段更加多样隐蔽

在所有贸易救济案件中，湖北省出口美国的产品至少遭遇一次及以上日落复审并获得肯定性终裁结果的案件数量远高于其他国家。数据显示，105起案件中52件已获得至少一次日落复审的产业损害肯定性终裁，并且已进入继续实施征收反倾销税或者反补贴税的阶段。上述52起案件涉及化学原料及制品和金属制品最多，分别为13件和18件，其中针对圆锥滚子轴承、金属硅和纯镁（锭）的3起案件已经分别于2018年9月、2018年5月和2017年3月获得第四次反倾销日落终裁肯定性结果，意味着三项产品在承受15年的反倾销税后依然面临美国的反倾销制裁。

此外，在日落复审程序中，美国对4起案件还采用了"快速日落复审程序"。在这一制度下，美国国际贸易委员会不需要启动听证程序或进行调查，仅需要根据现有信息进行裁决即可。显然，快速日落复审程序采证信息更少、作出裁决时间更短、实施征税制裁更快，被诉企业应诉更难。

在针对耐腐蚀钢板和无涂层纸的2起案件中，美国商务部还启动了"反规避调查"。例如，在"耐腐蚀钢板双反案"中，美国企业认为中国出口商先出口越南后转卖至美国，通过改变原产地的方式规避反倾销税和反补贴税。对此，2018年5月23日美国商务部做出反规避肯定性终裁：决定将原产于越南的耐腐蚀钢板也纳入双反征税范围。这一裁决意味着，不仅湖北省耐腐蚀钢板出口企业希望通过"绕道越南"规避征税的可能性几乎为零，绕道其他国家也将面临很大反规避风险。

三 湖北省面临贸易救济摩擦的国别分析——欧盟

（一）双边经贸发展简况

欧盟是湖北省最主要的贸易伙伴之一，双边经贸规模平稳扩张。2018年，湖北省与欧盟（不含英国）双边货物贸易总额为69.8亿美元，占全省货物贸易总额的13.2%，既是仅次于美国的第二大海外市场。其中，出口45.2亿美元，占海外市场份额13.3%，也是仅次于美国的第二大的出口目的地。2019年，欧盟与湖北省双边贸易额同比增长10.3%，并以14.2%的市场份额继续保持第二大贸易伙伴地位。2020年，湖北省复工复产后双边贸易保持增长态势，实现进出口总额85.9亿美元，增长17.1%，一跃成为目前湖北省第一大贸易伙伴[①]。

湖北省对欧出口商品比较集中，排名前12位的商品占对欧出口总额的78.5%。其中，56.2%的出口额集中在机电产品、有机化学品和非针织或非钩编服装及衣着附件中，尤其是机电产品出口额比重达37.9%。同时，医疗光学仪器、运输设备、钢铁和钢铁制品、药品等也是比较重要的出口产品，比重介于2%—3.5%[②]。

（二）贸易救济摩擦总体情况

欧盟对华发起贸易救济调查数量仅次于美国，也是中国在欧洲地区最大的贸易救济摩擦来源地。湖北省出口遭遇欧盟贸易救济摩擦由来已久，国际金融危机之前就出现过2个经典案例。一是2004年4月"碳酸钡反倾销案"：湖北省楚天钡盐有限公司与国内其他4家公司积极应诉，成为湖北省内首家成功获得欧委会"市场经济地位"承认的企业，并获得应诉5家企业中最低的3.47%倾销幅度的终裁结果。二是2008年欧盟对华"无缝钢管反倾销案"：湖北新冶钢公司被裁定征收27.2%的高额关税。新冶钢在商务部、省商务厅和相关行业协会支持下，经过6年多艰苦努力，终于2016年推翻欧委会裁决，不加征反倾销税。

事实上，湖北省对欧盟出口产品遭遇贸易救济摩擦已是常态。截至

---

① 如果按照欧盟单个经济体计算，排名湖北省贸易伙伴前15位的欧洲国家只有德国（第6位）、英国（第13位）和法国（第15位），2020年贸易额占比3.5%、2.4%和2.1%。出口额上亦是如此，三国在湖北省出口市场份额中分别占3.4%、3.1%和2.8%。

② 为节省篇幅，湖北省对欧盟主要出口商品排序结果（HS类/章）见"附表6-2"。

2020年6月30日，欧盟对华贸易救济案件共计56起，其中49起涉及湖北省出口产品。

（三）贸易救济摩擦主要特点

1. "反倾销"是主要贸易救济手段

与美国不同，湖北省遭遇欧盟贸易救济摩擦以"反倾销"为主。目前49起救济案件中，"反倾销"措施案件为44起，反补贴和保障措施案件分别为2起和1起，"双反"案件仅2起。2020年，湖北省出口欧盟的铝型材产品为新增的贸易救济原审立案产品，救济方式也为"反倾销"。

同时，欧盟针对中国产品的裁定倾销或者补贴幅度相对较低，在补贴幅度裁定方面尤为明显。例如，2014年8月欧盟对"太阳能玻璃"（光伏产品）原审终裁反倾销税率为0.4%—36.1%。2020年7月第一次日落复审终裁反倾销税率为17.5%—75.4%。再如，2020年4月对华"玻璃纤维织物"终裁反倾销税为37.6%—99.7%，反补贴税为17.0%—30.7%。相比较而言，美国对同类产品的裁定幅度最高超过200%，可以说欧盟贸易救济制裁力度小于美国。

2. 主要出口行业遭遇救济摩擦有限

表6-5显示，贸易救济摩擦涉案行业共计11个。其中，机械电子制造业、化学原料及制品制造业、纺织业是湖北省对欧盟最主要的出口行业，代表性出口产品是机电产品、有机化学品、针织产品。其他行业中，钢铁及钢铁制品、汽车等产品在湖北省对欧盟出口中也占有一定份额。对比发现，机械电子制造业、化工制造业、纺织业三个最主要的出口行业中涉案数量仅为12件，金额占比34.2%。而涉案数量最多的两个行业是钢铁和金属制品制造业，占比合计接近50%，但湖北省钢铁和钢铁制品对欧盟出口额占比仅约5%。

同时，从各行业救济案件类型来看，欧盟国家对钢铁行业使用的救济措施比其他行业更加多样化。除9起反倾销案件外，还包括反补贴、保障措施以及"双反"措施各1起。另外，2起"双反"案件中另1起是针对"光伏产品"。国际金融危机爆发之后，湖北省光伏产业迅猛发展，70%产品出口欧盟，自2012年起便遭遇"双反"调查。在此影响下，湖北省内光伏企业在"去产能"的同时积极开拓其他市场，对欧盟出口量已大幅下降。

表 6-5　　湖北省遭遇欧盟贸易救济摩擦行业分布

行业（要素密集度）	反倾销（件）	反补贴（件）	保障（件）	双反（件）	合计（件）	数量占比（％）	金额占比（％）
钢铁工业（L）*	9	1	1	1	12	24.5	18.7
金属制品工业（L）*	12	0	0	0	12	24.5	22.0
化学原料及制品制造业（H）*	10	0	0	0	10	20.4	34.2
非金属矿物制品工业（LR）*	5	0	0	0	5	10.2	6.4
交通运输设备制造业（M）*	4	0	0	0	4	8.2	17.6
机械电子制造业（M/H）*	0	0	0	1	1	2.0	0
橡胶和塑料制造业（M）*	0	1	0	0	1	2.0	0
纺织工业（LR）*	1	0	0	0	1	2.0	0
造纸及纸品业（LR）	1	0	0	0	1	2.0	0
文教体育用品（LR）	1	0	0	0	1	2.0	0
家具制造业（LR）	1	0	0	0	1	2.0	1.0
合计	44	2	1	2	49	100	100

注：括号中为行业密集度，英文字母释义同表 6-3。＊表示该行业为湖北省对欧盟出口的主要行业。由于四舍五入的原因，占比合计有可能不完全等于 100%。

资料来源：根据中国贸易救济信息网数据整理。

综合而言，湖北省对欧盟主要出口行业遭遇贸易救济摩擦有限，但化工、钢铁及钢铁制品行业的摩擦态势仍需要重点关注。

3. 摩擦多发于低技术密集型行业

从涉案行业要素密集度来看，16.3% 的案件涉及劳动密集型产品，4 起案件针对聚酯高强力纱、熨衣板、杠杆拱型文件夹装置和铜版纸，但均非湖北省对欧盟出口的主要产品。数量占比 49.0% 集中在低技术密集型产业，较平均分布于钢铁及钢铁制品，最主要的涉案产品包括无缝钢管、混凝土钢筋、热轧钢板、铝箔、铝散热器等。中等技术密集型行业中救济案件占比 12.2%，包括光伏产品和运输设备两类，但最主要的涉案产品是汽车产品类中的钢制轮毂和铝合金轮毂。高技术密集型行业贸易救济案件占比 20.4%，且涉案金额占比 34.2% 居首位，其中最受摩擦影响的产品是聚乙烯醇和碳酸钡。

综合以上分析发现，湖北省出口欧盟中低技术密集型行业遭遇摩擦数量多，但金额并不大；但高技术密集型行业摩擦相对较少，但金额较大，且产品集中。

4. "反吸收"体现欧盟贸易救济特色

在湖北省出口产品遭遇2次日落复审并获得肯定性终裁结果案件中，欧盟位列第二。目前有8起案件已进入第二次反倾销或反补贴的5年执行期，占比16.3%，涉及化工原料及制品、钢铁、家具、金属制品、文教用品等。同时，遭遇3次日落复审并获得肯定性终裁结果的案件为1起，针对钢丝绳和钢缆（金属制品），至2020年该产品已经是承担反倾销税第17年。目前尚无遭遇4次日落复审的案件。总体来说，欧盟多次使用日落复审延长保护期的做法远少于美国。

在反规避调查方面，2010年湖北出口的钢丝绳和钢缆就遭遇了欧盟反规避肯定性终裁，认为部分产品从韩国转口至欧盟存在规避行为，并裁定对从韩国转口的产品征收同样的反倾销税。此后，湖北省对欧盟出口产品中，柠檬酸产品、钢铁制紧固件、玻璃纤维网格织物、晶体硅光伏组件及管件零部件、光伏产品、陶瓷餐具、耐腐蚀钢均陆续遭遇反规避调查，大部分案件获肯定性结果。从立案时间上，近5年反规避立案数量呈增多趋势。

需要尤其注意的是，贸易救济案件中出现了1起"反吸收调查"。作为一项"反倾销"的后置行为，"反吸收调查"是欧盟反倾销法律体系中极具特色的制度设计。所谓"吸收"是指面对进口国对某一产品征收反倾销税，出口商通过低报出口价格的方法"吸收"一定比例税收从而减轻进口国市场份额缩减的影响。主要表现为，征收反倾销税后该产品在进口国并没有出现价格的相应变化或者变化不足。这种"吸收"显然抵消了反倾销措施的救济效果。在此情况下，只要进口国的申诉方能够证明产品价格没有变化或者变化不足并不能用原材料价格或产品组合价格的变化来解释，主管机关则可以采取"反吸收"救济措施，通常是提高原定的反倾销税率。例如，2014年5月欧盟对中国太阳能玻璃反倾销做出肯定性终裁结果。2014年12月欧盟应EU ProSun Glass申请对该产品进行反吸收立案调查，最终于2015年8月做出了肯定性终裁结果，并将原审终裁中反倾销税0.4%—36.1%修订为17.5%—75.4%，对普通企业征税税率从25%上调为67.1%。由于湖北省并无单独税率企业,这一结果意味着湖北省内所有出口该产品的企业所需要承担的反倾销税净增42.1个百分点。尽管这是目前湖北省出口欧盟所遭遇的唯一一起"反吸收"案件,但为出口企业提出警示——未来可能面对更多"反吸收"救济摩擦的新挑战。

四 湖北省面临贸易救济摩擦的国别分析——加拿大

(一)双边经贸发展简况

2018年,湖北省与加拿大双边货物贸易总额5.8亿美元,2020年增加至9.3亿美元,占全省货物贸易份额从1.1%增加至1.5%。2020年,湖北省对加拿大出口额较2018年翻了3倍至7.5亿美元,占全省出口份额从0.8%提升至1.9%,是排名于美国、欧盟、中国香港、日本和韩国之后第六位的发达贸易伙伴。

湖北省对加拿大的主要出口产品相对分散,位列前五的依次是家具、电机和电气设备、玩具和游戏、塑料及制品和非针织或非钩编的服装,出口额占比分别为14.2%、9.2%、8.1%和7.3%;钢铁制品、有机化学品、运输设备、机械器具也是比较重要的出口产品;介于2%—3%的产品主要包括纸制品、皮革与羽毛制品、陶瓷、石膏等产品[①]。

(二)贸易救济摩擦总体情况

加拿大是世界上第一个正式对反倾销进行立法的国家。随着双边经贸往来迅速增加,中国成为加拿大最大的贸易逆差来源国,也早已替代美国成为加拿大发起贸易救济调查的最大目标国。因此,企业出口加拿大市场面临贸易救济调查风险较大。截至2020年6月,中国出口遭遇加拿大贸易救济案件共25起,其中16起涉及湖北省出口产品,但其在湖北省贸易救济案件总数中仅占3.7%。

(三)贸易救济摩擦主要特点

1."双反"是主要贸易救济手段

源于加拿大的贸易救济调查共计16起,除3起"反倾销"案件外,其余13起全部为"双反"救济案件,占湖北省遭遇"双反"案件总数的17.1%,仅次于美国。但"双反"案件数量比位居第一的美国少42起,涉案金额也仅占全部"双反"案件涉案金额的0.7%。

---

① 为节省篇幅,湖北省对加拿大主要出口商品排序结果(HS类/章)见"附表6-2"。

从终裁幅度来看，加拿大对中国大陆出口的碳钢和不锈钢紧固件倾销幅度终裁为3.46%—170%，平均幅度为71.95%；对铝型材倾销幅度终裁为1.7%—101%；对碳钢焊接管倾销幅度终裁为97%—179%；对晶硅光伏组件倾销幅度终裁为9.3%—154.4%等。同时，所有涉案行业都使用了"反倾销"和"双反"两种措施（见表6-6）。可见，加拿大与美国相似，反倾销和反补贴的制裁力度很强。

2. 贸易救济摩擦涉案行业高度集中

16起贸易救济案件仅涉案3个行业：金属制品工业、机械电子制造业和钢铁工业。其中，金属制品工业和机械电子制造业是湖北省对加拿大的主要出口行业。16起案件高度集中于金属制品工业，涉案数量11起，占比68.8%，涉案金额最多的产品是石油管材和装配式工业钢构件，其他比较主要的涉案产品包括碳钢焊接钢管、不锈钢水槽和铝型材。相比之下，虽然机械电子制造业涉案仅3起，但涉案金额占比96%，贸易救济的市场负效应显著。例如，最主要的涉案产品抽油杆（专用设备）于2018年11月获"双反"肯定性终裁后，湖北省对加拿大抽油杆出口额锐减50%。

将加拿大与美国贸易救济涉案产品对比可以发现，湖北省在加拿大市场遭遇贸易摩擦的主要产品与美国存在重叠。例如，在加拿大涉案的金属制品和钢铁产品中，碳素钢紧固件、铝型材、焊接管、无缝钢管、不锈钢水槽、耐腐蚀钢板、冷轧钢卷等超过50%的涉案产品也在美国遭遇了贸易救济调查。这意味着上述出口产品在北美地区都面临着很高的贸易壁垒。

3. 摩擦集中于中低技术密集型行业

16起案件中13起集中在金属制品工业和钢铁工业两个低技术密集型产业，涉案产品包括钢铁制品（10起）、有色金属制品（1起）和钢铁产品（2起）。而机械电子制造业中涉案产品包括光伏产品、专用设备和电子产品各1起，其中只有专用设备和电子产品属于高技术密集型产品。同时，从涉案金额占比来看，金属制品行业贸易救济案件数量虽多，但是金额占比却仅为4%，表明该类产品出口售价较低。机械电子制造业救济案件3起，金额占比高达96%，而其中专用设备、电子产品等高技术密集型产品的涉案金额仅占0.6%。因此，无论从案件数量还是金额来看，源于加拿大贸易的救济摩擦都高度集中在中低技术密集型行业和产品中。

表6-6　湖北省遭遇加拿大贸易救济摩擦行业分布

行业（要素密集度）	反倾销（件）	反补贴（件）	保障（件）	双反（件）	合计（件）	数量占比（%）	金额占比（%）
金属制品工业（L）*	1	0	0	10	11	69	4
机械电子制造业（M/H）*	1	0	0	2	3	19	96
钢铁工业（L）	1	0	0	1	2	12.5	0.1
合计	3	0	0	13	16	100	100

注：括号中为行业密集度，英文字母释义同表6-3。*表示该行业为湖北省对加拿大出口主要行业。由于四舍五入的原因，占比合计有可能不完全等于100%。

资料来源：根据中国贸易救济信息网数据整理。

4. 暂无新增产品遭遇贸易救济摩擦

贸易救济状态上，16起案件中6起已获得原审肯定性终裁进入第一个阶段救济措施执行期（5年），5起金属制品救济案件获得第一次日落肯定性终裁，4起金属制品和1起电子产品案件获得第二次肯定性终裁。

截至2020年6月30日未出现新的原审立案，意味着湖北省在加拿大市场上遭遇贸易救济摩擦的产品趋于稳定。但同时，某些产品也在遭遇贸易救济摩擦后基本退出加拿大市场，例如铜管件。2016年7月20日铜管件产品第二次日落复审得到肯定性终裁，2017年湖北省对加拿大铜管件出口额为3276美元，但2018年和2019年已经不再出口。

从救济程序上，湖北省出口加拿大尚未遭遇"反规避"调查。

五　湖北省面临贸易救济摩擦的国别分析——澳大利亚

（一）双边经贸发展简况

2018年，湖北省与澳大利亚双边货物贸易总额为16.8亿美元，占全省货物贸易总额的3.2%，是排名第10位的贸易伙伴，2020年略有下降。双边贸易不平衡非常突出，2020年澳大利亚在湖北省出口市场排名第20位，出口额占比仅1.7%，相反却是第6大进口来源地，占全省进口份额的4.3%，逆差约为3.5亿美元。

湖北省对澳大利亚主要出口商品种类较多，2019年出口额比重位列前五的是机电产品（10.4%）、船舶及浮动结构体（10.0%）、电机及电气设备（7.8%）、家具（6.9%）和非针织或非钩编的服装及衣着附件（6.1%），占比合计46.3%。塑料及制品、纸制品、钢铁制品和有机化学品也是比较重要的出口产品。同时，比重介于2%—4%的商品包括鞋靴、铝制品、陶瓷、运输设备、玩具、无机化学品、杂项化学品等①。

（二）贸易救济摩擦总体状况

自1972年中国与澳大利亚建交以来，澳大利亚对华发起的贸易救济调查已有100起，包括在2020年新冠肺炎疫情暴发后出现的3起②。2005年至2020年6月30日，澳大利亚对华发起的贸易救济案件中16起涉及湖北省出口产品，但在湖北省遭遇的出口贸易救济案件数量总数中仅占3.7%。

（三）贸易救济摩擦主要特点

1. "反倾销"是主要贸易救济手段

16起救济案件中"反倾销"和"反补贴"案件分别为9起和1起，"双反"措施为6起，在湖北省遭遇"双反"调查来源国中排名第3位，居美国和加拿大之后。可以说，"反倾销"仍然是湖北省与澳大利亚贸易救济摩擦的主要形式，但"双反"措施运用呈递增趋势。

从制裁力度来看，产品倾销和补贴的裁定幅度普遍较低。例如，澳大利亚对中国大陆出口的直径不超过50毫米的热轧螺纹钢筋倾销幅度的裁定为应诉企业11.7%—16.4%、未合作企业及其他出口商30.0%；对进口钢筋的补贴幅度裁定为22.96%—29.61%；对钢托盘货架倾销幅度裁定为33.7%—77%；对不锈钢水槽倾销幅度裁定为5.0%—49.5%，补贴幅度裁定为5%—52.6%；对铝型材补贴幅度裁定为3.8%—18.4%。相比其他发达经济体而言，上述产品倾销或者补贴幅度裁定普遍较低。

---

① 为节省篇幅，湖北省对澳大利亚主要出口商品排序结果（HS类/章）见"附表6-2"。
② 《商务部长谈对澳首起"双反"：中方是慎重、克制，澳对华已发起100起贸易救济调查》，21财经，https://m.21jingji.com/article/20200525/herald/b90ea48c2ce724b3f547ef1135bcc693.html。

2. 贸易救济摩擦行业高度集中

表6-7显示，16起贸易救济案件涉案行业达5个。其中，金属制品工业、机械电子制造业和造纸工业是湖北省对澳大利亚的主要出口行业，涉案8起占案件数量比重50%，金额比重29.9%，主要涉案产品为金属制品工业中的钢铁制品、机电制造业中的电气产品和造纸工业中的纸制品，且绝大部分集中在金属制品工业。另外，湖北省在澳大利亚遭遇贸易救济摩擦最多的行业是钢铁工业，案件到达7起，涉案金额占比70%，涉案产品主要是钢铁产品和运输设备。但湖北省对澳大利亚钢铁产品和运输设备出口额仅占对澳大利亚出口总额的1.6%和1.4%，因此，湖北省对澳大利亚主要出口行业受贸易摩擦影响不大。

表6-7　湖北省遭遇澳大利亚贸易救济摩擦行业分布

行业 （要素密集度）	反倾销 （件）	反补贴 （件）	保障 （件）	双反 （件）	合计 （件）	数量占比 （%）	金额占比 （%）
机械电子制造业（M/H）*	0	0	0	1	1	6.3	0.2
造纸工业（LR）*	1	0	0	0	1	6.3	0
金属制品工业（L）*	3	0	0	3	6	37.5	29.7
运输设备（M）	1	0	0	0	1	6.3	0.1
钢铁工业（L）	4	1	0	2	7	43.8	70
合计	9	1	0	6	16	100	100

注：括号中为行业密集度，英文字母释义同表6-3。*表示该行业为湖北省对澳出口主要行业。由于四舍五入的原因，占比合计有可能不完全等于100%。

资料来源：根据中国贸易救济信息网数据整理。

从各类救济摩擦类型涉案行业来看，9起"反倾销"救济案件中的7起案件和6起"双反"案件中的5起案件均针对钢铁及其制品；唯一1件"反补贴"案件也针对钢铁产品，表明在澳大利亚出口市场上，钢铁及钢铁制品行业是摩擦高发领域。

3. 摩擦集中于低技术密集型行业

16起贸易救济案件中13起集中在低技术密集型产业，主要包括金属制品和钢铁产品，分别为6起和7起，涉案金额占比合计99.9%。两类产品中，钢托盘货架、铝型材、研磨球以及钢筋产品涉案金额最大。

其他 3 起案件涉及机械电子制造业中的电气产品和运输设备制造业中的汽车产品各 1 起,均属于中等技术密集型产品,涉及造纸工业案件 1 起,属于劳动密集型产品。因此,无论是数量还是金额,湖北省在澳大利亚遭遇贸易摩擦高度集中在低技术密集型产品中。

4. 贸易救济摩擦形势相对缓和

16 起贸易救济案件中 9 件已获得原审肯定性终裁进入第一个阶段救济措施执行期(5 年),其中钢铁与金属制品各分别 4 起和 5 起。获得第一次和第二次日落肯定性终裁结果的案件各 1 起,涉及金属制品和汽车产品各 1 起。但随着部分案件第一次日落复审执行期的结束,未来进入第二次日落复审程序的案件会有所增长。

除日落复审外,2014 年澳大利亚对中国出口的铝型材产品也发起了 1 起反规避调查,并于 2015 年 2 月作出肯定性终裁。结果认为荣阳铝业(中国)有限公司在 2013 年 1 月 1 日至 2013 年 10 月 27 日将涉案产品通过"亏本销售"形式规避征税效果,因此裁定将终裁的倾销幅度为 2.7%—25.7%上调为倾销幅度 57.6%,补贴率为 8.7%,倾销和补贴合并有效税率为 57.6%。

总体来说,相比其他发达经济体,湖北省面临的澳大利亚的贸易救济摩擦总体形势相对缓和。

六 湖北省面临贸易救济摩擦的国别分析——印度

(一)双边经贸发展简况

据考证,在古代春秋时期,湖北省就与印度沿着中国最古老的丝绸之路开始了双边经贸往来。在当代,印度又成为中国"一带一路"建设下丝绸之路经济带上的重要节点。2018 年,湖北省与印度双边贸易额在全省贸易总额中占比约 3.9%,是湖北省在"一带一路"沿线上最大的贸易伙伴[①]。出口方面,2018 年湖北省对印度出口额达 18.7 亿美元,占湖北省出口总额的 5.5%,甚至超过了日本和韩国。2019—2020 年双边贸易额持续下降,但仍为湖北省第四大出口目的国,也是新兴市场中排名第 1 位的出口目的地。

---

① 湖北省与印度双边经贸发展与贸易结构概况详见第四章第三节,此处不再赘述。如果东盟十国作为一个整体计算,则 2018 年印度在湖北省贸易份额位列"一带一路"沿线第二。

湖北省对印度的出口商品比较集中，电机及电气设备、机器及机械器具、有机化学品及肥料产品出口额占比合计高达80.7%，且均保持顺差，尤其是机电产品顺差占湖北对印度顺差总额约60%，具有很强的市场竞争力。同时，钢铁及钢铁制品、汽车产品、塑料及其制品的出口额比重均为1%—4%，也是重要的出口商品。

（二）贸易救济摩擦总体状况

南亚地区是发起对华贸易救济摩擦案件数量排名第2位的地区，仅次于北美地区。同时，南亚地区也是湖北省出口产品遭遇贸易救济摩擦数量位居第二的地区，主要发起国包括印度和巴西斯坦，但前者发起量超过后者5倍。

加入世界贸易组织后，湖北省出口产品一直遭遇来自印度贸易救济调查，2005—2009年贸易救济案件共11起，其中反倾销调查9起，保障措施调查1起，特殊保障措施调查1起。截至2020年6月30日，源自印度的贸易救济案件共计85件，占湖北省遭遇贸易救济案件总数的19.7%，居发展中国家之首，在全部来源地仅次于美国位居第二。

（三）贸易救济摩擦主要特点

1. "反倾销"为主要贸易救济手段

85起贸易救济案件中，"反倾销"案件为80起，反补贴和保障措施分别为1起和4起。2008年之前，"反倾销"一直是印度对外采取贸易救济的唯一手段。自2008年下半年起，印度才开始使用反补贴和保障措施。2009年4月，印度同时对中国汽车转向管接、热轧钢卷、钢条等产品发起保障措施调查，湖北省涉案企业参与应诉。目前，反倾销仍然是湖北省与印度贸易救济摩擦的最主要类型。

2. 主要出口行业贸易救济摩擦比重高

表6-8显示，贸易救济案件涉及12个行业，化学原料及制品和机械电子制造业的贸易救济摩擦最为密集，涉案38起，占比44.7%。2020年上半年，湖北省向印度出口的产品中新增10种产品遭遇贸易救济调查，其中80%针对化学原料及制品（如非化妆品及天然韵母珠光工业颜料、盐酸环丙沙星等）。同时，金属制品、钢铁、橡胶和塑料、交通运输设备也是湖北省对印度出口的主要行业，涉案22起，占比25.8%。以上6个主要出口行业集中了数量占比69.6%、金额占比

70.6%的案件。

表6-8　　　　　湖北省遭遇印度贸易救济摩擦行业分布

行业（要素密集度）	反倾销（件）	反补贴（件）	保障（件）	双反（件）	合计（件）	数量占比（%）	金额占比（%）
化学原料及制品制造业（H）*	30	1	0	0	31	36.5	15.4
非金属矿物制品工业（LR）	10	0	0	0	10	11.8	12.6
钢铁工业（L）*	7	0	2	0	9	10.6	8.6
机械电子制造业（M/H）*	5	0	2	0	7	8.2	15.2
橡胶和塑料制造业（M）*	5	0	0	0	5	5.9	6.9
金属制品工业（L）*	4	0	0	0	4	4.7	7.4
交通运输设备制造业（M）*	4	0	0	0	4	4.7	9.7
纺织工业（LR）	7	0	0	0	7	8.2	15.3
医药制造业（H）	5	0	0	0	5	5.9	9.1
文教体育用品制造业（LR）	1	0	0	0	1	1.2	0
化学纤维制造业（P）	0	0	1	0	1	1.2	0
木材加工制造业（LR）	1	0	0	0	1	1.2	0
合计	79	1	5	0	85	100	100

注：括号中为行业密集度，英文字母释义同表6-3。*表示该行业为湖北省对印度出口的主要行业。由于四舍五入的原因，占比合计有可能不完全等于100%。

资料来源：根据中国贸易救济信息网数据整理。

从各类型贸易救济案件的涉案行业来看，60.7%的反倾销案件、90%的保障措施、100%的反补贴案件均集中上述6个主要出口行业中。具体来看，化学原料及制品遭遇反倾销摩擦30起，反补贴摩擦1起，其中包括阿苯达唑和1-苯基-3-甲基-5-吡唑啉酮两项涉案金额过千万美元的案件。同时，非金属矿物制品、钢铁和纺织品涉案数量也相对较多，金额较大，尤其是钢铁产品中对SDH光传输设备反倾销救济涉案金额超过1亿美元、对非钴制高速钢反倾销救济也超过千万美元。

3. 摩擦涉案产品技术密集度分布较均衡

从 85 起案件涉案产品的要素密集度分布来看，42.4% 的案件集中在高技术密集型产业，主要是化工产品和少数医药产品；18.8% 的案件集中在中等和中高等技术密集型行业中，主要是橡胶和塑料制品、汽车产品、电子产品三类，但高技术密集型的电子产品涉案金额较少；15.3% 的案件集中在低技术密集型产业，主要是钢铁产品和少量金属制品；劳动密集型产品的涉及案件占比 22.4%，主要集中非金属矿物制品和纺织工业，涉案金额超过百万美元的产品包括陶瓷辊、耐热摩擦器皿以及尼龙扎带。可见，中高技术密集度涉案产品比重略低于低技术密集度和劳动密集型产品，贸易救济摩擦的行业分布比较均衡。

4. 贸易救济形势不容乐观

2014 年 9 月至今，45 起案件涉案企业因原审肯定性终裁结果而需承担 5 年的反倾销税或反补贴税，其中 3 起案件已进入日落立案调查期，意味着在未来 5 年中，将有超过 40 起案件面临陆续进入日落复审期并继续被裁定实施救济措施的可能。在印度作出第二次和第三次日落肯定性终裁的案件分别有 8 起和 2 起。

另外，湖北省出口印度产品也遭遇了 3 起反规避调查，针对双氯芬酸钠（化工产品）、不锈钢冷轧平板（钢铁制品）、玻璃纤维（金属制品）各 1 起。上述案件目前均处于第一次日落复审后救济措施执行期，而且反规避调查也均发生在近 3 年，表明印度对贸易救济手段的运用比以往更加多样。

七 湖北省面临贸易救济摩擦的国别分析——土耳其

（一）双边经贸发展简况

中国与土耳其地处"丝绸之路"的东西两端，不仅是古代丝路的关键节点，也是当代复兴新丝路的天然战略伙伴。作为"一带一路"沿线国家，土耳其是当今西亚、中东地区的交通枢纽，更是中国"一带一路"建设的重要组成部分。早在 2011 年 6 月，湖北省省会武汉市就与土耳其第三大都市、第二大港口伊兹密尔市签署了友好城市协议。双方在经贸、旅游、文化、农业等领域的合作取得积极进展。2016 年，湖北省湖北工程有限公司工程建设公司承接了土耳其卡赞矿场（亚洲最大的碱矿）的一项共同开发一座年产量 250 万吨纯碱厂和配套

400MW 联合循环电站的大型火电项目;2019 年 5 月,武汉南方航空开通了直通伊斯坦布尔的航线;2020 年 6 月,湖北省与土耳其医疗专家通过视频会议,共享新冠肺炎疫情防控经验。

土耳其是湖北省在中亚地区次于吉尔吉斯斯坦的第二大贸易伙伴,2018 年双边货物进出口额约 2.8 亿美元,湖北省对其出口额约 2.3 亿美元,占全省进出口总额和出口总额约 0.5% 和 0.7%。2020 年上述比重略有增长但仍然不足 1%,因此尚存巨大市场空间。

湖北省对土耳其出口额的 81.5% 集中在排名前 15 位的商品中。其中,机电产品出口额占比 32.2%,是最主要的出口产品。同时,有机化学品、塑料、染膏染料、钢铁和光学医疗仪器五类产品出口份额位居前列。钢铁、家具、橡胶、钢铁制品、化纤、玩具、车辆及零部件等比重介于 2%—4%[①]。

(二)贸易救济摩擦总体状况

与较小市场份额并不相称的是,土耳其是中亚和北非地区对发起对华贸易救济摩擦最频繁的国家,也是新兴市场中中国遭遇贸易救济摩擦的主要来源地。截至 2021 年 6 月 30 日,源于土耳其的贸易救济案件数量 44 起,其中 27 起涉及湖北省出口产品,占湖北省遭遇的贸易救济摩擦案件总数比重约 6.3%,位列于美国、欧盟、印度之后第四。

(三)贸易救济摩擦主要特点

1. "反倾销"为主要贸易救济手段

从贸易救济措施类型看,27 起贸易救济案件中,"反倾销"案件为 25 起,保障措施为 2 起,尚未遭遇过"反补贴"和"双反"调查。

2. 贸易救济摩擦集中在非主要出口行业

表 6-9 显示,27 起贸易救济案件涉及 9 个行业,机械电子制造业、钢铁工业、化学原料及制品制造业、塑料制造业为主要出口行业,但是涉案数量仅 11 起,数量和金额均占比约 40.7%,而约 59.3% 的案件分布在非主要出口行业中,以金属制品(6 起)和纺织品(5 起)为主,两者涉案金额占比分别为 51.5% 和 19.9%,是湖北省遭遇贸易救济摩擦的主要领域。

---

① 为节省篇幅,湖北省对土耳其主要出口商品排序结果(HS 类/章)见"附表 6-2"。

表 6-9　　　　湖北省遭遇土耳其贸易救济摩擦行业分布

行业 (要素密集度)	反倾销 (件)	反补贴 (件)	保障 (件)	双反 (件)	合计 (件)	数量占比 (%)	金额占比 (%)
金属制品工业（L）	6	0	0	0	6	22.2	51.5
橡胶和塑料制造业（M）*	4	0	1	0	5	18.5	21.4
机械电子制造业（M/H）*	4	0	0	0	4	14.8	1.2
非金属制品工业（LR）	3	0	0	0	3	11.1	1.1
钢铁工业（L）*	1	0	0	0	1	3.7	0.8
化学原料及制品制造业（H）*	1	0	0	0	1	3.7	1.5
纺织工业（LR）	4	0	1	0	5	18.5	19.9
文教体育用品制造业（LR）	1	0	0	0	1	3.7	2.7
化纤工业（P）	1	0	0	0	1	3.7	0
合计	25	0	2	0	27	100	100

注：括号中为行业密集度，英文字母释义同表6-3。*表示该行业为湖北省对土耳其出口主要行业。由于四舍五入的原因，占比合计有可能不完全等于100%。

资料来源：根据中国贸易救济信息网数据整理。

主要出口行业涉及的贸易救济摩擦中"反倾销"为10起，占反倾销案件总数的40%，其中针对机电产品和塑料制品案件均为4起，主要针对家用电器和电子产品、光伏组件、油布、奶嘴、轮胎等产品；非主要出口行业中涉及"反倾销"案件为15起，占比60%，包括金属制品和纺织品分别6起和4起，主要针对铰链、钢铁管件、法兰产品和人造织物纤维。2起"保障措施"案件涉及纺织制品和塑料制品中的尼龙纱线和牙刷，表明土耳其在尼龙纱线和进口牙刷产品上遭遇来自全球的强烈竞争。

3. 贸易救济摩擦的行业技术密集度不高

从要素密集度来看，涉案的高技术密集型产品仅包括电子产品和化工原料及制品共2起，数量占比仅8.4%，金额占比不足2%。其他涉案产品中，低技术密集型产品涉案7件，数量和金额分别占比25.9%和52.3%，劳动密集型产品涉案9件，数量和金额分别占比33.3%和23.7%。可以说，湖北省出口土耳其产品面临的主要竞争也集中在劳动密集型和低技术密集型行业中。

4. 日落复审和反规避调查占比大

从目前救济措施的执行阶段来看，2020年上半年并没有新增产品遭遇新的贸易救济摩擦。仅1起针对塑料安抚奶嘴、奶瓶和吸奶器的反倾销案件处于原审立案调查期，8起处于原审终裁阶段案件。进入一次及以上日落复审程序的案件25起，其中2起已在第二次日落复审中得到肯定性终裁的结果，针对电子挂钟和合成纤维织物的2起反倾销案件已于2019年5月和2018年12月在第三次日落复审中被裁定为需要继续实施反倾销措施，针对袖珍气体打火机及其零部件的1起反倾销案件已于2020年1月在第四次日落复审中被裁定为需要继续实施反倾销措施。上述裁定结果意味着，截至2025年土耳其对所有从湖北省进口的上述产品实施反倾销救济措施将长达15—20年。

连续启动反规避调查的做法在土耳其贸易救济案件也出现多次。27起案件中6起遭遇过反规避调查。具体包括两种情况：①在连续的措施执行期启动"反规避调查"。例如，针对"合成及人造纤维织物""人造及合成短纤维纱线和缝纫线""花岗岩"的3起反倾销案均在连续2次日落复审后的救济措施执行期内进行了"反规避调查"并获得肯定终裁。②在同一个措施执行期连续启动"反规避调查"。例如，2009年2月和2011年1月，土耳其针对"空调"产品做出2次反规避肯定终裁；1起针对家具铰链产品的反倾销案自2004年实施反倾销措施以来进行过4次反规避调查，在2016年12月第二次日落复审终裁后的反倾销措施执行期内连续发起3次反规避调查，终裁结果分别裁定了中国企业先后通过印度、希腊两国转口至土耳其，2019年10月又继续立案调查是否通过韩国和北马其顿转口至土耳其。

因此，从土耳其实施贸易救济方式来看，通过日落复审制度延长保护时间的做法非常普遍，而反规避调查也是常用的保护手段。

八 湖北省面临贸易救济摩擦的国别分析——拉丁美洲三国

（一）双边经贸发展简况

拉丁美洲地区和国家是湖北省企业努力拓展的新兴市场，主要贸易伙伴包括巴西、墨西哥①和阿根廷。

---

① 墨西哥地处北美洲，但政治意义通常认为是拉丁美洲国家。

2020年，湖北省对巴西贸易总额达19亿美元，占海外市场份额约3.5%左右，出口额为13.5亿美元，是湖北省第六大出口目的国，在发展中国家市场份额中位列东盟和印度之后第三，是重要的新兴市场之一。湖北省对巴西的出口商品高度集中于电机及电气设备，2020年出口额占比65.8%；肥料、有机化学品、光学医疗仪器和机械器械四类产品出口份额依次位居其后，比重介于3%—7%。上述6种产品出口份额合计约83.8%，是湖北省对巴西最具有代表性的出口商品。

墨西哥是最活跃的发展中经济体之一，也是湖北省在拉丁美洲地区仅次于巴西的重要贸易伙伴。2020年双边贸易额达8.5亿美元，占全省贸易总额的1.4%，排名第14位。其中，湖北省对墨西哥出口额约为7亿美元，占全省出口总额的1.8%，在发展中国家中排名东盟、印度和巴西之后第4位，为湖北省第11大出口目的国。电机及电气设备、机械器具及零件两类是湖北省对墨西哥出口的最主要产品，出口份额合计占65.6%，有机化学品、钢铁、汽车零部件、玩具、陶瓷五类商品出口额比重介于2%—4%。

在拉丁美洲地区，阿根廷是排位于巴西、墨西哥和智利之后的湖北省第四大贸易伙伴，在湖北省海外市场中份额很小，2020年在所有出口目的地中排名第25位。湖北省对阿根廷出口商品高度集中于电机及电气设备，2020年出口额占比66.5%。此外，机械器具也是湖北省对阿根廷最主要的出口产品，出口额占比约7.7%。同时，化工产品中的肥料、有机化学品、无机化学品等出口份额合计17.4%，是次于机电产品的重要出口产品[①]。

(二) 贸易救济摩擦总体状况

三个拉丁美洲国家中，阿根廷和巴西一直是全球反倾销大国，发起数量居全球前5位，显著高于墨西哥，也是发起对华反倾销调查最多的两个拉丁美洲国家，涉及湖北省出口产品案件数量相当。截至2021年6月，湖北省出口阿根廷、巴西和墨西哥遭遇的贸易救济案件分别为23起、23起和21起，在湖北省遭遇的贸易救济摩擦案件中数量合计占比

[①] 为节省篇幅，湖北省对巴西、墨西哥和阿根廷主要出口商品排序结果（HS类/章）见"附表6-2"。

15.7%，但金额占比仅为0.7%。因此，三国贸易救济摩擦对湖北省出口贸易规模影响非常有限。

（三）贸易救济摩擦主要特点

1. "反倾销"均为唯一救济措施但行业重点各异

湖北省出口拉丁美洲三国产品遭遇的贸易救济案件全部为"反倾销"案件，目前尚未涉及"反补贴""保障措施"救济调查。

从行业对比发现，三个国家反倾销的重点行业各不相同（见表6-10）。墨西哥反倾销案件集中在金属制品行业，各类钢管产品涉案较多；阿根廷反倾销案件集中在机械电子行业，尤其是通用设备（如轴承、电焊机等）和电气设备（如电扇、空调等家电产品）；巴西反倾销案件集中在金属制品和非金属矿物制品行业，涉案金额较多的是陶瓷餐具、钢管和钢丝绳。值得注意的是，三个国家均在文教体育用品上发起过贸易救济，如卷尺、气球、铅笔、热水瓶等劳动密集型产品。

表6-10　　湖北省遭遇拉丁美洲三国贸易救济摩擦行业分布

行业名称	墨西哥 反倾销（件）	数量占比（%）	金额占比（%）	巴西 反倾销（件）	数量占比（%）	金额占比（%）	阿根廷 反倾销（件）	数量占比（%）	金额占比（%）
化学原料及制品（H）	2	9.5	1.5	2	8.7	12.8	0	0	0
医药（H）	0	0	0	1	4.3	16.1	0	0	0
机械电子（M/H）	1	4.8	0.7	2	8.7	20.7	13	56.5	40.5
钢铁（L）	1	4.8	0.8	2	8.7	25.6	0	0	0
金属制品工业（L）	15	71.4	36.6	5	21.7	17.1	4	17.4	40.3
文教体育用品（LR）	1	4.8	59.9	2	8.7	2.0	3	13.0	18.4
非金属矿物制品（LR）	1	4.8	0.5	6	25.0	3.0	0	0	0
橡胶和塑料（M）	0	0	0	1	4.3	2.5	0	0	0

续表

行业名称	墨西哥 反倾销（件）	墨西哥 数量占比（%）	墨西哥 金额占比（%）	巴西 反倾销（件）	巴西 数量占比（%）	巴西 金额占比（%）	阿根廷 反倾销（件）	阿根廷 数量占比（%）	阿根廷 金额占比（%）
纺织（LR）	0	0	0	1	4.3	0.1	1	4.3	0.7
交通运输设备（M）	0	0	0	0	0	0	2	8.7	0
其他	0	0	0	1	4.3	0.2	0	0	0
合计	21	100	100	23	100	100	23	100	100

注：括号中为行业密集度，英文字母释义同表6-3。由于四舍五入的原因，占比合计有可能不完全等于100%。

资料来源：根据中国贸易救济信息网数据整理。

2. 主要出口行业贸易救济摩擦比重不高

湖北省对墨西哥出口遭遇的21起反倾销调查案件中，机械电子制造业、钢铁工业、化学原料及制品制造业等主要出口行业中的救济案件仅4起，数量和金额分别仅占19.0%和3.0%。其他案件均分布在非主要出口行业中，包括金属制品工业15起、文教体育用品制造业1起、非金属矿物制品工业1起。从涉案金额上，文教体育用品制造业与金属制品工业分占59.9%和36.6%。

在出口巴西遭遇的贸易救济摩擦涉及行业共计10个，金属制品工业、化学原料及制品制造业、机械电子制造业为湖北省对巴西的出口主要行业，但涉及救济案件仅5起，占比21.7%；其他18起案件分散在钢铁、金属制品业、纺织工业等7个非主要出口行业，其中金属制品业（5起）和非金属矿物制品业（6起）摩擦相对较多。

对阿根廷出口遭遇的贸易救济摩擦集中于5个行业中，但只有机械电子制造业为主要出口行业。贸易救济案件13起，约占50%，主要针对电气设备（7起）和通用设备（6起）。非主要出口产业中，金属制品工业和文教体育用品制造业遭遇案件相对较多，合计7起，交通运输设备和纺织工业共3起。涉案金额上，机电制造业与金属制品工业分占40%，文教体育用品占比18.4%。

总之，湖北省对拉丁美洲主要贸易伙伴的主要出口行业遭遇贸易救济摩擦有限。

3. 拉丁美洲反倾销以中低技术要素密集型和劳动密集型产业为主

湖北省在墨西哥和巴西遭遇的贸易救济摩擦案件中，中高、高技术密集度行业数量占比14.3%和21.7%，前者以低技术密集度产业为主，后者以劳动密集型产业为主。不同的是，湖北省在阿根廷遭遇的救济摩擦案件多发在中高技术密集型产业中，数量占比65.2%。但总体来说，湖北省在拉丁美洲地区的贸易救济摩擦分布以中低技术要素密集型和劳动密集型产业为主。

4. 反规避调查涉案量少

从全部案件救济措施的执行阶段来看，三国开展反倾销日落复审后作出肯定性终裁案件占有一定比例。数据显示，对墨西哥出口贸易救济摩擦的21起案件中分别有4起和2起案件已在第一次和第二次日落复审中得到肯定性终裁的结果，而1起针对六边形钢缆网的反倾销案已于2018年7月在第三次日落复审中被裁定为需要继续实施反倾销措施，这意味着至2023年墨西哥对所有从中国进口的六边形钢缆网征收反倾销附加关税将长达15年。更有甚者，在向巴西出口遭遇的反倾销案中，针对台扇和挂锁产品的2起反倾销案已分别于2019年6月和12月获得第4次反倾销日落复审肯定性终裁，意味着截至2024年第四轮救济措施结束，上述产品的保护期已近20年。

另外，拉丁美洲三国在对华贸易救济案件中也逐渐启动反规避调查，但发起量较少，涉及湖北省出口产品的案件仅1起。三个国家中，阿根廷企业早在2004年就曾对原产于中国的外径30—120mm的滚珠轴承提起反规避立案调查，巴西也针对钢板产品发起过3次反规避调查并均作出以肯定性终裁，但上述案件均未涉及湖北省出口产品。墨西哥在对华贸易救济案件中发起过3次反规避调查，其中湖北省唯一涉案的1起是"硫酸铵反倾销案"。案件中墨西哥于2019年6月进行第1次反规避调查并作出终裁，裁定中国企业存在通过轻微改变产品规避反倾销税的行为，并因此扩大了征税产品范围。

第二节 湖北省面临的技术性贸易壁垒摩擦形势

湖北省出口遭遇的技术性贸易壁垒摩擦主要源于美国、欧盟和日本，本章以上述三个市场为重点展开研究。

一 湖北省食药类产品遭遇技术性贸易壁垒摩擦概况

食药类出口产品主要来自农副食品加工业、食品加工业、医药制造业以及仪器仪表制造业，2019年在湖北省制造业工业产值中分别占比8.9%、2.4%、3.1%和0.5%。这类产品在湖北省出口贸易总额中比重不大但均处于快速增长期。"美国FDA拒绝进口通报"和"日本厚生省食品扣留信息通报"每月公布拒绝各货物来源地入境的食药类产品批次，是研究中用以衡量一国遭遇TBT摩擦的常用指标。

（一）出口遭遇美国FDA拒绝进口概况

1. 总体态势

根据食品药品监督管理局（FDA）数据，2002—2021年，美国拒绝进口的全球产品量呈阶段性波动起伏态势。国际金融危机之前总体保持上升态势，2002年拒绝进口货物约1.1万批次，于2012年达到2.3万批次顶峰后波动回落，2021年降至1.3万批次。

其间，中国货物被FDA拒绝进口的批次却持续地阶段性上涨[1]（见图6-1）。①从数量上看，2003年中国货物被拒批次首次超过1000批后稳步上涨，2009年超过2000批次。与国际金融危机之后FDA拒绝全球货物入境批次缓慢减少趋势相反的是，中国被拒批次除2011年、2013年、2019年和2020年出现较大幅度波动之外，总体呈现缓慢增长态势。②从比重上看，中国一直是美国进口检测的重点对象。2007年中国货物被拒批次占FDA拒绝进口全球货物批次比重首次超过10%，其后除2011年和2019年外总体也呈现波动上升态势，2020年已高达25.1%。值得注意的是，2019年"中国货物被拒批次数量""中国货物被拒批次占全球货物被拒批次比重"两项指标均出现显著下滑后于

---

[1] FDA："Import Refusal Report"，通报数据查询网址，http://www.accessdata.fda.gov/scripts/importrefusals/.

2020年迅猛上升，一方面与中美贸易摩擦后中国对美国出口货物数量先减少后增加直接相关，另一方面与新冠肺炎疫情期间中国对美国出口的新型冠状病毒核酸试剂、温度计、口罩等防疫用品被FDA拒绝入境批次剧增相吻合①。

图6-1 中国及湖北省货物被FDA拒绝入境概况

注：依据FDA官方数据，2011年FDA拒绝全球入境大约8.2万批，是其他年份批次的3—4倍，因此2011年中国货物被拒批次比值也低于其他年份3—4倍。

资料来源：依据FDA网站2002—2021年 *Import Refusal Report* 整理，https://www.accessdata.fda.gov/scripts/importrefusals/index.cfm?action=main.default。

相比之下，湖北省出口货物被FDA拒绝入境的批次情况呈现两个主要特征。①湖北省出口货物被拒批次数量变化与其对美国出口增长态势基本吻合（见图6-1）。2013年之前湖北省货物被拒进口从未超过20批次。2013年，湖北省对美国出口规模步入新台阶后被拒批次也迅速增长。2013—2021年，除2013年和2020年出现较高的112批次和97批次，2014年和2018年出现较低的23批次和19批次外，总体保持60批次左右。②湖北省尚未成为被FDA拒绝入境的中国货物的主要来源地。数据显示，2013年之前，湖北省货物被拒批次占中国被拒批次比重最高达0.6%。此后，除2013年和2019年分别达到3.5%和3.8%外，

---

① 参见第五章第三节"2020年至2021年第三季度中国出口美国遭遇TBT情况"相关数据及分析。

这一比重始终保持 1%—3%，而福建省、广东省、山东省、浙江省等比重排名前列的省份高达 20%—30%①。

2. 被拒产品及行业分布

2014—2021 年，湖北省遭遇 FDA 拒绝进口产品（以下简称被拒产品）共计 354 批次，主要集中在六大类：食用菌、医疗用品、柑橘、药品、水产品和零食产品，被拒批次合计占比 81.1%（见表 6-11）。

（1）医疗器械。医疗器械被拒批次排名第 1 位，共计 80 批次，占比 27.9%。2014—2019 年，该类产品仅在 2015 年被拒批次超过 10 次，主要是仙桃市生产的防护口罩和汉川生产的一次性医疗用品②。2020 年，医疗器械被拒批次再次显著增加至 30 批次，其中 22 批次产品为与新冠病毒相关的医疗试剂或者体外检测用品。总体来说，出口受阻的医疗器械产品主要源于仙桃和武汉，受损企业数量较多，但也不乏湖北维康防护用品有限公司、武汉明德生物科技股份有限公司等少数具有很强竞争力的企业。被拒理由包括：药品或器械未按要求提供所需信息、未提供经批准的申请、标签标错、设备的制造、包装、储存或安装中使用的方法或使用的设施或控制不符合要求等。

（2）食用菌。食用菌产品被拒批次排名第 2 位，被拒 67 批次，占比 23.3%。2019 年，食用菌被拒批次猛增，主要原因是宜城出口的干制香菇产品被拒批次高达 14 次，其中香菇 13 批次和黑木耳 3 批次，拒绝理由是"全部或部分含有污秽的、腐烂的、分解的物质或不适合食用"。其他食用菌产品被拒的主要理由还包括"标签错误"、"全部或部分含有污秽的、腐烂的、分解的物质或不适合食用"和"疑似含不安全色素添加剂和食品添加剂"。

被拒产品主要产自湖北省襄阳、随州和荆门，遭受损失的企业大多为全国知名食用菌生产和出口企业，如 2015—2016 年三友（随州）食品有限公司、宜城大山合现代农业有限公司等 5 家企业遭遇的被拒批

---

① 根据 FDA *Import Refusal Report* 数据整理。2018 年湖北省被拒批次仅 19 批，占全国被拒批次的 0.7%。

② 此部分公司名称可查阅 FDA *Import Refusal Report*。

表6-11　2014年1月至2021年12月湖北省出口货物被FDA拒绝入境情况

产品	年份	2014	2015	2016	2017	2018	2019	2020	2021	合计（批）	占比（%）
所有货物批次（批）	批次	17	49	37	52	16	48	43	25	287	100
食用菌	批次	4	8	9	9	6	21	1	9	67	23.3
		襄樊	随州	荆门随州	荆门钟祥	荆门钟祥	襄阳随州	襄阳	随州荆州宜春		
医疗器械	批次	2	13	8	5	5	3	30	14	80	27.9
		荆州武汉	仙桃汉川	仙桃武汉	仙桃武汉	武汉	宜昌武汉	武汉仙桃	武汉仙桃		
柑橘	批次	0	15	1	27	1	1	0	0	45	15.7
		—	—	—	宜昌	—	—	—	—		
药品	批次	1	10	8	9	1	5	4	1	39	13.6
		武穴	武汉襄阳	武汉	武汉	黄石	十堰	武汉宜昌	武汉		
食品	批次	0	1	2	0	0	18	7	1	29	10.1
		—	咸宁	荆门	—	—	武汉黄冈	武汉	武汉		
水产品	批次	10	2	9	2	3	0	1	0	27	9.4
		宜昌天门	武汉	仙桃荆州	荆州武汉	潜江宜昌	—	荆州	—		

注：食用菌包括各类菌菇和黑木耳；医疗器械包括医疗防护用品、医疗器械等；药品包括医学用药，如甲硝唑、克拉霉素等；水产品包括鲶鱼、小龙虾、对虾等产品；食品主要为零食类产品，包括饼干、蛋糕和饮料。表中地名全部为主要来源地（但并非全部来源地）。

资料来源：根据FDA《拒绝进口产品通报》（Import Refusal Report）整理。

次合计 52 次，占比 75.4%。其中，1 家企业在"全国食用菌 100 强企业"中排名前 20 位，4 家企业排名前 50 位。

（3）柑橘。柑橘出口被拒批次排名第 3 位，45 批次全部产于宜昌。但其中于 2015 年 3 月至 7 月被拒的 15 批次柑橘产品和于 2017 年 6 月至 10 月被拒的 27 批次柑橘产品分别出口自湖北两家食品有限公司。不仅产品来源非常集中，而且所有柑橘产品的被拒理由都是"农药残留超标"。

（4）药品。排名第 4 位的被拒产品为药品，共计 39 批次，占比 13.6%。自 2009 年起，美国已将进口自中国的药品和药品企业列入重点监测名单，2015—2017 年大幅加强监控力度。截至 2016 年 5 月已累计 10 家企业的药品被 FDA 拒绝入境。因此，这一时期湖北对美国出口药品受阻尤为密集，被拒合计 28 批次。3 年间，马应龙药业、宜昌人福药业等两家湖北省知名药品生产企业受损较多，其炉甘石、黄色软膏、维生素及其衍生产品共计 15 批次连续遭遇被拒。2018 年后湖北省药品被拒批次明显减少，一方面可能是因为药品对美国出口量减少，另一方面是因为制药企业产品质量的提高[①]。2020—2021 年湖北省被拒药品仅 5 批，主要是抗生素与抗病毒类药物。

湖北省出口药品被拒原因超过 10 种，远多于其他产品。最主要的理由包括：药品或器械未按要求提供所需信息，未按要求在正式注册的机构中制造、制备、传播和合成或加工，未获新药申请（NDA）批准和未授权药品存在安全和有效性问题。

（5）食品。近两年，湖北省食品行业飞速发展，目前规模上已稳居全省第三大行业。华美、周黑鸭、亲亲等中国驰名商标和知名品牌已达 33 个，一批隐形冠军企业崛起，带动食品出口增长。湖北省对美国出口食品中零食类产品增长较快，遭遇 FDA 拒绝入境批次较多。2014—2018 年湖北省零食类产品出口美国遭遇 FDA 拒绝进口极少，2017—2018 年甚至连续为零。但是，2019 年出口受阻显著增多，猛增至 18 批次，2020 年回落至 7 批次。该 25 批次产品集中于包括湖北馥雅

---

① 例如，人福药业在 2018 年 4 月就顺利通过了英国 MHRA 认证，同年 6 月盐酸安非他酮缓释片和氯化钾缓释片两项产品就双双获批美国 FDA 批准文号，其兴建的 OSD 车间也是湖北省第一家按 FDA 标准建立的口服固体制剂生产基地。

食品科技有限公司、湖北良品铺子有限公司等知名企业在内的4家食品企业，被拒产品主要包括薯片、淀粉类零食、饼干等休闲零食、混合软饮和即食产品、坚果类产品。被拒理由主要包括"疑含三聚氰胺和/或三聚氰胺类似物""标签错误"和"含未申报过敏源"。

（6）水产品。湖北省水产品出口被拒27批次，占比9.4%，排名第6位。其中，2014年宜昌和天门两家企业出口的鲇鱼产品被拒10次，2016年产自仙桃沔城回族镇鲇鱼和荆州洪湖淡水小龙虾被拒9批。2017年之后，水产品出口受阻明显减少。

"鲇鱼"产品被拒主要理由包括疑似含有有毒或者有害物质、含不安全添加剂、含兽药、含一种不安全的添加剂等，而"小龙虾"被拒主要因为疑含李斯特菌、含沙门氏菌、显示在不卫生的条件下加工、包装或贮藏、被不洁物污染并危及健康等。

（二）出口产品遭遇日本厚生省自动扣押概况

据不完全统计，2005—2021年日本厚生省自动扣押中国产品通报1579项。来源地方面，山东以611项高居榜首，其后依次是辽宁（160项）、浙江（129项）、福建（120项）和广东（76项），合计占比69.4%。同期，湖北省仅8批产品遭到扣留通报（见表6-12），2012年为2批、2013年为3批、2016—2018年各1批。通报产品包括苯甲酸、肉桂酸等食品添加剂、阿胶、牛蒡和辣油。

表6-12　　2012—2020年湖北省出口日本被自动扣押通报

扣留时间	产品	理由
2021年8月1日	饮料：大豆粉	违反成分标准（活菌计数 $4.1 \times 10^3/g$）
2018年8月1日	食品添加剂：苯甲酸	违反成分标准（熔点）
2017年6月1日	食品添加剂：肉桂酸	违反成分标准（灼烧残渣不合格）
2016年10月1日	保健食品：阿胶	未指定添加剂（环己烷氨基碘酸 $225\mu g/g$）
2013年12月1日	不加热食用冷冻食品：冷冻秋葵	检出大肠菌群阳性
2013年9月1日	食品添加剂：肉桂酸	成分规格不合格（溶液纯度）
2013年7月1日	茶叶代用品：牛蒡	使用标准不合格（检出二氧化硫 0.17g/kg）

续表

扣留时间	产品	理由
2012年11月1日	食品添加剂：L-甲硫氨酸	成分不合标准
2012年9月30日	辣油	检出制定外添加剂 TBHQ 26μg/g

资料来源：根据江苏省技术性贸易措施信息平台数据整理。参见江苏省技术性贸易措施信息平台，http://www.tbtguide.com/wcm/search/food_list.jsp。

上述数据表明，湖北省出口食品类产品遭遇日本技术贸易壁垒情况并不多。2018年湖北省对日本出口货物中，食品类产品占比不足4%。即使是出口最多的蜂蜜产品，占比也仅约为2.1%。2017—2019年，湖北省对日本出口规模缩减超过20%，意味着日本技术性贸易壁垒摩擦的影响也更加有限。

二 湖北省其他出口产品面临的技术性贸易壁垒分析

机电产品、化工产品和纺织品是湖北省最重要的出口产品，2019年出口额在湖北省出口总额中分别占比41.9%、14.1%和8.3%。同时，三类产品也是湖北省对美国、欧盟出口最主要的产品，更是遭遇技术性贸易壁垒最多的产品。欧盟、美国有关上述产品的技术法规与技术标准相当复杂和完备。由于美国CPSC召回通报、欧盟RAPEX预警系统、加拿大卫生部HC召回通报等均不能提供中国出口受阻产品的省级来源地，而且内陆省份在通报数据中占比也非常小，因此本部分通过分析欧盟和美国当前正在执行的几种影响较大的技术法规与技术标准情况来判断湖北省出口企业面临的技术性贸易壁垒形势[①]。

（一）化学品监管体系——REACH

2007年6月1正式生效的REACH法规被誉为"欧盟20年中最重要的立法"。它是一个对化学品生产、贸易和使用安全管控的法规，目的是保护人类健康和环境，保持和提高欧盟化工产业竞争力。简要来说，REACH管理方式是要求产品制造商将产品的每一种化学成分注册入数据库，并提交化学成分的使用说明和毒性评估，由欧盟国家化工品管理处（ECHA）进行管理和评估其可能产生的危害后判断其是否能够投放欧盟市场。

---

① 本部分资料来源于中国TBT研究中心：http://tbt.testrust.com/。

REACH体系是目前最复杂的技术性贸易壁垒，对出口企业产生巨大影响。主要有两方面原因：①适应难度高。例如，2010年1月14日至2010年6月18日，仅6个月时间欧洲化学品局就正式发布了3批共计38种新增的高度关注化学物质（SVHC）清单，意味着出口至欧盟的产品还必须满足新增的化学物质成分标准。由于欧盟技术标准更新极快，出口企业适应难度很高。②影响范围广。化工产品通常作为原料和中间品投入生产，REACH体系下不仅要求产品本身需要符合欧盟技术标准，凡是含有该物质的下游产品均需要接受检测。截至2021年7月8日，欧盟国家化工品管理处已将SVHC增加至219项。意味着凡是需要使用这些化学物质的下游产品也均不能投放欧盟市场。例如，全氟辛酸是纺织品防水和防污涂层的常用原料，于2017年6月被列入SVHC清单而全面限制使用。因此，中国凡是使用全氟辛酸生产的玩具、皮革、涂料等产品均不能进入欧盟市场。可见，REACH体系的影响在产业链上广泛延伸。③示范效应强。REACH实施后，美国、加拿大、日本、韩国均颁布了非常相似的化学品技术法规和标准，极大地提高了全球技术性贸易壁垒的总体水平。

（二）欧盟机电产品技术法规

目前，出口欧盟的机电产品面临的主要技术壁垒包括：《通用产品安全指令》《低电压指令》《电磁兼容指令》《RoHS指令》《包装与废弃物指令》《医疗器械指令》《ErP指令》等针对机电产品安全、电磁兼容等方面的强制性技术法规。另外，针对电缆、家用电器、机械设备等产品，欧盟技术标准中还包括对机电产品工艺、生产方法规则、包装标志等方面的一些非强制性要求、欧盟标准和由被认可机构认证的协调标准，例如《机械指令》《能效指令》等。

（三）纺织业的绿色壁垒

对纺织品出口欧盟市场影响较大的认证标准是生态纺织品国际认证（Oeko-tex Standard 100），是针对纺织品和服装的有害物质的限量标准认证，目前已成为鉴定生态纺织品的重要国际标准。出口到美国的纺织品也需要获得相似认证，即生态纺织品美国认证（USCC）。除了获得认证证书，出口企业还需要贴上相应标签才能通关。

目前，在全球使用绿色标志制度的国家已经超过40个，如日本的

"生态标志"。据统计，欧盟平均不到 2 个月就更新一次"绿色贸易壁垒"法规，当前已经禁止使用和限制使用的纺织染料与纺织助剂多达 25 类 2000 多个品种。企业要获得相关认证，每一种新物质的检测成本就需要几万欧元，显然对于中国纺织品企业而言负担相当沉重。

第三节 湖北省面临的知识产权摩擦形势

一 湖北省企业涉外知识产权诉讼概况

近年来，湖北企业遭遇国外企业起诉侵权案例相对较多，但是起诉国外企业侵权案件也有所增加，包括"武汉晶源烟气脱硫方法专利案"和"湖北泰和电气有限公司诉美国库利特公司专利侵权案"等重大涉外案件。

例如，2009 年武汉晶源环境工程有限公司起诉日本富士化水工业株式会社和华阳电业有限公司侵犯知识产权，历时 8 年最终获胜并获得 5 千万元赔偿金。这也是中国环保领域的重大涉外知识产权案。

二 湖北省企业遭遇"337 调查"概况

通过整理 2001—2021 年中国贸易救济信息网全部"337 调查"案件发现，涉及湖北省企业的案件仅 4 件[1]。

（一）电子工业：显示设备"337 调查"

2010 年 3 月 18 日，日本索尼公司指控美国进口以及在美国市场销售的部分显示设备，包括数字电视和监视器侵犯了其专利权，要求 ITC 启动"337 调查"，并发布排除令和禁止令。4 月 15 日 ITC 对部分显示设备正式立案调查。包括美国进口企业在内的强制应诉企业 11 家，其中冠捷科技集团公司旗下武汉、福建、北京、中国台湾、香港等子公司均作为列名被告。

冠捷科技集团是成立于 1976 年的大型高科技跨国企业，主营彩色显示器、液晶显示器、液晶电视、等离子电视等显示设备。冠捷（武汉）有限公司于 2004 年 6 月在武汉经济技术开发区成立，是冠捷科技集团继北京、福建、苏州和宁波之后在大陆建立的第 5 个生产中心。作

---

[1] 此部分资料根据贸易救济信息网案件信息整理。

为湖北省电子工业行业的著名外资企业，成立之初的 2005 年该公司就实现外销 1.2 亿美元，位居湖北省企业创汇第 3，2017 年入选武汉市 100 强企业。

美国向各国发起的"337 调查"中，电子产品最为密集，其也是对华"337 调查"最集中的领域。冠捷科技集团在显示设备产品上曾遭遇多次调查。最近的一次是 2020 年 5 月由日本夏普公司和美国夏普电子公司提请的对特定液晶显示设备的"337 调查"。

（二）钢铁工业：碳合金钢"337 调查"

2016 年 4 月 26 日，美国 U.S. Steel Corporation 向美国 ITC 提出 337 立案调查申请，认为中国钢铁企业的碳合金钢在美国市场销售中存在阴谋操纵价格、控制产量和出口量、侵占及使用美国钢铁公司的商业秘密、原产地或制造商虚假标识等行为，要求发布永久排除令、有限排除令和禁止令。30 天后 ITC 正式立案调查，武汉钢铁集团［包括武汉钢铁（集团）公司、武汉钢铁股份有限公司、武钢（美国）贸易有限公司］为列名被告的 40 家中国企业之一。

美国是中国钢铁产品出口的主要市场，钢铁行业也是中美贸易摩擦的重灾区，不同产品曾遭遇过多起"双反"调查。而本案是美国首次对中国钢铁产品发起的"337 调查"。同时，美国还借此机会展开了反垄断调查，这一做法更是前所未有。

立案后，在中国商务部的指导和中国钢铁工业协会的组织协调下，历时两年最终于 2018 年 3 月 19 日获得美国国际贸易委员会（ITC）终裁：终止对中国碳钢与合金钢产品的"337 调查"。这一裁决意味着中国钢铁企业涉嫌反垄断、窃取商业秘密、虚构原产地三个诉点全部完胜。

（三）化学工业：牛磺酸"337 调查"

2019 年 1 月 30 日，美国 Vitaworks IP 公司等申请人以"侵犯美国专利"为由（注册专利号 9573890、9745258、10040755）请求 ITC 对中国企业出口至美国的特定牛磺酸（2-氨基乙酸磺酸）及其生产方法、制备方法以及含有该化合物的产品启动"337 调查"，并发布有限排除令和禁止令。

牛磺酸在医药、食品添加剂、饮料及营养品等方面具有广泛的应用领域和市场，美国、日本等国甚至规定在婴幼儿食品中必须添加牛磺酸。全球大部分牛磺酸产量来自中国，牛磺酸产业也是中国具有很强出口竞争优势的产业。列明被告的 3 家中国牛磺酸生产企业为中国最大的 3 家生产商，包括湖北远大生命科学与技术有限责任公司和湖北潜江永安药业股份有限公司 2 家。其中，永安药业是世界牛磺酸龙头企业，拥有全球最大的牛磺酸生产基地，占据 50% 左右的世界市场份额，其生产的 80% 以上牛磺酸产品用于出口，美国市场约占 22% 份额。如果此次"337 调查"败诉，既意味着中国 3 家企业将无法再进入美国牛磺酸市场，也将直接影响牛磺酸产业的全球竞争格局。

2019 年 2 月 28 日"337 调查"立案后，3 家企业和 20 多家下游经销商决定联合聘请美国科文顿·柏灵律师事务所代理此案，抓住时机启动了 ITC 百日程序[1]。经过周旋，4 月 1 日原告无条件撤诉，距离此案立案后仅仅一个月的时间。美国时间 2019 年 4 月 25 日，ITC 就牛磺酸"337 调查"案（案件号：337-TA-1146）做出终裁：不复审该案。行政法官于 2019 年 4 月 10 日做出的同意申请人撤诉的初步裁决。中国牛磺酸生产企业赢得此次"337 调查"案的最终胜利。

（四）机械设备：完井钻头"337 调查"

2020 年 7 月 1 日，ITC 投票决定接受美国企业 Varel International Industries, LLC 于 6 月 4 日提出的对特定完井钻头及其下游产品启动"337 调查"的申请正式立案，该企业声称中国企业在美国市场的进出口及销售侵犯了其专利权，湖北企业 Kingdream Public Ltd. Co. of Hubei, China 被作为列明被告之一。2020 年 10 月 26 日，ITC 做出终裁：基于和解终止本案调查。

三 海关知识产权执法保护概况

湖北省各口岸对进出口侵权产品查处力度加大。进口方面，2018 年 3 月武汉海关就首次查获了一批进口侵权货物，包括劳力士

---

[1] ITC 百日程序于 2018 年 5 月正式生效，是 ITC 提供的一种快速的证据开示、事实查明和裁决机制，其旨在"337 调查"程序中，优先解决是否存在国内产业、专利是否有效等前置性问题。根据 ITC 的公开信息统计，自 ITC 于 2013 年推出"百日程序"试点以来，ITC 支持被申请人提出启动百日程序的比例仅为 17.86%。即使百日程序得以启动，胜诉率也仅为 12.5%。若算上所有提出百日程序申请的案件，通过百日程序取得胜诉的比率小到几乎可以忽略不计。在本案之前，尚没有中国企业主动发起该程序并取得胜诉的先例。

（ROLEX）、欧米茄（OMEGA）、万国（IWC）、百年灵（Breitling）、里昂（Leon）等国际知名品牌手表。2021年年初，武汉海关成功查办某公司侵犯株式会社村田制作所"muRata"商标专用权案件，没收价值416.71万元人民币的高精密电阻96万个，并处罚款10万元人民币。该案为武汉海关近年来"首次"在入境货运渠道查获的"首个"电子产品类侵犯商标权的"首起"案值超过400万元的知识产权案件。总体来说，近十年中国海关在进口环节扣留的嫌疑货物比重不足全部入境货物的1%，但逐年上涨的趋势不容忽视。

相比而言，出口环节更是海关知识产权保护执法的主要区域。近几年，中国海关持续开展的知识产权保护专项行动（代号为"龙腾"行动）中，武汉海关查获侵权货物数量和金额逐年上涨，涉案产品多为仿冒国际知名品牌服饰、箱包、皮具等劳动密集型产品。例如，2018年武汉海关查获的最大一起假冒商标专用权案中涉案的货物侵犯6个商标专用权，包括"LV"手提包80个、"MK"手提包28个、"YSL"手提包10个、"鳄鱼"T恤9件、"BOSS"T恤4件、"POLO"内裤15条。2019年，为期4个月行动中共查获假冒奢侈品牌出境邮件600余件，涉嫌品牌多为"LOUIS VUITTON""FILA""PANDORA""NIKE"等国际知名品牌的仿冒商品。

四 湖北省面临的知识产权摩擦形势评析

综合不同形式的知识产权摩擦情况来看，湖北省面临的摩擦呈现以下特点：

（一）尚未成为主要的摩擦形式，但产业升级将伴随更大摩擦风险

从知识产权诉讼案件来看，湖北省企业遭遇国外企业发起的有关知识产权起诉或者调查的案件数量并不多，而湖北省企业对外国企业发起知识产权纠纷更少。湖北省总体及主要产业对外开放度不高，而且企业自主知识产权数量相对有限是主要原因。

从涉案情况来看，相比山东、江苏、广东、福建、上海、深圳等"337调查"集中地区，湖北省作为内陆省份涉案数量非常少。相比贸易救济摩擦和技术贸易壁垒摩擦而言，知识产权摩擦尚未成为目前贸易摩擦的主要形式。

从涉案行业来看，"337调查"比较集中的行业包括电子产品、化

工、机械设备和钢铁。这些既是美国对华"337调查"较为密集的行业，也是湖北省的主要出口行业。从要素密集度来看，除钢铁行业之外，其他3个行业都是知识产权密集型行业[①]。因此，随着"十四五"时期湖北省产业升级，企业拓展美国市场将面临更大的"337调查"风险。

（二）企业意识和维权能力提高，但"侵权"治理任务依然紧迫

2010年，湖北省政府发布《知识产权战略纲要》，明确提出"到2020年将湖北省建设为知识产权强省"战略目标。知识产权经10年建设已取得明显成效。企业知识产权意识整体提高，维权能力不断增强。应对国际知识产权纠纷时，无论应对诉讼或者行政调查，湖北省内企业相比以往更加主动，在政府、行业协会等多方协助下最终结果也比较积极。

同时，湖北省出口企业"侵权"形势仍然非常严峻，尤其是仿冒国外商标的产品出口行为屡禁不止，不仅损害了湖北省企业在海外市场的形象，影响全省知识产权环境优化，更会进一步建设高水平的营商环境。因此，"侵权"治理任务非常紧迫。

第四节　本章小结

基于第五章对湖北省面临的非关税摩擦的国内外环境分析，本章进一步对湖北省内企业遭遇三种新型非关税摩擦的具体形势与特点展开研究。

一是对湖北省遭遇的贸易救济摩擦进行了总体形势分析与国别研究。首先，总体形势呈现三方面特点：①贸易救济摩擦来源国家（地区）以美国、欧盟和印度为主，其他发展中国家快速增多。②反倾销是主要摩擦形式，但"双反"增长显著。③金属制品业、化工业、钢铁、机械电子设备、非金属矿物制品业等主要出口行业摩擦多，但涉案产品技术密集度总体偏低。其次，对源于4个发达经济体和5个发展中国家非关税摩擦研究发现国别差异性：①北美：北美地区贸易救济摩擦

---

① 参见国家统计局2020年3月公布的《知识产权（专利）密集型产业统计分类表（2019）》。

形势最为严峻。其中，源于美国的反倾销和双反案件最多，救济税率高，且集中在对美国的主要出口产业中，涉案产品由中低端向高端产品转移趋势明显。加拿大的贸易份额小，摩擦数量不多，但更多采用"双反"救济措施，产品集中于金属制品，救济税率与美国相当。②亚洲：亚洲地区贸易救济摩擦数量位列地区第二，源于印度和土耳其两国。其中，印度贸易份额小，但贸易救济摩擦数量仅次于美国位居经济体第二，以反倾销为主，其他方式逐渐增多，主要出口行业摩擦多，化工产品最集中。土耳其贸易份额不足1%，贸易救济调查发起量多，但涉及主要出口行业摩擦少，产品集中于金属制品和机械设备。③欧洲：欧洲地区贸易救济摩擦数量位列地区第三，欧盟是主要来源地。源于欧盟的贸易救济摩擦数量位居经济体第三，以反倾销为主，但涉及主要出口行业较少，产品集中于金属制品和钢铁产品，"反吸收"救济制度极具欧盟特色，总体形势相对缓和。④大洋洲：澳大利亚贸易份额小，摩擦数量少，以反倾销为主，主要出口行业摩擦较少，产品集中于钢铁与金属制品。⑤拉丁美洲：源于巴西、墨西哥和阿根廷的贸易救济摩擦中，反倾销是唯一的摩擦形式，且摩擦均集中于非主要出口行业，源于巴西和墨西哥的摩擦集中于金属制品，而源于阿根廷的摩擦高度集中于机械设备。

二是对湖北省遭遇的技术性贸易壁垒（TBT）摩擦进行研究。依据出口产品类别，食药类产品自2013年起出口遭遇TBT摩擦数量明显增加，集中于美国市场。湖北省食药类产品出口美国遭遇的摩擦数量变化与双边贸易额增长态势趋同，中美关税摩擦及新冠肺炎疫情期间数量猛增，但与沿海省份相比，湖北省远未成为贸易摩擦集中地。受阻产品既有香菇、木耳、鲇鱼、小龙虾、柑橘等传统特色农产品，也不乏医疗器械、药品等高技术密集度产品，还包括食品类快速增长的消费品。另外，机电、化工、纺织品等湖北省最主要的出口产品出口欧盟、美国、日本等发达经济体正经历REACH技术体系、机电产品技术法规、纺织业绿色壁垒等多种TBT的考验。

三是对湖北省面临的知识产权摩擦进行研究。目前，湖北省出口面临的国际知识产权纠纷数量不多，其尚未成为国际贸易摩擦的主要形式，但进出口产品"侵权"行为日趋增多，亟待治理。

第七章

湖北省面临的国际贸易摩擦趋势与挑战

基于湖北省企业面临的关税摩擦及非关税摩擦国内外环境和具体形势,总结特点与研判发展趋势是构建应对贸易摩擦长效机制、制定有效对策的必然要求。因此,本章从国内外环境、主要伙伴贸易政策、贸易摩擦新特点、湖北省开放型经济发展和产业结构等视角,分析湖北省在加速构建全面开放新格局阶段很可能面临的贸易摩擦趋势和新挑战。

第一节 湖北省面临的关税摩擦发展趋势

一 全球关税摩擦的发展趋势

第二次世界大战后,23个国家以"扩大世界资源的充分利用以及发展商品生产与交换"为目的发起签订《关税与贸易总协定》(GATT)。1996年1月1日WTO正式取代GATT,截至2021年11月成员已达164个。"降低关税壁垒,并且不得随意提高"是WTO成员的重要承诺。在其推动下,世界关税水平已大幅下降,但各国之间的关税摩擦并未完全消失,反而在近几年愈演愈烈。

以2016年特朗普当选美国总统、英国脱欧为代表的"黑天鹅事件"成为逆全球化思潮泛起的重要标志,曾经竭力推动全球化进程的主要经济体如今正成为逆全球化的示范与主导力量。美国前任总统特朗普上任后奉行"美国优先"理念,鼓吹"公平贸易"口号,积极实施退出"跨太平洋伙伴关系协定"(TPP)、美墨边境修筑隔离墙、重新谈判《美加墨协定》（USMCA）等一系列单边主义和霸权主义措施。此外，美国不断挑起大国之间的关税摩擦，不仅包括史无前例的中美关税摩擦，还对欧盟、英国、奥地利等10个贸易伙伴就"征收数字服务税问题"发起"301调查"。拜登总统上任后，针对6个盟友国向美国Facebook、Google、Amazon等美国科技公司收取数字服务税的措施，决定对自6国总价值约20亿美元的进口商品征收25%的报复性关税。无独有偶，2019年9月日韩关税摩擦爆发。

发达经济体关税摩擦频发，带动发展中经济体提高关税壁垒的示范效应明显。发展中经济体也频繁高举"关税大棒"。除了印度于2017—2021年5次全面上调关税之外，土耳其商务部自2020年4月21日至5月20日连续三次宣布调高进口关税，累计约4000种商品[①]。沙特阿拉伯海关关务署宣布自2020年6月20日起上调1449项产品的进口关税，自7月1日起增值税由5%上涨至15%。2020年5月19日，阿尔及利亚加大进口限制，征税税率提升至30%—200%[②]。另外，乌干达将化妆品、变压器等产品的进口关税最高上调至35%[③]。《全球经贸摩擦指数报告（2020）》对20个主要国家（地区）贸易摩擦数据分析显示，印度、巴西、土耳其、阿根廷等发展中国家发布的关税措施数量合计占比约为81.2%，远高于发达经济体。

作为贸易摩擦重要的多边协调平台，WTO在大国势力博弈中日渐式微，推行改革履步为艰。新冠肺炎疫情叠加影响下，"关税措施"俨然再次成为大国博弈的重要手段，并且很可能继续成为常用手段。全球关税摩擦"常态化"将是中部地区扩大开放将要长期面临的国际经贸环境。

---

① 土耳其商务部自2020年4月21日宣布对3000多种进口商品实施加征额外关税。5月11日新增400种商品征收高达30%的附加关税。5月20日再次新增建筑材料设备、机械设备、钢铁制品、汽车零配件、电气设备等产品增收临时附加税。

② 事实上，2019年4月之前，阿尔及利亚贸易部就已经商定一份涉及1095种产品的征税清单。

③ 乌干达上调进口关税主要包括：化妆品的进口关税从25%增至35%；种子、蜂蜜、马铃薯的进口关税从25%提升至60%；瓷砖的进口关税从25%提升至35%，变压器的进口关税从0增至25%。

二　拜登政府时期中美关税摩擦的走势

美国现任总统拜登上任以来，执政理念和政策与特朗普政府大相径庭。不仅改变了单边遏制和逆全球化举措，还倡导回归多边主义，巩固盟友关系，但两者最终目标却是一致的——重塑美国的全球领导地位。在对华态度上，中国仍被视为唯一有综合实力持续挑战国际秩序的"竞争对手"以及"21世纪最大地缘政治考验"。

2020年1月15日，中美签订《中华人民共和国政府和美利坚合众国政府经济贸易协议》，关税摩擦暂告一段落。虽然按照承诺，中方扩大进口，美方也取消了部分加征关税[1]，但当前仍有约67%的美国自中国进口产品需要加征15%—25%的关税，约60%的中国自美国进口产品需要加征5%—25%的关税，美国对华进口平均关税税率依旧处于19.3%的高位，中国对美国进口平均关税税率也上升至20.9%[2]。对此，美中贸易全国委员会发布《2021年美中经济报告》认为，如果两国逐步将平均关税从目前约19%降低至12%，美国实际GDP将在今后5年中增加1600亿美元，就业岗位新增14.5万个，平均家庭收入提高460美元。相反，倘若经贸摩擦继续升级、中美进一步脱钩，美国将在今后5年损失实际GDP1.6万亿美元，2022年将流失73.2万个就业岗位，至2025年还将流失32万个就业岗位，同时也会削弱美国长期经济生产力，进而影响潜在GDP增长，至2025年年底美国家庭平均实际收入将损失6400美元[3]。尽管美国相关企业及行业协会多次表示强烈不满，但美国贸易代表凯瑟琳·泰明确表示，拜登政府并未打算立即取消关税，而是会将其作为与中国展开进一步磋商的"谈判筹码"。因此，特朗普政府"分阶段取消对华加征关税"的承诺在拜登政府时期何时

---

[1] 美方履行了取消部分加征关税的承诺。如暂停征收原定于2019年12月15日加征的关税，并将2019年9月1日生效加征关税税率从15%降至7.5%。

[2] 《负责任大国的担当——中国履行第一阶段经贸协议（金融服务篇）》，国际经济与金融研究中心，http://cifer.pbcsf.tsinghua.edu.cn/index.php?m=content&c=index&a=show&catid=107&id=448。

[3] 《美中贸易全国委员会：2021美中经济关系报告》，中文互联网数据资讯网，http://www.199it.com/archives/1194057.html，2021年8月30日。

完全兑现,中美进第二阶段磋商何时开启无法预期①。

　　同时,高新技术领域是此轮中美关税摩擦的核心领域,充分显示了美国政府为了维护美国高科技领域的全球绝对领先优势,遏制中国技术赶超的战略意图。2019年1月第166届美国国会通过了366项涉华法案,其中一半以上是对中国企业进行制裁和对高科技产业进行供应链断链以及禁供的法案。2021年6月拜登政府还通过了《2021年美国创新和竞争法案》(USICA),明确提出"在人工智能(AI)基础研究方面占领世界制高点,创造起码超过中国两代的先进科学技术。AI时代要想保卫美国,必须赢得同中国的技术竞赛"。基于此,除关税摩擦外,美国还持续制裁中国企业。资料显示,自2018年3月22日至2021年12月18日,被美国政府及其职能部门列入实体清单(Entity List)中的中国实体共计611家,包括与信息技术、核电、国防军工、航天科技、通信、半导体、人工智能有关的高校、研究机构、技术公司等。中国华为、大疆、海康威视、福建晋华等知名企业均榜上有名。可以说,关税措施已成为美国在先进制造业领域与中国博弈的重要手段。拜登政府时期关税摩擦是否还会继续升级存在相当大的不确定性。而即便不会升级,在短期内减少或者降低壁垒可能性不大。

三 "印度制造"新阶段印度对华关税摩擦的走势

　　"印度制造"战略已实施多年,但截至2019年印度制造业增加值占GDP比重仍未超过15%,距离"2025年实现制造业比重提升至25%"的战略目标相去甚远。新冠肺炎疫情暴发后,印度实施了"86天最严封国令",2020年第二、第三季度GDP连续下滑,全年经济收缩约8%。2020年年末,在疫苗接种计划推行下,印度经济出现复苏势头。然而,2021年3月第二波新冠肺炎疫情暴发,多个邦病例激增,导致印度4月和5月失业人数累计达2270万人,消费者储蓄持续减少,极大降低了实现两位数增长的可能性。在此影响下,IMF将2021—

---

① 参考消息网2020年7月16日报道:"外媒称,美国总统特朗普周二关闭了与中国进行第二阶段贸易谈判的大门,称由于新冠肺炎疫情而不想与北京会谈。外交部发言人华春莹同时表示,没有听说中美将进行第二阶段经贸协议磋商"。参考消息网,http://news.china.com.cn/rollnews/news/live/2020-08/13/content_ 922169.htm。

2022 财年印度增长率预期从 12.5% 下降到 9.5%①。

新冠肺炎疫情的严峻形势下，要实现"印度制造"目标显然压力倍增。为此，莫迪政府于 2020 年 6 月启动了新一阶段"印度制造"计划。依据新计划，2020—2025 年将推行 10 个制造业领域的促进计划（PLI），资金资助计划达 2 万亿卢比，重点推进电子制造、电动汽车制造和光伏产品国产化。其中，在电子制造业方面，2020 年年底提出"年产 10 亿部手机、5000 万台电视机、5000 万台笔记本电脑和平板电脑等 IT 硬件设备"的愿景，"未来 5 年内创造 1 万亿美元数字经济"的期望②以及"打造全球电子制造业出口中心"的目标。在汽车制造业方面，在 PLI 中投资于该领域的投资激励措施超过 1/4，加上汽车生产所需的相关特种钢投资，金额占比将会高达 32%。在光伏产品制造方面，印度期待实现 100% 国产化。

伴随上述目标而来的便是新一轮的上调关税计划。2020 年 2 月，印度上调了电动汽车零部件及整车产品进口关税，自 8 月 1 日起上调了太阳能电池组件进口关税 20%—25%。资料显示，自 2022 年 4 月 1 日起印度将调整太阳能组件（HSN85414012）和太阳能电池（HSN85414011）基本关税至 40% 和 25%，意味着机电产品中又有两种新产品将加入高关税行列。中国是印度太阳能电池组件和设备最大的进口来源国，占印度市场份额的 85%—90%。该类产品恰恰也是湖北省对印度出口的优势产品。因此，短期来看上述产品对印度出口的利润空间将再受挤压。

从长期来看，自 2014 年开始推行的"印度制造"战略体现了印度作为发展中大国追求独立自主的愿望和实现"强国梦"的决心。这一过程中，印度大力推行贸易保护主义，"关税措施"逐渐成为其贸易政策"标配"。新冠肺炎疫情反复肆虐、贸易逆差未获缓解、边境冲突不断发生等多方面因素叠加影响下，从民众到政府，印度对华抵制情绪也日渐强烈。可以预见，湖北省出口印度的电子信息设备、太阳能产品、

---

① 《国际货币基金组织将印度 2022 财年的增长率从 12% 下调至 9.5%》，三泰虎网，http://www.santaihu.com/p/53284.html。

② 《印度通信部长放话：在手机制造领域，目标是让印度超越中国》，人民资讯网，https://baijiahao.baidu.com/s?id=1686299268963299620&wfr=spider&for=pc。

汽车产品等优势产品关税成本很可能持续上升，而开拓其他产品市场也将面临印度经贸环境恶化和经济政策不确定性加剧的风险。

第二节 湖北省面临的贸易救济摩擦发展趋势

从行业角度和国别角度整理湖北省出口遭遇的贸易救济案件后，发现近几年的贸易救济摩擦在救济形式、救济方式等方面呈现出新特点和新趋势，将成为湖北省内企业未来会面对的更隐蔽的贸易壁垒。

一 主要出口行业和产品将遭遇更多"围堵"

国际金融危机之后，湖北省主要出口行业及代表性出口产品在国际市场上同时或者陆续遭遇多个国家发起贸易救济调查的"围堵"现象逐渐增多，近三年这一趋势尤为明显。

以湖北省涉案数量最多的金属制品为例。铝型材、不锈钢水槽和无缝钢管产品均是金属制品中的代表性出口商品，也是贸易救济摩擦"高发"产品。国际金融危机之后，中国铝型材产品出口遭遇反倾销调查不断。2010年4月27日，美国商务部决定对中国铝型材展开"双反"调查，并于2011年5月26日起征收反倾销税和反补贴税。期满5年后，2016年4月1日"双反"第一次日落复审启动并最终于2017年3月10日作出肯定性产业损害终裁——继续征收现行反倾销和反补贴税5年。其后，2017年10月19日澳大利亚反倾销委员会发布第2017/144号公告，宣布对中国和泰国的铝型材启动反倾销立案调查。2019年1月11日，越南工贸部宣布对铝型材启动反倾销调查，并于同年9月28日作出肯定性终裁，对涉案企业征收2.49%—35.58%为期5年的反倾销税。2020年2月14日，欧盟委员会也宣布对该产品展开反倾销立案调查。至此，湖北省铝型材出口企业同时在美国、澳大利亚、越南和欧盟遭遇"围堵"。

铝型材并非唯一遭遇"围堵"的金属制品。2018年3月至2020年4月，湖北省出口的不锈钢水槽产品陆续遭遇美国、澳大利亚、哥伦比亚、加拿大、墨西哥五国"反倾销"或"双反"调查。2016年8月至2020年5月，无缝钢管产品遭遇了欧盟、土耳其、墨西哥、哥伦比亚等国反倾销调查，其中3起调查已经在第一次日落复审中获得肯定性终裁，意味着截至 2025 年出口该产品的企业至少在 3 个出口市场中需要继续承担高额关税成本。

除金属制品外，湖北省其他主要出口产品也遭遇越来越多类似情境。案件信息显示，化学原料及制品行业中，柠檬酸、葡萄糖酸钠陆续遭遇美国、欧盟、巴西的贸易救济调查；非金属矿物制品行业中，巴基斯坦、巴西、美国、欧盟先后对瓷砖产品提起反倾销或"双反"调查，哥伦比亚、巴西、印度、土耳其和墨西哥先后对陶瓷餐具进行反倾销调查或日落审查；钢铁行业中，H 型钢产品和冷轧不锈钢板/卷先后遭遇越南、马来西亚、巴西等国的反倾销调查；而机电产品中，光伏组件、钢制轮毂也遭到加拿大、印度、土耳其及美国不同类型救济措施调查。

日益增多的"围堵"为企业经营造成了更大困难——企业若应诉则将承担多个国家的应诉成本，若不应诉则可能因无法承担高额关税而退出多个市场。

二 更多产品将受到"日落复审"长期保护

"日落复审"制度是贸易救济中的必经程序，即原本被裁定征收反倾销税或者反补贴税的企业如果在 5 年内贸易行为有所改进或者提高应诉水平，在"日落复审"中获得否定终裁，那么该企业不会再继续被制裁。因此，在公平贸易前提下，它是企业打好"翻身仗"的好机会。但是，近十年的明显趋势是，日落复审肯定性终裁概率非常高，每一次肯定性终裁都将延长 5 年制裁期。因此，"日落复审"又成为能够为某一产业或产品提供长达数十年贸易保护的隐形渠道。

从湖北省出口贸易救济摩擦案件的执行状态来看，截至 2021 年 6 月 30 日，83.7%的案件在原审终裁中获得产业损害肯定性终裁并已进入救济措施执行期。进一步分解执行阶段发现，54.3%的案件处于承担反倾销税和/或反补贴税的第一个"5 年之期"；25%的案件已获得第一次日落复审的肯定性终裁，意味着进口国对涉案产品的保护期将延长 5 年；分别有 14.9%和 5.5%的案件已经在第二次、第三次（包括第四次）日落复审中获得了肯定终裁结果，意味着进口国对涉案产品反复实施救济措施的累计时间可能长达 15—20 年。

从国家分布来看，湖北省涉案产品遭遇至少三次日落复审肯定性终裁结果的来源地中美国、欧盟和印度位列前三。但是，随着发起于发展中国家的救济案件第一个"5年之期"的结束，将会有越来越多的产品步入"日落复审期"，反复利用日落复审延长保护时间的做法很可能得以效仿，从而必将提高湖北省产品进入发展中国家市场的贸易壁垒。

三 贸易摩擦将从"单国摩擦"走向"区域摩擦"

在日落复审制度下，同一地区内多个国家"联手"对某一产品反复实施贸易救济措施、扩大保护范围的做法也逐渐增多。这种现象在拉丁美洲地区尤为明显。本书以出口拉丁美洲市场的陶瓷餐具遭遇反倾销为例予以说明。

陶瓷餐具是湖北省在非金属矿物制品类中的代表性出口产品。早在2004年11月，哥伦比亚就对陶瓷餐具产品作出了征收反倾销税的原审终裁并执行了救济措施。2011年11月、2015年3月和2017年12月，哥伦比亚又连续做出第二、第三和第四次日落复审肯定性终裁，征收反倾销税的措施直至2020年12月才终止，意味着哥伦比亚对同款陶瓷餐具征收反倾销税长达15年。

除哥伦比亚外，湖北省出口的陶瓷餐具分别在2009年9月和2015年9月阿根廷反倾销原审和第一次日落复审中获得肯定性终裁结果，反倾销征税措施终止于2020年9月。同时，巴西和墨西哥均于2014年年初和2019年年末对该产品做出原审和第一次日落复审肯定性终裁结果，反倾销征税措施将持续到2025年。

上述四个国家均是湖北省在拉丁美洲地区的主要出口市场[①]。很显然，通过上述做法，拉丁美洲国家对陶瓷餐具产品的贸易保护不仅时间长，而且保护效应从一国市场扩大整个拉丁美洲地区。对于湖北省出口企业而言，为避开一国反倾销征税而转向开拓该地区其他市场的可能性显著降低。由于区域性的保护长期存在，最终的结果可能导致这一产品从区域市场中退出。

四 "反规避"调查将成为贸易壁垒新形式

全球反规避调查发起者以欧盟和美国为主，但自2019年起印度、土耳其、阿根廷等贸易救济摩擦发起量大的发展中国家也逐渐在行政复审程序中加入了反规避调查，目的是确保被诉国未通过规避行为抵消救

---

① 墨西哥地处北美洲，但政治意义通常认为是拉丁美洲国家。

济措施的效果。

数据显示，对华贸易救济案件中进行过反规避立案调查并获得肯定性终裁结果的案件约占15%。其中，湖北出口产品遭遇过反规避调查的案件约20起，占湖北省贸易救济案件总数的4.6%。案件涉及的产品（发起国）包括焊缝管（澳大利亚）、不锈钢无缝钢管（欧盟）、厚钢板（巴西）、无涂层纸（美国）、花岗岩（土耳其）、柠檬酸（欧盟）、铝型材（美国）、陶瓷餐具和厨具（欧盟）、铰链（土耳其）、耐腐蚀钢（欧盟）等。

同时，多个国家对同一产品"联手"发起反规避调查的现象也有所显现。例如，钢铁产品中的冷轧钢板就遭遇印度、墨西哥和美国的反规避调查。2016年5月17日，美国商务部宣布对自中国进口的冷轧钢板作出反倾销和反补贴肯定性终裁，裁定普遍倾销幅度为265.79%、补贴幅度为256.44%。2016年11月17日，ArcelorMittal USA LLC、Nucor Corporation等6家企业声称"中国通过向越南生产商出口冷轧钢板后出口至美国以规避美国对中国双反措施"，从而美国商务部启动了反规避调查。同时，2015年墨西哥对中国冷轧钢板征收反倾销税后，墨西哥企业认为中国企业通过"将冷轧钢板轻微改变为冷轧含硼合金钢"规避反倾销制裁而要求启动反规避调查。2016年7月11日，墨西哥经济部作出了反规避肯定性终裁，并按此前对冷轧钢板的反倾销税征收标准对"冷轧含硼合金钢"征收反倾销税。另外，2016年2月印度也着手对中国冷轧钢板启动了反规避调查，其做出的肯定性终裁不仅决定沿用此前反倾销税标准，而且扩大了征税对象至另一型号冷轧钢板产品。

目前，由于各国反规避国内立法存在差异，调查具有很大自主性和自由度，法律制度与执行过程透明度也不尽相同。中国在反规避相关的法律制度和救济实践发展都非常滞后，这一新的趋势无疑将逐渐成为新的贸易壁垒形式，对湖北省企业应对贸易救济摩擦提出了更大挑战。

五 "反补贴"下政府产业扶持需更加谨慎

反补贴措施曾经具有不适用于"非市场经济"国家的惯例。但是，2006年10月美国商务部在未承认中国"市场经济国家"地位的前提下对原产于中国的铜版纸展开了第一次"双反调查"，并于2007年10月作出了"倾销幅度为21.12%—99.65%，补贴率为7.4%—44.2%"的最终裁定。尽管最终认定自中国进口的铜版纸并未造成产业损害而未予实施,但"铜版纸案"成为美国国内法"非市场经济国家适用性"的新判例。此后,"双反"措施逐渐成为美国对华实施贸易救济的最主要方式①。

从湖北省遭遇的贸易救济摩擦来看,美国、欧盟和澳大利亚是发起反补贴和"双反"最多的经济体。对被认为"补贴"的行业,上述三个经济体在大部分情况下会进行反倾销和反补贴双重制裁,这对于发展中国家企业而言无疑是相当严厉的。从行业来看,反补贴最集中的行业是金属制品、钢铁和机械设备,其中钢铁是湖北省支柱产业,金属制品制造业、汽车产业以及机械设备制造业是其下游产业。上述产业均是湖北省主要出口产业。涉案产品中,铝型材、瓷砖等产品同时遭遇多国"双反"调查和制裁最密集、最频繁。

事实上,欧美早在2006年就陆续启动了对华钢铁反补贴救济调查,但直到2015年以后,涉及湖北省企业的案件才变得尤为突出。反补贴救济调查关注的是政府是否在产品生产过程中给予了WTO禁止的直接或者间接补贴。与反倾销不同的是,虽然被起诉对象是出口企业,但最终接受调查的是政府产业政策。而且,一旦被裁定某一行业存在被禁止的补贴,其将很可能成为行业判例,其后同行业内其他产品进入该国市场时遭遇反补贴起诉的可能性也将大为增加。因此,湖北省产业升级过程中,政府在制定产业政策上应当更加谨慎。

第三节　湖北省面临的技术性贸易壁垒摩擦发展趋势

技术性贸易壁垒中的技术标准、规则制度层出不穷,引发的贸易摩擦在产业领域、地域、贸易方向等方面均发生着新的变化。

一　技术性贸易壁垒摩擦将更多发生在环保领域里

20世纪90年代以来,温室气体排放引致全球气候变暖,受到国际

---

① 美国法院对于美国国内法对"非市场经济国家"适用性的判定一直存在争议。美国联邦巡回上诉法院曾于2011年12月针对中国河北一家中国轮胎企业与美国母公司"反补贴"救济做出一项历史性的裁决,认定美国的反补贴法并不适用于非市场经济国家。这一结果意味着对2006年12月"铜版纸案"以来美国商务部所有对华"反补贴"肯定性裁定结论的否定。但是国内争议并未阻止"双反"成为美国对华贸易救济的主要方式。

社会广泛关注。如今气候变化问题已经成为各国之间利益博弈的新领域，尤其是发达经济体以"应对气候变化"为名高筑环境贸易壁垒，如碳减排标准、碳标签制度、碳关税等。由于发达国家制定的环境标准，往往在短期内远远超过发展中国家的能力。一旦产品生产满足不了发达国家环境标准，必然导致技术性贸易壁垒摩擦。

以"碳标签"制度为例。碳标签是一种贴在产品上的标签。企业将生产产品过程中所排放的温室气体量标明在产品标签上，告知消费者。因此，碳标签可以被视为企业生产过程实施低碳排放技术外在表现形式。2007年，碳标签制度发起于英国，其专门为了应对气候变化而鼓励英国企业使用碳标签。随后，日本鼓励企业在产品包装上详细标注产品生产每个阶段的碳足迹。欧盟在推广碳标签时甚至做出了强制性的规定，并将于2023年对部分进口商品征收碳边境调节税。在美国，最先注明碳标签的是百事公司，其后戴尔、通用等企业都逐步在产品标明碳足迹。此外，瑞典、加拿大、韩国等国家（地区）都在国内推广使用。目前，发达国家已逐步迎来全民低碳消费的时代，碳标签在偏好低碳生活的消费者中颇受推崇，相比普通商品也具有更高的商业价值和品质。目前，越来越多的发达国家强制要求进口产品使用碳标签。因此，由于发展中国家产品往往具有更高的碳足迹，企业为获得碳标签不得不支付大量额外费用，或是被市场淘汰。

湖北省作为中部地区制造业大省，重工业比重占工业增加值65%。同时，机电、化工、钢铁等主要出口行业均是能源密集型行业，未来遭遇技术性贸易壁垒摩擦很可能更多发生在环保领域中。

二 技术性贸易壁垒摩擦将更多发生在生产链上

国际上对于产品质量认证正在经历由对最终产品检测向研发、生产、加工、包装、运输、销售和消费甚至召回制度全生产链上的监督。例如，早在2006年日本《肯定列表制度》就开始了"从田间到餐桌"全生产链条的质量监控。欧盟REACH制度事实上也是典型的管控化学产品生产、使用安全、召回制度的全生产链条技术法规。又如，欧盟专门针对产品能耗的EuP环保指令首次将生命周期理念引入产品设计环节中，从生产源头入手，在产品的设计、制造、使用、维护、回收、后期处理这一生产周期内，对用能源产品提出环保要求，全方位监控产品对环境的影响。这部指令的覆盖面非常广泛，原则上涵盖所有投放市场的产品所含有的原材料、生产方式、使用方式、产品寿命以及报废时处理的方式或者可以循环再造的程度。在欧盟首次公布必须合规的产品种类就包括电子产品、热水器、照明设备等中国具有出口优势的产品。这部指令的实施使企业需要从原材料、生产安全、出口检测等全生产环节实施改造。再如，进入美国市场的农食产品及药品必须获得的 FDA 强制认证，但 FDA 的认证并不仅仅是对成品检测，其还对生产过程进行现场勘查，以确保生产过程的安全性。FDA 现场勘察制度已经使很多中国企业因为生产链安全和技术处理问题而被美国拒之门外。

目前，中部地区通过"放管服"等改革，营商环境改善，基础设施建设成绩斐然，承接东部地区产业转移已呈现出高质量、总量逐步加大的特征。产业领域上，不仅涉及车零部件、建材、化工等传统制造业领域，也涉及新一代信息技术、高端装备、生物医药等新兴产业领域。这也意味着，中部省份将在生产环节上面对更多技术性贸易壁垒摩擦的挑战。

三 技术性贸易壁垒摩擦将更多发生在新兴市场里

2019—2021 年，WTO 的 164 个成员中，提交 TBT 通报的成员年均 83 个，TBT 通报数量年均 3552.3 件，且每年有所增长。除了美国和欧盟之外，位列前十的国家通常包括乌干达、肯尼亚、坦桑尼亚、卢旺达、以色列、中国、埃及、厄瓜多尔等发展中国家。同期，在 137 个已同中国签订"一带一路"合作协议的国家中提交 TBT 通报的国家年均约 60 个，而沿线地区年均通报总量约占 WTO 成员总通报数的 50%—65%。其中，肯尼亚、坦桑尼亚、菲律宾等国 TBT 通报数量稳步上升[①]。

同时，2017—2020 年，每年大约 65 个成员通过 WTO 秘书处发布 SPS 通报，数量逐年上涨。2017 年通报量为 1480 件，2020 年通报量增加至 2122 件。巴西、秘鲁、肯尼亚、中国、智利、乌干达、菲律宾等发展中国家通报数量经常位于前十。"一带一路"沿线各国通报量呈现明显增长，如中亚及独联体国家从 45 件增长到 76 件，东盟从 66 件增

---

① 根据江苏省技术性贸易措施信息平台 WTO/TBT 和 WTO/SPS 通报整理。

长到115件，西亚国家从156件增加到637件。而且，研究发现即使是同一地区的不同国家通报内容存在很大差异。例如，中亚及独联体国家中俄罗斯关注乳制品的技术法规和食品标签，乌克兰更加关注转基因食品和动物饲料。

不仅如此，发展中国家由于技术性贸易措施的发展起步晚，制度不完善，因此呈现出与欧美日等发达国家完全不同的特征。比如，"一带一路"沿线国家存在标准不能互认、信息不公开、通报速度快、管理部门多种多样、标准制定缺乏科学性等问题。因此，湖北省企业开拓新兴市场时除了应对技术性贸易壁垒本身之外，还将面临更加差异化的体制机制性障碍。

四　技术性贸易壁垒摩擦将更多发生进口环节中

随着中国开放度提高和居民消费水平提升，巨大市场需求快速释放。但是，进口产品质量良莠不齐，大批产品被中国海关拒绝入境。2020年年末，海关总署对来自日本、泰国、韩国、美国等63个原产国家或地区进口商品817批次进行抽检，不合格批次252批，占30.8%，主要是婴儿服装、婴儿纺织用品、文具、太阳伞、电子坐便器、净水设备滤芯等进口消费品。拒绝原因主要是有害物质超标，安全不合格、性能不合格、未经CCC认证或使用假冒CCC认证标识，并采取退运、销毁、不准出口、技术处理等措施[1]。同时，通过跨境电商方式进口的消费品也存在安全风险。海关总署对2021年牙刷、服装、婴童用品、家用电器等13个类别的跨境电商进口消费品展开质量安全风险监测，结果发现风险发生率为9.79%，562批抽样中有11批质量安全风险等级为高风险或中高风险[2]。

近年来，湖北省各口岸海关对各类进出口商品定期进行风险监测，对不合格商品加大打击力度。2017年6月至2020年6月，未准入境食品和化妆品共计23批次，原产地包括巴西、德国、澳大利亚、新西兰、

---

[1] 《2020年进出口商品质量安全风险监测情况》，浙江省对外贸易公共服务平台，http://zjmade.cn/ecloud/plat/detail/7887.html。

[2] 《海关总署公布2021年跨境电商进口消费品质量安全风险监测情况》，光明网社会，https://www.360kuai.com/pc/9fd35dac9687588f9?cota=3&kuai_so=1&sign=360_57c3bbd1&refer_scene=so_1。

法国、马来西亚、白俄罗斯、泰国等,"一带一路"沿线国家禁止入境产品共15批次,占65.2%。从原因来看,"超量或者超范围使用食品添加剂"的产品共14批次,占60.8%,其次是"污秽腐败"共5批次,其他原因涉及"菌类超标""包装不合格""检测出动物疫病"等。此外,进出口婴童服装及纺织用品、洗洁精、刹车片、LED光源等不合格产品也并不少见。2018年,武汉海关对83批次大众消费品进行抽查检测,不合格率达27.7%,最主要原因是成分含量与检测结果不符、包装及标识不合格。产品主要来自英国、美国、西班牙、中国台湾等国家(地区)①。

随着中国科技进步,技术标准和技术法规不断完善。同时,国内消费者对美好生活的需要必然提升对产品质量的要求。因此,中国TBT措施也将不断增多,尤其在进口环节中,技术性贸易壁垒摩擦会日益加剧。

第四节 湖北省面临知识产权摩擦的新挑战

目前,知识产权摩擦尚未成为湖北省遭遇的贸易摩擦主要形式。但随着知识产权强省战略的推进,知识产权摩擦必将成为湖北省企业面临的新挑战。

一 知识产权综合水平提升,知识产权摩擦增多无可避免

中国知识产权综合发展水平快速提升,正从知识产权引进大国向知识产权创造大国转变。2019—2021年WIPO《全球创新指数》(Global Innovation Index,GII)显示,美国、德国、日本、瑞士、瑞典、英国、荷兰等发达国家依旧领军全球创新,但是创新核心区正在"东移",中国、韩国、印度、菲律宾和越南在许多创新指标中取得显著进步,贡献度逐年增加。

其中,中国自2013年起创新指数稳步上升,2018年和2019年连续两年排名第14后于2020年上升至第12,创新质量评分连续七年位

---

① 《湖北省去年进出口商品23批次抽检不合格》,新浪网,http://k.sina.com.cn/article_3164957712_bca56c1002000qmoa.html。

居发展中国家榜首①，也是唯一进入全球 30 强的发展中国家。中国在本国人专利申请量、实用新型、商标、外观设计、创意产品出口等关键产出指标以及无形资产、知识创造分支柱指标的排名均保持世界首位，已经确立了全球创新的领先地位②。2021 年，中国在知识传播这一大类指标进步明显，特别是知识产权收入在贸易总额中的占比这一细分指标上持续进步。在国际专利方面，2008—2018 年中国海外专利申请量增长了 21.2%，远超发达经济体。2019 年，中国申请量为 5.33 万件，仅次于美国 5.61 万件位居世界第二，超过日本 4.97 万件、德国 1.98 万件和韩国 1.7 万件③。

《2020 年中国知识产权发展状况评价报告》也从中国知识产权创造指数、运用指数、保护指数和环境指数四个方面对全国以及所有省份知识产权发展水平进行了评分。结果显示，2020 年中国知识产权综合发展指数达 304.7（以 2010 年为 100），年增长率达 11.8%，提升效果显著④。

与此同时，湖北省知识产权水平也取得了跨越式进展：①专利方面，全省专利授权总量约 11 万件，发明专利授权近 1.8 万件，同比增长 23.82%，创下近 10 年来专利授权增长率最高纪录。②商标方面，增量上，全省申请地理标志商标 25 件，注册地理标志商标 33 件，同比增长 26.92%，新核准地理标志产品专用标志使用企业 4 家，发放专用标志下载口令 310 个。截至 2020 年年底，全省累计获批保护的地理标志产品 165 个，累计核准地理标志产品专用标志使用企业 238 家，注册地理标志商标 475 件。存量上，截至 2020 年年底，全省有效注册商标总量已达 67.4 万件，同比增长 22.1%，平均每 8.5 个市场主体就拥有 1

---

① 质量评分指标包括：当地高校质量（QS 高校排名）、专利发明的国际化（多局同族专利）、科学出版物的质量（引用文献 H 指数）。中国是唯一一个在全部三项指标上向高收入组靠拢的中等收入经济体。

② 《2021 年全球创新指数报告解读》，信通院知产中心，https://www.sohu.com/a/496115552_121181007。

③ 世界知识产权组织：《2019 年全球创新指数》，https://www.wipo.int/edocs/pubdocs/en/wipo_pub_gii_2019-appendix2.pdf。

④ 《2020 年中国知识产权发展状况评价报告》，东方财富网，https://finance.eastmoney.com/a/202110202147931924.html。

件注册商标，累计认定驰名商标387件。③国际方面，2020年全省通过《专利合作条约》（PCT）途径提交的国际专利申请共1504件，增速超过20%，保持全国排名第7位，中西部第1位。目前，湖北知识产权综合指数上升至全国第8位①，企业知识产权意识、认知度和应用性整体提升。

在创新驱动的经济中，知识产权水平决定了供给质量。中国知识产权国际竞争力持续提升，湖北省知识产权也正经历跨越式发展，高新技术产业加速增长，出口产品质量持续提升，"走出去"企业也将面临更加激烈的对华知识产权摩擦。同时，伴随知识产权保护意识和能力提高，对进口产品侵权的打击也将有所增加。

二 "337调查"范围持续扩大，低端行业潜在风险增大

从行业角度看，对华"337调查"出现了新的趋势。虽然目前摩擦对象主要是沿海地区企业，但可以为湖北省企业提供参考。新的趋势主要表现为：①涉案行业持续增多。20世纪90年代8起案件涉及7个行业，国际金融危机前增加至14个，2016年至今涉案行业已经达到23个。②涉案行业范围扩大。加入WTO后，中国遭遇"337调查"涉及行业较20世纪90年代增加了仪器仪表、医药、通用设备等中高技术密集型行业，也涉及文教体育、木材制品等劳动密集型产品，甚至涉及食品加工这类初级产品部门；2008年后还增加了烟草、化纤、皮革等6个部门。③涉案产品呈现高端向低端扩散趋势。2000—2016年，美国对华"337调查"最集中行业是机械电子行业，案件占比始终保持50%以上，远高于其他制造业，摩擦最多的产品部门依次是电子产品、电气产品和通用设备。然而，2016年以后的新变化是机械电子行业案件数量占比明显降低。出现同样趋势的还包括塑料和橡胶制品、化学原料及制品等中高技术密集型产品。相反，家具、食品、纺织、石油、造纸、化纤等低技术密集型和劳动密集型产品涉案数持续增加。

上述趋势表明两方面风险将增大：其一，越来越多行业的企业对美国出口遭遇"337调查"的可能性在不断增大。其二，"337调查"向

---

① 《知识产权统计快报》2020年第13期，湖北省知识产权局，http://zscqj.hubei.gov.cn/fbjd/xxgkml/sjfb/202103/P020210330416789987347.pdf。

家具、纺织品、食品等知识产权密集度最低的行业扩散，意味着湖北省对美国出口上述产品企业遭遇知识产权摩擦风险会有所增加。

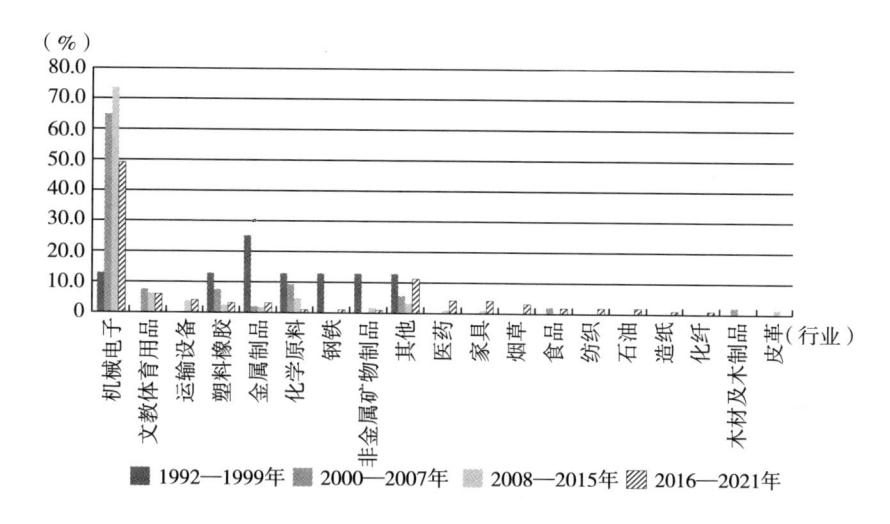

图 7-1　1992—2021 年美国对华"337 调查"行业分布

注：图 7-1 将电子工业、电器工业、专用设备、通用设备和仪器仪表合并为"机械电子行业"。

资料来源：根据中国贸易救济信息网数据整理。

三　跨境电商新业态加速成长，网络侵权治理难度更高

面对新冠肺炎疫情全球蔓延的严峻形势，湖北省外贸企业纷纷"线上转型"，通过跨境电商业务实现出口逆势上扬。很多沿海地区跨境电商企业也正在向以武汉为代表的中部城市转移和布局。2018 年和 2020 年先后获批武汉和黄石两个国家跨境电商综合试验区试点后，"跨境电商+综合外贸服务+市场采购"已经成为湖北省大力推进外贸转型的方向。

湖北省跨境电商产业正处于加速成长的关键时期。海关数据显示，2019 年，湖北省跨境电商实现进出口 12.7 亿元，同比增长 12.3 倍，2020 年继续增长 92.4% 达 24.5 亿元[①]；清单量 542.5 万票，同比增长

[①]《2020 年湖北跨境电商进出口额突破 24 亿元》，央广网，https://xw.qq.com/cmsid/20210114A0922A00。

29.3倍；进出口快件报关单量113万票，同比增长8.9倍；进出口邮递包裹2379万件，同比增长8.2%。省商务厅数据显示，2020年9月1日0时以B2B直接出口货物顺利通关，标志着湖北跨境电商B2B出口业务正式启动。物流方面，2020年武汉至比利时的12条国际货运定班航线开通，累计开行国际货运包机1000余架次。同年，武汉跨境电商综合试验区跨境电商交易额突破5亿美元。其中，美国、英国、德国、澳大利亚、加拿大和法国依次是湖北电商的主要出口市场；电商产品中，服饰与饰品、家居装饰、健康与美容、体育用品、手机等产品出口额年增长超过60%，汽车与卡车配件出口额的年增幅更达到90%[①]。可以说，跨境电商已成为湖北省外贸稳定发展的新引擎、对外开放的新窗口、产业转型的新业态。

然而，与跨境电商迅猛发展之势不相匹配的是，跨境电商企业对海外市场知识产权问题认知不足，政府对新业态下知识产权的管理滞后。无论是出口还是进口，隐藏在网络销售上知识产权摩擦的风险已使电商企业深受其害。一方面，中国出口企业侵犯国外企业知识产权现象并未有效改善。例如，2018年上百名独立站卖家侵权Adidas，数千名亚马逊、速卖通、Wish、eBay卖家被Keith起诉，涉案企业承担几万美元甚至几十万美元的罚金，极大影响电商企业海外业务的拓展以及形象；更有甚者，2018年32家企业美国创意配件公司奈爱（Nite Ize）起诉侵犯手机配件专利并获得ITC发布普遍排除令，不仅所有电商平台删除仿冒甚至类似产品，而且美国海关及边境保护局禁止产品进入美国。又如，各大电商平台"正品保证"的口号也并没有降低每年"3·15"对假货的投诉率。美国在2018年和2019年《特别301报告》连续指出"中国对于电子商务市场上普遍存在的盗版、假冒产品现象并未采取有效措施，中国大陆或者通过香港转运出口的假冒和盗版商品缉获量持续上涨"。美国对外贸易代表处公布对知识产权问题严重的"恶名市场"（Notorious Markets）评估中明显加大了在线市场的比重，2019年评定的33个在线市场中中国新兴电子商务企业"拼多多"第一次上榜，而淘

---

① 《eBay布局湖北，挖掘跨境电商出口高潜力的新兴卖家市场》，雨果跨境网，https://www.cifnews.com/article/43966。

宝网、敦煌网再次被点名。另一方面，湖北企业知识产权布局能力和维权能力也面临更多挑战。很多电商出口企业在对自主创新的产品做好商标或外观专利保护之前就急于投放国际市场，在遭遇海外侵权后，根据各国法律和电商平台运营规则却难以维权。

因此，新业态的快速增长对湖北省政府有效治理网络侵权、打造纯净健康的知识产权营商环境、防范和化解知识产权摩擦的水平以及电商企业维护知识产权意识和能力均提出新的挑战。

四 "一带一路"市场差异大，知识产权摩擦风险多

近五年来，"一带一路"沿线地区是湖北省对外贸易增长最快的地区，进出口商品种类从3720种增加到4264种，高新技术产品出口比重从20.9%提高至22.6%，平板电脑、笔记本电脑、集成电路出口实现了从无到有的突破，钢铁和汽车产品等传统优势产品出口额增长了40%—60%[①]。但是，中国企业在"一带一路"沿线国家也曾遭遇过许多商标被抢注的知识产权纠纷，包括"飞鸽""联想""海信"等知名品牌。因此，沿线国家知识产权发展状况及摩擦风险是湖北省企业开拓新市场时需要考量的重要因素。具体而言，这一区域存在的知识产权摩擦风险来自两个方面：

一方面，新进入市场的企业可能面临侵犯已进入企业的知识产权。据统计，2006—2015年世界500强企业已经在"一带一路"沿线国家展开了专利布局，专利申请总量累积超过100万件。欧亚专利组织（EAPO）统计显示，2013年美国在EAPO申请量为779件，占EAPO当年总申请量的22.7%，其后依次为德国、俄罗斯和法国，分别为368件、353件和212件；其中授权量美国为280件，占EAPO当年总授权量的17.7%，德国、俄罗斯和法国分别为185件、142件和108件。相比之下，2009—2013年中国在中亚国家仅仅获得43项专利授权。可见，已有部分国家抢占先机，在"一带一路"市场上占据知识产权优势[②]，新进入市场的湖北省企业必须谨慎防范侵权风险。

---

① 《湖北省与"一带一路"沿线国家和地区贸易快速发展》，新华社新媒体，https://baijiahao.baidu.com/s?id=1632147455303368881&wfr=spider&for=pc。

② EAPO, "EAPO Annal Report（2020）", https://www.eapo.org/ru/publications/reports/report2020/index_en.html。

另一方面，沿线国家经济发展水平差距大，知识产权体系和制度差异大，信息不完全、营商环境不完善等均有可能造成知识产权摩擦。例如，波兰、捷克、斯洛伐克、匈牙利等8个中东欧国家①，经济发展水平相对较高，知识产权制度已达到TRIPs的要求，政局相对稳定，部分国家为欧盟成员国，知识产权执法力度也普遍较严。在东南亚地区，东盟10国的知识产权保护水平存在很大差异，新加坡、马来西亚在法律环境、研发实力、市场活跃度、经济环境及制度环境方面均具有明显优势，而越南知识产权法律体系比较全面，是多项知识产权条约和公约的成员国，但商标保护制度尤其不完善，投资企业商标被抢注风险很高；柬埔寨的知识产权保护体系则仅仅处于萌芽期。在南亚地区，印度也是跨国公司关注的重点新兴市场，在专利水平方面具有较高的水准，但跨国公司布局早，知识产权竞争非常激烈。

因此，湖北省外贸企业借力"一带一路"倡议向西拓展市场时，尤其应当注重对新市场多样化的识产权体系和制度环境中的知识产权风险评估与防范。

第五节 本章小结

本章对湖北省面临的关税摩擦、贸易救济摩擦、技术性贸易壁垒摩擦和知识产权摩擦发展趋势与新挑战进行了研究。

关税摩擦方面，本书认为后疫情时期，发达经济体关税摩擦频发，带动发展中经济体提高壁垒的示范效应明显。全球关税摩擦"常态化"，将是湖北省扩大开放将要长期面临的国际环境。在关税摩擦两个重要来源国中，美国政府何时能全部降低甚至取消对华已加征关税无法预计，尤其是降低先进制造业领域关税摩擦壁垒可能性不大。同时，"印度制造"战略进入新阶段，"关税壁垒"已成为其促进国内竞争性产业发展、推进战略目标实现的重要手段，企业进入印度市场关税成本很可能持续上升，尤其是电子信息设备、太阳能、汽车三个行业面临更

---

① 8个国家指波兰、捷克、斯洛伐克、匈牙利、保加利亚、罗马尼亚、白俄罗斯、乌克兰。

大的市场开拓阻力和不确定性风险。

非关税摩擦方面,湖北省遭遇的三种新型贸易摩擦呈现出新的发展趋势,也对出口企业提出了新的挑战:①贸易救济摩擦方面,主要出口行业中代表性出口产品遭遇贸易救济调查的"多国围堵"更加频繁,"日落复审"逐渐成为更隐蔽的长期贸易保护手段,摩擦对象从"单国摩擦"日益趋向"区域摩擦","反规避"调查将成为贸易壁垒的新形式,"反补贴"案件的增长警示政府制定产业扶持政策时需要更加谨慎。②技术性贸易壁垒方面,本书认为未来 TBT 摩擦将更多发生在环境保护领域、发生在整个生产链上、发生在新兴市场里,也将更多发生在进口环节中。③知识产权摩擦方面,随着湖北省知识产权综合实力日益提升,国际知识产权摩擦成为主要的摩擦形式将无可避免,中部地区企业也面临着共同的挑战,如在美国"337 调查"范围逐步扩大的趋势下,劳动密集型和中低技术密集型产品出口将面临更多摩擦风险,跨境电商快速增长对政府治理"网络侵权"的能力提出更高要求,另外企业开拓"一带一路"新兴市场也须做好应对沿线各国知识产权制度多样化和发展水平差异化的准备。

第八章

国际贸易摩擦对湖北省开放型经济发展的影响

国际金融危机爆发后,在"建成支点,走在前列"的发展定位下,湖北省以"打造内陆新高地"为目标加速对内与对外开放进程,"十三五"时期在开放基础设施、产业升级、对外贸易、跨国投资、技术合作等方面都取得了明显成效,多项指标居全国前列。与此同时,湖北省内企业遭遇国际贸易摩擦也从未间断,其对开放型经济发展产生的影响既有来自大规模关税摩擦突发造成的短期冲击,也有来自如反倾销、反补贴等非关税摩擦造成的长期发展制约;既造成了贸易、投资、就业等方面的短期波动,也对产业升级、全球价值链提升产生了长期抑制。

本章采用规范分析、实证分析以及调研访谈的方法,从宏观和微观两个层次,从外贸增长、就业稳定、企业经营和产业发展四个方面展开研究,探讨国际贸易摩擦对湖北省开放型经济发展产生的短期冲击和长期影响。

第一节　贸易摩擦对湖北省外贸增长的影响

在各种类型的贸易摩擦中,由于提高关税将直接增加产品成本和市场售价,大规模关税摩擦对经济体对外贸易规模的短期冲击更为直接和明显,其贸易效应包括两个方面:一方面关税变化直接引致贸易流量的变动,即直接贸易效应;另一方面是关税摩擦通过其他因素对进出口流量产生间接影响,即间接贸易效应。

第八章 国际贸易摩擦对湖北省开放型经济发展的影响

一 直接贸易效应：基于中美加征关税措施的测算

根据前文分析，湖北省面临关税摩擦主要来自美国和印度。但由于美国在湖北省对外贸易中的份额、中美双边关税措施范围均远高于印度，同时印度征税清单编码获取性非常有限，本节仅以中美关税摩擦为代表对其直接效应进行量化分析。

（一）关税摩擦对贸易的直接影响机制

加征关税措施对贸易流量产生直接影响的机制是：当进口国调整关税时，其影响会直接通过改变产品进口价格传递给进口国本身的消费者，称为"关税传递效应"；同时，关税调整会直接影响出口价格，从而使出口商承担一部分进口关税，称为"关税吸收效应"。因此，进口国关税调整并不一定引起进口国消费价格的同等幅度变动，其取决于贸易双方国家实力和企业的谈判能力。对于贸易小国而言，由于贸易和市场规模比较小，出口商通常无法吸收关税上涨引起的成本，只能作为价格的被动接受者，此时关税传递是完全的（传导率为100%）。因此，在不同的传导率下，关税的变动会直接引起进口产品价格不同幅度的变动，从而影响贸易流量的变化。

（二）直接贸易效应量化分析结果

出口价格变动对需求的影响取决于产品的价格—需求弹性。在关税传导率相同的情况下，价格—需求弹性越大，关税上调导致的价格上涨会导致需求减少越多，价格—需求越小则需求减少幅度也越小。因此，基于关税传导系数和商品价格—需求替代弹性可以对关税变动引致的直接贸易效应进行量化。

根据关税吸收理论，设定关税传导系数为100%、美国自湖北进口商品替代弹性为0.8—1.2、湖北自美国进口商品弹性为1.5—2.5条件下计算关税（增量/减量）可能减少的出口额和进口额范围（见表8-1）[①]。

[①] 关税传导率及进出口弹性设定来源于华泰证券研究组对美国加征关税清单Armington进口替代弹性以及关税传导率的测算结果。顾振华（2016）有关中国进口商品需求弹性的研究成果，同时考虑清单商品特性予以调整。替代弹性为短期替代弹性。本书将关税传导系数设定为最大100%，为极端情况，即假设所征税完全由出口国承担，从而计算引起价格—需求的最大变化值。

表 8-1　中美关税摩擦对湖北省进出口总量的直接效应

美方加征关税						
清单	2018年7月至2019年5月 2500亿美元		2019年5月至今 2000亿美元		2019年9月至2020年2月 3000亿美元	
关税增量	10%—25%		15%		15%	
替代弹性	0.8	1.2	0.8	1.2	0.8	1.5
出口减少（亿元）	0.84	1.38	2.36	3.55	1.57	2.35
占对美出口额（%）	0.3	0.5	0.7	1.0	0.4	0.7
占省出口总额（%）	0.04	0.1	0.1	0.16	0.1	0.1
中方加征关税						
清单	1100亿美元		600亿美元		750亿美元	
关税增量	5%—25%		5%—15%		5%—10%	
替代弹性	1.5	2.5	1.5	2.5	1.5	2.5
进口减少（亿元）	0.93	1.59	3.62	6.02	6.93	11.6
占自美国进口额(%)	1.2	2.1	3.2	5.4	6.2	10.3
占省进口总额（%）	0.9	1.5	0.3	0.5	0.6	0.9

资料来源：笔者依据匹配结果计算。

依据中美贸易摩擦演进阶段的加征关税措施设定为三次冲击，以测算期上一年的贸易额为基数进行测算。结果显示（见表8-1），中美首次交锋可能减少湖北省贸易额1.8亿—3亿元；2019年6月摩擦升级可能减少贸易额6亿—9.6亿元，仅占全省贸易总额的0.2%—0.3%；2019年9月第三轮贸易摩擦爆发后，估计贸易额再减少8.5亿—13.9亿元，仅占贸易总额的0.3%—0.6%。估计三次关税冲击累计减少贸易总额16.2亿—26.5亿元，占湖北省对美国贸易额的3.4%—5.6%，占湖北省贸易总额的0.7%—1.1%。其中，出口贸易额减少约为4.7亿—7.3亿元，占对美国贸易额的1.4%—2.2%，占湖北省出口额的0.24%—0.36%；进口贸易额减少约为11.5亿—19.2亿元，占对美国贸易额的10.6%—17.8%，占湖北省进口额的0.24%—2.9%。

根据第三章双边关税措施所涉及的湖北省进出口产品的种类与金额分析结果，双边征税清单涉及商品在湖北省对美国进出口额中占有一定比例，进口涉及的范围大于出口，但是在整体进出口商品中的比重非常小。表 8-1 测算结果进一步证实：中美关税摩擦对湖北省与美国双边贸易具有一定的影响，且对进口的影响远大于出口，但对湖北省贸易总量直接冲击甚微。

二 间接贸易效应：基于湖北省贸易流量的分析

（一）关税摩擦对贸易的间接影响机制

除直接贸易效应外，关税摩擦会通过其他因素产生间接影响。例如，贸易摩擦提高双方经济与贸易政策不确定性从而影响进出口企业的生产与投资决策、技术创新与研发投入等；经贸关系紧张会影响目标市场客户关系建立与维护、企业在该市场的进退决策、开拓新市场的资源投放等；国内和国外价值链分工格局下，各国之间以及国内上下游企业利益紧密相连，任何环节遭受冲击都有可能通过价值链上传导机制影响关联企业的绩效。关税摩擦通过上述因素对贸易产生的间接影响最终会显现在贸易流量的变化上，如摩擦国总体贸易流量的变化、双边贸易规模的变化等。因此，本部分利用湖北省贸易总量、湖北省与美国及印度双边贸易流量数据分析关税摩擦的间接贸易效应。

（二）中美关税摩擦对双边贸易的间接贸易效应

美国一直是湖北省最重要的海外市场之一。国际金融危机之后，美国在全省海外市场份额长期稳定在 11.6% 左右。与美国双边贸易的稳定增长对湖北省贸易的稳定增长具有"压舱石"的作用。中美关税摩擦爆发后，双边进出口增长出现如下特征：

1. 双边贸易出现负增长

2009—2017 年，湖北省与美国双边贸易规模保持稳步扩张，从 152.5 亿元翻两番至 5732.3 亿元。2013—2017 年双边贸易总额、对美国出口额和对美国进口额年均增速均约 6.2%。但是，中美关税摩擦爆发后双边贸易增幅出现明显下滑。2018 年湖北省对美国进口额较 2017 年增长 31.4%，但双边贸易总额和出口额分别增长 21.1% 和 27.3%，即增势较上年已有所放缓。而自 2019 年起暴跌至负增长，出口规模缩减 6.3% 带动贸易总规模同比缩减 4.7%（见图 8-1）。

造成这一波动态势的原因可能是：①2018 年，部分企业为避免 2019 年关税上调而"抢关出口"，提前完成了 2019 年的部分订单，从而造成 2018—2019 年贸易数据先大幅上升后大幅下降；②部分外贸企业无法消化持续升级的关税成本，导致 2019 年出口额明显下降。

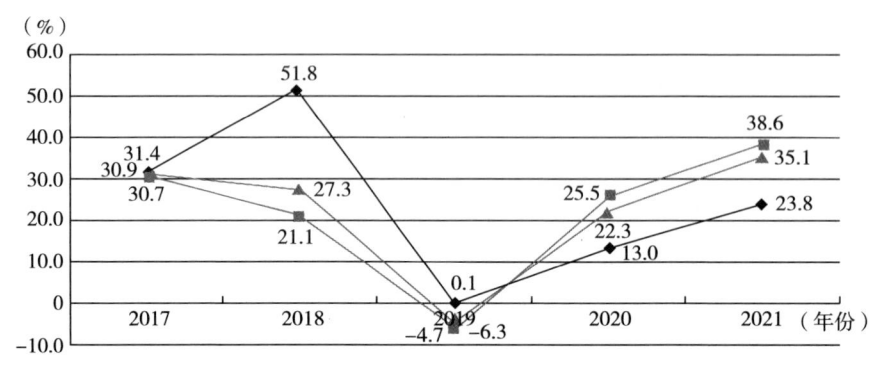

图 8-1　2017—2021 年湖北省贸易额与美国双边贸易额增长率变动趋势

资料来源：根据中国海关在线数据库整理。

2. 贸易增长波动加剧

图 8-2 显示了 2017 年 1 月至 2021 年 12 月湖北省对美国贸易的月度数据变化趋势。对比发现，2017 年和 2021 年湖北省对美贸易增长较为平稳，2018—2020 年波动明显。

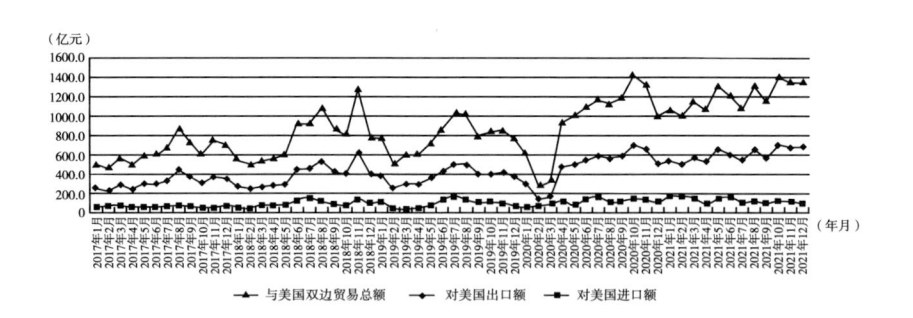

图 8-2　2017 年 1 月至 2021 年 12 月湖北省与美国双边进出口额变动趋势

资料来源：根据中国海关在线数据库整理。

其一，自 2018 年 3 月美国对华开启"301 调查"并着手拟定征税清单起，湖北省对美国出口额波动幅度较 2017 年同期明显加剧。随中美双边加征关税措施陆续实施，7月和8月对美国出口额震荡更加明显，且出口额波动幅度显著大于进口额。其二，进一步观察波动时点发现，双边关税清单正式实施时点前后的贸易额波动尤为剧烈。主要表现为清单实施日之前2个月内进出口额迅猛提升，之后1个月内迅速下降。这一现象再次说明了存在进出口企业力争加征关税措施生效日前签下更多订单并完成进出口报关的"抢关行为"，从而总体上造成进出口贸易额的急剧扩张与收缩。其三，2020年第1季度贸易额暴跌后于第二季度回升，主要原因是湖北省作为新冠肺炎疫情暴发的中心地区停工停产至4月下旬才逐渐恢复，同时疫情全球蔓延下世界主要国家封锁边境，中美贸易摩擦叠加影响导致了贸易规模急剧收缩。

3. 美国贸易份额短期缩减

对比2017—2021年湖北省对外货物贸易中美国的市场份额发现（见表8-2），中美关税摩擦期间，湖北省对美国出口份额呈先升后降态势，2018年较2017年14.6%提高1.2个百分点后又于2019年降低1.8个百分点，带动湖北省对美国贸易总额的份额同步变化。从贸易地位上，2018年由第2大贸易伙伴降至第3。但是，2020—2021年随着对美国贸易的强势反弹，美国在湖北省的海外市场份额也回升至13%以上，目前仍处于第二大贸易伙伴和第二大出口目的国地位。另外，与出口额和贸易总额的份额变化不同的是，美国占湖北省进口份额由2017年的10.3%持续降至2019年的8.1%后仅仅小幅回弹至2021年的8.4%，排名第5位。

表8-2　　　2017—2021年美国占湖北省货物贸易份额

份额 \ 年份	2017年	2018年	2019年	2020年	2021年
美国占湖北省出口份额（%）	14.6	15.8	14.0	16.2	16.2
美国占湖北省进口份额（%）	10.3	9.1	8.1	8.3	8.4
美国占湖北省贸易份额（%）	12.0	13.4	11.8	13.3	13.5

资料来源：根据中国海关在线数据库整理。

美国在湖北省对外贸易中的份额变化表明：①中美贸易摩擦对美国在湖北省海外市场地位的冲击是短期的，其与湖北省对美国出口规模、贸易总规模及增速的短期波动相吻合（见图8-1和图8-2）。②中美双边加征关税清单对双边贸易产品的涉及面较小，美国依旧是湖北省最重要的海外市场和出口目的地。③在中美贸易摩擦的影响下，美国作为进口来源地的重要性有所降低。

（三）印度对华关税摩擦对双边贸易的间接贸易效应

2018年4月1日至10月11日，印度密集实施了三次大规模较大幅度上调关税措施，其后于2020年2月和2021年2月再次加征关税。对比表4-13和表4-14发现，印度加征关税的产品种类也是湖北省对印度出口的主要产品种类，其影响主要表现为双边贸易规模增速放缓、印度占湖北省贸易份额下降、主要出口商品出口额减少三个方面。

1. 双边贸易规模加速缩减

图8-3显示了2017—2020年湖北省对印度出口额、进口额、贸易额及三项增速指标变化。从贸易规模上看，2017—2019年湖北省与印度双边贸易发展比较平稳，进口额保持微幅增长，出口额和贸易总额在2018年分别达到18.7亿美元和20.7亿美元后于2019年小幅下降。从贸易增速上看，2018—2019年湖北省对印出口额和双边贸易总额增速由正转负，2019年增速降至-4.8%和-2%，表明出口规模和贸易规模由扩张转为收缩。2020年收缩幅度进一步加大，分别为-20.4%和-16.8%，相比2019年增长率翻了数倍[①]。

2. 印度占湖北省贸易份额下降

2018—2019年，印度大规模上调关税后，进口总额由5076.2亿美元缩减5.7%至4788.8亿美元，2020年继续降低23.2%，而自中国的进口额由736.1亿美元缩减7.1%至684亿美元，2020年继续降低14%至588亿美元。事实上，中国作为进口来源地在印度海外市场中的份额从2016年约17%持续下降至2019年的14.3%[②]，表明印度抵制中国商品的关税措施确实产生了一定效果。

[①] 但需要注意的是，2020年除关税摩擦外，还存在三种其他因素产生叠加影响：一是2020年4月中印边界冲突再起，民间反华情绪日益强烈，部分民众以多种手段抵制中国商品，主要集中在通信设备、电力设备、轨道交通设备、基础设施建设以及互联网应用等湖北省对印度出口的主要领域；二是印度新冠肺炎疫情肆虐，截至7月6日感染病例已超过70万例，位列全球第三。三是受新冠肺炎疫情影响湖北省1—5月出口额锐减。

[②] 依据UNCOMTRADE DATABASE数据整理。

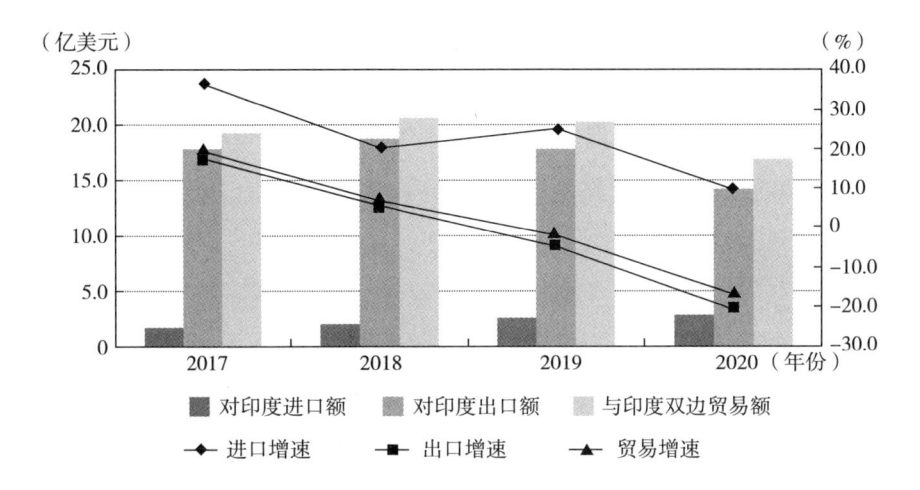

图 8-3　2017—2020 年湖北省与印度贸易规模及年增速

资料来源：根据中国海关在线数据库数据计算。

印度一直是湖北省最大的发展中国家市场，出口份额长期保持 5%—6%。然而，随着印度关税壁垒提高，2017—2019 年印度占湖北省货物出口市场份额已经由 5.8% 逐年下降至 5.0%，而出口份额的下降带动贸易份额由 4.2% 逐年下降至 3.5%（见表 8-3）。2020 年在新冠肺炎疫情叠加影响下，印度出口市场份额与贸易份额均出现大幅下降，低至 3.6% 和 2.7%。同期，湖北省出口规模和贸易规模均保持快速扩张，表明印度的加征关税措施对湖北省内企业的出口产生了一定的"市场转移"效应。

表 8-3　2017—2020 年印度占湖北省货物贸易份额

份额＼年份	2017	2018	2019	2020
印度占湖北省出口份额（%）	5.8	5.5	5.0	3.6
印度占湖北省贸易份额（%）	4.2	3.9	3.5	2.7

资料来源：根据中国海关在线数据库整理。

3. 对印度主要出口商品出口额显著下降

表 8-4 显示了 2017 年湖北省对印度出口额排名前 13 位的主要商品

在2017—2020年出口额的变化情况。对比2018年和2019年的增长率发现，除了钢铁（HS72）为正增长且增速增加之外，其余产品均出现增速下滑，9种产品出现负增长。进一步，对比2018—2020年增长率发现，绝大部分产品出口额的降幅超过30%。这一结果表明，印度关税措施对湖北省主要出口产品出口额增长产生了明显的负面影响，而且这种影响具有持续性。

表8-4　　2017—2020年湖北省对印度主要出口商品出口增长率　　单位：%

HS（章）	2017—2018年增长率	2018—2019年增长率	2018—2020年增长率	HS（章）	2017—2018年增长率	2018—2019年增长率	2018—2020年增长率
28	219.0	-38.1	-33.0	72	3.0	31.2↑	-33.88
29	34.7	-2.2	-14.7	73	29.0	-0.7	3.1↑
31	70.2	-34.4	-59.4	84	33.7	1.2	-8.29
33	56.5	27.6	-44.8	85	-46.4	-0.1	-35.9
38	-35.1	-42.10	-30.5	87	73.0	-42.9	-36.9
39	9.6	-14.1	-5.7	90	209.2	-52.2	-39.9
69	62.3	20.0	-8.8				

注："湖北省与印度贸易主要商品"可参见表4-14。
资料来源：根据中国海关在线数据库整理。

（四）关税摩擦对湖北省进出口的间接贸易效应

从贸易规模来看，湖北省货物贸易规模自2017年首次突破3000亿元后始终保持快速扩张。2018—2019年中美贸易摩擦爆发和印度3次大规模上调关税情况下，贸易总额仍然实现近3500亿元。2019年贸易总额再上新台阶逼近4000亿元大关，而且进出口总体增速、出口增速以及进口增速分别高于全国9.7个、5.3个和16.6个百分点，位列全国前列。2020年第二季度，新冠肺炎疫情防控取得阶段性胜利后，随着湖北省企业复工复产，2020年第二季度末对外贸易各项指标已经表现出强势增长态势。2021年全省进出口突破5300亿元再创新高。

从贸易额同比增速来看，不考虑2020年第一季度和2021年第一季度取值受新冠肺炎疫情影响产生的剧烈波动，图8-4显示2018年第一季度至 2021 年第四季度贸易增速总体比较平稳。进一步对比 2020 年第一季度前后两个阶段贸易增速值发现，2018 年第一季度至 2021 年第四季度湖北省出口增速和贸易增速波动幅度相对更大，同时波动态势与湖北省对美国出口增速的变化趋势基本一致。

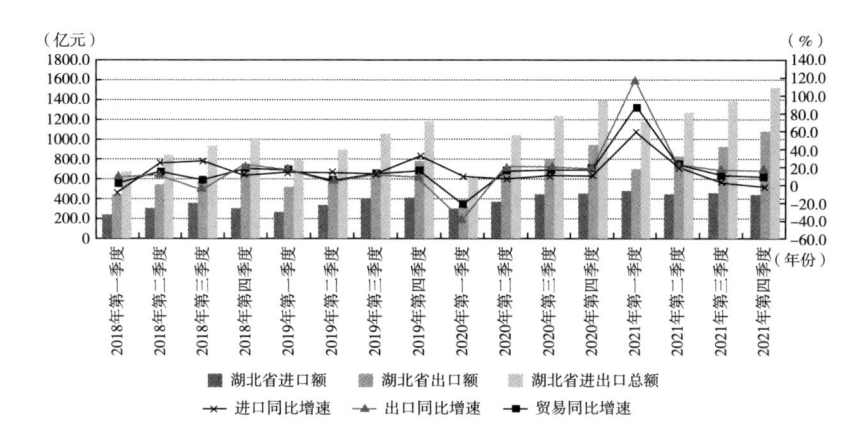

图 8-4　2018 年第一季度至 2021 年第四季度湖北省贸易额及增长率

资料来源：根据中国海关总署在线数据库整理。

因此，贸易额和贸易增速两方面数据综合表明：①关税摩擦对湖北省出口贸易和贸易总额影响有限。②中美关税摩擦影响下，湖北省对美国出口贸易和双边贸易增长率走低在一定程度上也拉低了全省贸易总额增长速度。相比之下，尽管 2018—2020 年印度上调关税多次，由于涉及湖北省出口商品占贸易总额比重很小，因而并未对湖北省贸易增长率产生明显影响。

第二节　国际贸易摩擦对湖北省就业的影响

国际贸易摩擦中，大规模关税摩擦除了直接冲击经济体对外贸易流量外，还将直接影响就业。就业效应包括两个方面：一是关税摩擦通过影响贸易流量影响就业，即直接就业效应；二是关税摩擦通过其他因素可能对就业增长稳定性、结构特征等产生间接影响，即间接就业效应。

一 直接就业效应：基于中美加征关税摩擦关税措施的测算

与直接贸易效应类似，本节仅以中美关税摩擦为例，量化分析直接就业效应。

（一）关税摩擦对就业的直接影响机制

加征关税措施对经济体就业总量产生直接影响的机制是：当进口国关税调整引起贸易流量变动时，企业生产经营会受其直接影响，产生生产规模的变动，进而导致增加或者减少雇员的需求。但是雇员增减的幅度并非与流量增减的幅度一致，而是在很大程度上取决于"贸易—就业弹性"。对于某些"贸易—就业弹性"较高的行业，比如纺织品服装这类劳动密集型行业，从业人数较多，但是利润微薄，企业绩效突然降低时更可能造成大量失业；相反，"贸易—就业弹性"相对较低的行业，比如高新技术产业，从业人数相对较少，利润丰厚，贸易流量的变化对就业量的影响则相对较小。

（二）对总体就业规模的直接效应量化分析结果

测算关税措施对就业规模的直接影响需获得贸易额变动数据和贸易—就业弹性。前者在本章第一节计算中已经获得，对贸易—就业弹性的测算结果显示：湖北省对美国进出口—就业弹性、进口—就业弹性以及出口—就业弹性均为 0.009[①]。

利用表 8-1 三次关税摩擦冲击下湖北省对美国贸易的减少额和进出口—就业弹性测算出关税摩擦的冲击程度。结果显示（见表 8-5），尽管中美关税摩擦的就业负效应随着贸易额持续下降而成倍扩大，但三次冲击累计就业负效应约 4200—7800 人，占制造业约 840 万的就业总量的比重微乎其微。

与此同时，根据 2020 年 1 月 15 日签署的中美第一阶段经贸协议，美方将不再实施"3000 亿美元"清单中的"清单 B"，同时 2 月 14 日"清单 A"的加征税率已降至 7.5%，而中方也着手履行 2020—2021 年自美国增购 2000 亿美元货物与服务的承诺。上述措施利好也减弱了关税摩擦的就业负面效应。

---

① 贸易—就业弹性计算方法和过程参见"附录"。

表 8-5　中美贸易摩擦对湖北省贸易就业规模的短期冲击

评估阶段	摩擦事件	贸易冲击		就业冲击	
第一阶段 （2018年7月至 2019年5月）	美方对"2500亿美元"清单加征关税	出口减少（百万元）		就业减少（人）	
		84.3	138.1	213	348
	中方对"1100亿美元"反制清单加征关税	进口减少（百万元）		就业减少（人）	
		92.5	159.1	233	401
	贸易额/就业人数变化值合计	176.8	297.2	446	749
第二阶段 （2019年5月 至今）	美方"2000亿美元"清单加征关税率上调15%	出口减少（百万元）		就业减少（人）	
		236	355	606	912
	中方"600亿美元"反制征税税率上调5%—15%	进口减少（百万元）		就业减少（人）	
		362	602	930	1546
	贸易额/就业人数变化值合计	598	957	1536	2458
第一、第二阶段冲击累积值		774.8	1254.2	1982	3207
第三阶段 （2019年9月）	美方对"3000亿美元"清单加征关税15%	出口减少（百万元）		就业减少（人）	
		396	594	1044	1566
	中方"750亿美元"反制征税税率5%—10%	进口减少（百万元）		就业减少（人）	
		693	1155	1827	3045
	贸易额/就业人数变化值合计	1089	1749	2871	4611
三阶段冲击累积值		1863.8	3003.2	4853	7818

资料来源：笔者计算。

（三）对主要行业就业规模的直接效应量化分析结果

依据第三章湖北省主要行业分析，采用表8-5同样的测算方法，估算中美关税摩擦对机电、汽车、钢铁、纺织鞋帽、塑料、光学医疗仪器六个行业的就业冲击，三阶段关税措施的就业效应测算结果见表8-6。

表 8-6　中美贸易摩擦对湖北省主要行业就业规模的短期冲击

行业	机电		钢铁		塑料	
就业累计变化值（人）	304	545	158	268	164	431
行业占比（%）	0.07	0.12	0.19	0.32	0.20	0.52

续表

行业	汽车		纺织鞋帽		光学医疗仪器	
就业累计变化值（人）	164	368	290	793	448	874
行业占比（%）	0.04	0.09	0.11	0.30	1.74	3.39

注："行业占比"为就业变化值与对应行业从业人数的比重。制造业从业人数数据来源于《2020年湖北统计年鉴》，其中机电行业取电气机械和器材制造业，计算机、通信和其他电子设备制造业和通用设备制造业的从业人数总和；钢铁行业取黑色金属冶炼和压延加工业从业人数；塑料行业取橡胶和塑料制品业从业人数；汽车行业取汽车制造业从业人数；纺织鞋帽行业取纺织服装、服饰业、皮革、毛皮、羽毛及其制品和制鞋业从业人数总和；光学医疗仪器行业取仪器仪表制造业从业人数。由于各个制造业从业人数取值范围大于实际人数，因此实际就业变化值比重会在一定程度上增加，但对结论并无实质性影响。

资料来源：笔者计算。

2019年，六个行业中机电行业和汽车制造业从业人数在湖北省制造业中排名前2位，分别大约为45.4万人和42万人，纺织鞋帽行业从业人员约16.3万人，而塑料、钢铁制造业从业人员均约8.3万人，光学医疗仪器行业从业人员仅约2.6万人。

表8-7估计结果显示：①各主要行业由双边关税措施直接引致的就业规模变化相对于各行业就业总量而言非常小。②从行业吐纳就业人数来看，纺织鞋帽行业和光学医疗设备行业的就业对于此次关税变化反应相对更加明显。其中，纺织鞋帽行业就业人数变化量主要来自美国进口关税提高引致的出口额减少，而且主要来自"3000亿美元"清单的冲击；不同的是，光学医疗设备90%以上就业人数变化量来自中方进口关税提高引致的进口额减少。从析出就业人数比重来看，由于医疗仪器行业属于高新技术行业，也是知识产权密集型行业，就业人数相对较少，因此就业量变化相对明显。③纺织鞋帽行业属于劳动密集型行业，是制造业中吸纳就业的重要部分，民营中小外贸企业密集度高，产品同质化现象普遍，利润率低，抗风险能力弱。因此，中美第一阶段协议生效后，清单出口商品加征税率从15%降至7.5%的变化对稳定此行业外贸企业经营与就业有一定帮助。但如果未来中美摩擦再次升级，例如"3000亿美元"清单中List B生效则将产生新的就业冲击。

二 间接就业效应：基于湖北省就业形势与结构的分析

（一）短期与长期就业目标顺利完成

1. 短期就业目标顺利完成

2018 年，湖北省实现城镇新增就业 91.96 万人，2019 年实现 92.15 万人，再创历史新高。城镇登记失业率持续保持低位，2018 年约 2.55%，2019 年降低至 2.44%[①]。同时，针对"城镇失业人员再就业和就业困难人员再就业"两项目标，2019 年第二季度已经完成城镇失业人员再就业 20 万人中的 76.3% 达 15.3 万人，且就业困难人员再就业 10 万人目标的 77% 即 7.7 万人已实现再就业。因此，贸易摩擦下，湖北省短期就业目标顺利完成毫无压力[②]。

2. 湖北省长期就业态势良好

一方面，劳动力供给逐年递减。湖北省劳动年龄人口（15—64 岁）在 2010 年出现拐点，此后逐年下降，2010 年为 4407.20 万人、2012 年为 4386.87 万人、2013 年为 4368.67 万人。据《湖北省人口发展规划（2018—2030 年）》中的预测，全省劳动年龄人口到 2020 年为 4220 万人，占总人口的比重为 70% 左右；到 2030 年为 4019 万人，占总人口的比重为 66%。基于劳动力供给继续递减惯性，全省劳动力总量过多压力将逐渐减轻。

另一方面，劳动力需求态势良好。2018 年 4 月至 5 月上旬，湖北省人大常委会调研组分别赴武汉、襄阳、随州等地开展专题调研。调研结果显示，湖北省人力资源市场上求人倍率长期保持在 2 以上，高于全国劳动力市场求人倍率。同时，用工需求上，湖北省技术人员、管理人员短缺的企业占比分别为 51.5%、42.7%。2019 年 12 月，笔者在黄石、襄阳和黄冈等地进行调研，发现各地企业均面临着招工难和留人难问题，当地政府为解决企业用工难问题曾经多次专门组织赴沿海招工。综合劳动力供需状况，中美贸易摩擦也并未对湖北省长期就业形势造成实质压力。

与此同时，湖北省第三产业稳步扩张，持续助力就业形势长期向

[①] 湖北省人民政府：《2019 年湖北省国民经济和社会发展统计公报》，http://www.hubei.gov.cn/zwgk/hbyw/hbywqb/202003/t20200323_2187765.shtml。

[②] 资料来源：湖北省人力资源和社会保障厅。

好。近几年随着互联网、共享经济等新经济、新业态的发展，创造出了大量网络风险控制、大数据管理、无人机驾驶员、电子竞技、物联网安装调试等就业岗位。测算发现，湖北省第三产业1000万单位产值吸收就业人数是第二产业的10倍，不仅能够弥补第二产业就业吸纳能力的下降，还能承接第一产业的转移就业，即使是在2015年湖北省经济增速下降的形势下也带动了就业总量平稳增长。

因此，中美贸易摩擦对湖北省长期就业趋势并未产生根本性冲击。

（二）省外务工规模缩减且回流增加

一方面，湖北省农村劳动力新外出就业人数及出省人数呈现逐年下降趋势（见表8-7）。2015—2018年，年度外出就业总人数从107.7万人下降24.7%至81.1万人，年均降幅约7%。受农历新年等季节性因素影响，第一季度是湖北省劳动力外出就业较为集中的时间。但2015—2019年湖北省新外出就业的农村劳动力数量从2015年第一季度的29.7万人逐年下降至2019年第一季度的19.7万人，同期出省就业劳动力数量从16.5万人逐年下降至10.6万人。值得注意的是，中美贸易摩擦很可能加剧了这一缩减趋势，例如2019年第一、第二季度外出就业总人数同比减少36.3%，主要源于出省就业人数的减少。实地调研结果显示，主要原因之一是受贸易摩擦的影响，原外出东部地区务工的农村劳动力不再外出。

表8-7　　2015—2019年分季度湖北省外出农村劳动力就业人数及增长率

指标 年份	第一季度 新外出（人）	第一季度 出省（人）	第二季度 新外出（人）	第二季度 出省（人）	第三季度 新外出（人）	第三季度 出省（人）	第四季度 新外出（人）	第四季度 出省（人）	年度 总数（人）
2015	29.7	16.5	16.1	8.4	12.1	5.4	14.0	5.5	107.7
2016	40.2	14.7	17.6	6.6	13.1	5.7	14.4	7.4	119.7
2017	24.8	13.0	14.4	7.0	9.5	4.4	10.1	5.1	88.1
2018	20.2	10.7	15.0	8.0	10.4	5.1	8.3	3.4	81.1
2019	19.7	10.6	14.7	6.7	—	—	—	—	51.6

续表

指标 年份	第一季度 新外出（人）	第一季度 出省（人）	第二季度 新外出（人）	第二季度 出省（人）	第三季度 新外出（人）	第三季度 出省（人）	第四季度 新外出（人）	第四季度 出省（人）	年度 总数（人）
2016	35.7	-10.8	-89.1	-21.9	7.7	4.8	3.5	32.8	11.1
2017	-38.5	-11.8	9.3	5.6	-27.5	-22.6	-30.3	-30.2	-26.4
2018	-18.4	-17.3	4.4	15.1	9.5	16.8	-17.8	-34.2	-8.0
2019	-2.7	-1.0	-2.0	-16.3	—	—	—	—	-36.3

资料来源：根据湖北省人力资源和社会保障厅数据整理。

另一方面，贸易摩擦导致东部地区就业岗位减少，湖北省省外务工回流明显加速。东部地区经济对外贸易依存度显著高于中西部，中美贸易摩擦的冲击更加显著。据中金网测算，广东、江苏、上海、浙江、山东、福建分别承担中国对美出口损失比例大约为23%、21%、13%、12%、7%和5%，合计为81%。同时，国泰君安证券测算表明，若美国长期对从中国进口的所有商品加征25%关税，将减少约550万个就业岗位，提高失业率1.3个百分点。在东部地区中，珠三角、长三角和京津冀地区所吸纳的湖北省农村劳动力转移就业数量占湖北外出务工总数量的90%以上（2017年除外）。湖北省人力资源和社会保障厅统计数据显示，2017年从上述三个地区净回流劳动力仅占省外回流总数的4.14%，而2018年占比猛增至85.6%。其中，珠三角地区、长三角地区和京津冀地区回流人数分别从2017年的144人、2.24万人和6918人猛增至2018年的19.57万人、12.14万人和3.97人，分别增长1359倍、506倍和5.4倍，回流现象非常严重。

综上所述，中美贸易摩擦对沿海地区外贸与就业的冲击传导至中部，加剧了湖北省外出务工就业持续减少的趋势，同时成倍增加了劳动力回流规模，总体上加大了全省的就业压力。新冠肺炎疫情形势下，虽然截至2020年4月湖北省累计已有346万人赴省外务工[1]，在一定程度上缓解了短期就业压力，但新冠肺炎疫情全球蔓延对沿海地区企业外部需求冲击仍将持续。因此，湖北省也仍然面临"稳就业"的重要任务。

---

[1] 《湖北省人社厅：全省累计557万人返岗就业 346万湖北人赴省外务工》，中华人民共和国人民政府网站，http://www.gov.cn/xinwen/2020-04/05/content_5499379.htm。

（三）湖北省内各地区间就业压力不均

湖北省农村劳动力省外就业来源地分布及地区劳动力存量变化存在差异。其一，从数量上看，省外就业的劳动力来源分布不均（见表 8-8）。以 2019 年第三季度为例，市州外务工的农村劳动力数量占湖北省外出务工总量比重超过 5% 的依次为荆州、黄冈、恩施、孝感、武汉、襄阳、宜昌、咸宁、十堰和天门，前 10 位外出务工较多的地区占全省的比重约为 81.53%。其二，从变化上看，各市州的省外就业人数同比变化不均。2019 年第二季度，宜昌、荆门、恩施、仙桃、神农架 5 个市州省外就业人数同比减少，而第三季度省外就业人数减少的市州就新增了鄂州和荆州，共计 7 个。但十堰、黄石、咸宁、天门等市州省外就业人数同比增加。

表 8-8　湖北省 2019 年第二、第三季度省外劳动力就业情况

地区	2019 年第二季度省外务工占比（%）	2019 年第三季度省外务工占比变化（%）	2019 年第三季度省外务工占比（%）
武汉	0.5	0.6	8.79
黄石	5.4	35.9	3.67
十堰	10.6	0.0	5.46
宜昌	-7.7	-5.3	6.68
襄阳	4.4	4.8	8.13
鄂州	0.0	-26.5	1.08
荆门	-9.0	-9.1	4.42
孝感	5.1	1.8	8.87
荆州	0.0	-0.2	11.3
黄冈	0.2	2.1	10.95
咸宁	4.7	3.4	6.37
随州	4.4	1.1	4.64
恩施	-0.1	-3.1	9.96
仙桃	-1.5	-1.9	2.76
潜江	0.2	0.0	1.88
天门	1.7	3.6	5.07
神农架	-16.9	0.0	0.01

注："占比"是指市州外务工的农村劳动力数量占湖北省外出务工总量比重。
资料来源：根据湖北省人力资源和社会保障厅数据整理。

中美贸易摩擦引起的劳动力回流对于外出务工占比较多、外出务工人数同比减少的市州而言，造成的"稳就业"压力相对更大。尤其是大部分返乡农民工文化程度普遍不高，学习能力不强，即使在外务工积累一定技能，但很可能与本地市场需求无法匹配而难以就业，从而成为就业困难群体。另外，对于恩施、神农架等经济活力不足的市州，压力更大。因此，这些地区将需应对更多培训、创业、就业需求以及可能出现的犯罪增加等社会问题。

第三节　国际贸易摩擦对湖北省企业的影响

开放型经济体系中，外资企业和外贸企业都是对外开放的重要载体，产业链上下游相关企业多，涉及就业数量大。因此，发生外部冲击时，稳定外资企业与外贸企业经营状况对于稳定就业、保障经济运行平稳至关重要。2018 年 7 月，中美关税摩擦爆发后，中央提出"稳外贸""稳外资""稳就业"的重要方针；2020 年 4 月，应对新冠肺炎疫情叠加影响，中央提出"保市场主体"的重要指示。同年 8 月，为深入贯彻习近平总书记关于"稳住外贸外资基本盘"的重要指示批示精神，国务院办公厅印发了《国务院办公厅关于进一步做好稳外贸稳外资工作的意见》，提出 15 项稳外资和稳外贸的政策措施，目标依然是保障外贸主体和外资主体，同时强调稳定就业。因此，本节基于企业调研与访谈结果，围绕贸易摩擦对湖北省企业经营和用工的影响展开研究。

一　研究数据来源说明

2019 年 7 月，为完成"中美贸易摩擦对湖北省就业的影响"调研报告，笔者已通过湖北省各市州就业部门对 41 家企业展开调研，建立了就业检测站点。调研内容包括两个方面：一方面针对 2018 年以来中美关税摩擦持续升级对企业生产和经营造成的影响、对中美关税政策预期、企业应对计划等方面展开；另一方面针对贸易摩擦对企业用工的影响，从微观层面补充贸易摩擦就业效应的分析结论。

为获得更多企业数据，笔者在就业部门协助下于 2020 年 5 月扩充样本至 61 家，增加了出口市场涉及欧盟、日本及"一带一路"沿线国家的企业，通过网络、电话方式与企业联系人进行访谈，并同步收回问卷。2021年6月再次进行跟踪调研。调研内容主要包括新冠肺炎疫情对企业经营的冲击以及复工复产后的经营和用工情况，对外经营中企业遭遇各种类型贸易摩擦的情况、应对措施以及对政府帮扶政策的诉求等。本章依据调研结果展开分析。如未说明，下文中"企业"均指参与调研的61家样本企业①。

二 关税摩擦对外贸企业经营的影响

（一）关税摩擦短期冲击有限但长期影响消极

2018年3月至2019年10月美国和中国政府陆续公布和实施3份征税清单和反制清单，对企业生产和经营产生的短期影响有限。从出口方面来看，一是在生产量上，产量减幅超过20%的企业仅占14.6%；二是经营上，美国公布"500亿美元"清单和"2000亿美元"清单后，出口总额和对美国出口额减少20%以上的企业占31.7%和34.1%，且集中在美国业务占比超过70%的内资企业；2019年6月美国上调"2000亿美元"清单关税后出口额大幅减少的企业仅占14.6%②。从进口方面来看，涉及进口业务的企业中，92.7%表示并未受中方反制措施影响。

相比短期冲击，90%的企业认为中美关税摩擦的长期影响更加消极，尤其是流失客户或退出市场的可能性很高。主要原因是企业应对美国加征关税的主要方式是与国外采购商共担关税。但随着关税持续上调，部分出口产品关税成本倍增，即使共担关税之后利润也越来越紧。例如，机械设备产品是湖北省对美国主要出口产品，许多清单产品加征关税税率处于7.5%—25%，综合税率最高可达30%。湖北省对美国出口产品利润空间普遍不高，一旦中方最终承担的关税超过15%则毫无利润空间。在此情况下；另一部分企业保证产量只是为了完成未交货订单，留住客户的同时观望关税政策走势，一部分企业因成本过高而无法继续生产某类产品，停止合作后美国客户很快转向其他国家供应商，不仅意味着海外客户的流失，也意味着企业的部分产品最终会被迫退出美国市场。

---

① 企业调研样本详细说明见"附录"。
② 美国政府于2019年6月公布"3000亿美元"清单，此次问卷时间为2019年7月，因此影响尚未显现。

93.6%的企业预期双边关税摩擦将长期存在,但认为《协议》签订的影响是积极的,因为至少在近一至两年内双边关税政策将相对稳定,企业有时间适应摩擦"新常态"。对未来经营绩效预期上,除少数纺织品、医疗设备企业表示担忧外,多数汽车零部件、机械设备、钢铁、化工企业表示乐观,并自2019年年初已着手消化挤压的清单产品、调整生产计划、开辟新销路、尝试电商或者内销转型。

(二) 新冠肺炎疫情加剧中小企业经营困难

正值中美关税摩擦告一段落,外贸企业逐步进入调整期,新冠肺炎疫情暴发,对企业产生叠加影响,尤其加剧中小企业经营困难。主要包括:①资金融通困难。美国新冠肺炎疫情蔓延,很多在2019年关税摩擦中尚能维持的客户因资金链断裂取消订单或无法按期支付货款,导致湖北省企业因停工停产数月产生的资金压力雪上加霜。②新市场开拓困难。部分企业因无法担负美国上调关税的成本而停止向美国客户供货,新冠肺炎疫情期间尝试开拓新的海外市场,但资金不足且融资困难,同时专业人才缺乏。③贸易转型困难。一是企业从外销向内销转型面临国内竞争相当激烈,尤其是转型企业对国内市场不熟悉、营销渠道不畅通;二是企业从线下销售向线上销售转型面临熟悉电子商务的人才急缺、疫情防控期间物流受限、线上销售设备不足等问题。上述困难对于民营中小外贸企业而言更加严重。

三 非关税摩擦对外贸企业经营的影响

(一) 贸易救济摩擦迫使企业转移或退出国际市场

样本企业中,仅新冶钢1家企业遭遇并且应诉过贸易救济调查,12家金属制品企业和5家机电产品曾经涉案,但未应诉。其中,"新冶钢成功应诉案"是湖北省企业成功应对贸易救济摩擦的著名案件,案件影响力大,示范效应好。但多数企业面对贸易救济摩擦(主要是反倾销)并未应诉。

超过80%的企业未应诉是因为综合实力不强和应诉信心不足,并指出应诉的主要难点在于:①应诉对企业管理制度要求非常高。由于反倾销调查时间短,要在有限时间内提供所有产品的会计信息、进账出账的单据,甚至还需说明前后项的计算方法和联系等。如果企业没有完善的财务制度和规范的财务管理,仅靠临时准备根本无法成功。②应诉对企业综合实力要求非常高。综合实力包括专业人才、专业机构、充足资金和产品储备。③应对贸易救济需要完备的风险预警机制和体系。预警包括行业风险预警和企业风险预警两个层面，能够为企业预先提供警示，防范风险。基于上述难点，79.6%的企业认为退出国际市场或者开拓新市场更容易，29%的企业选择直接转内销方式避免直面摩擦。

（二）TBT摩擦最主要最频繁但影响存在行业差异

技术性贸易壁垒摩擦是湖北省企业遭遇的最主要和最频繁的贸易摩擦形式，54.6%的企业曾因其受损，但其影响具有明显的行业差异。

1. 化工行业和医疗器械行业

其一，欧盟和美国是湖北省化工产品出口贸易的主要摩擦来源地。8家化工产品企业（100%）均认为欧盟的技术标准最高而且更新太快，高度关注物质的范围扩大非常频繁，产品创新需要承担巨大风险和认证成本①。美国针对消费品尤其是儿童玩具，对材料的化学性能和功能的安全要求都非常高。由于技术标准变化快，一方面符合新标准的原料或中间品采购非常困难，另一方面已有的库存产品因难以处理而成为了资金占压的主要原因。

其二，医疗器械行业的技术性贸易壁垒摩擦主要来自美国。受访企业指出，美国对药品和医疗器械质量监控严格，不仅为获得FDA强制性认证付出高昂认证费用，而且FDA现场勘查制度应对难度非常高，生产链上任何一个环节不符合其技术标准都不能获得认证。此外，在勘查过程中与FDA调查员进行沟通的员工除了具备很高的专业素质和技能外，还必须使用英语流利交流。因此，即使是知名的药品企业也认为，维持美国药品技术标准需要付出高昂代价。

2. 机械设备和汽车行业

湖北省机械设备和汽车产品主要出口美国、欧盟市场。受访企业中美资企业、德资企业共计6家占比9.8%，未遭遇过技术性贸易壁垒，主要原因是外资企业产品核心技术由外国母公司控制，严格按照母国技术标准生产，从而产品返销母国后极少不符合标准。同时，占比

---

① 在欧盟REACH制度下，化工产品创新需要面临的风险是凡是投入的新物质或者新材料都有可能成为新增的"高关注物质"从而被限制或者禁止使用。即便新产品未使用"高关注物质"，企业仍然需要承担新产品的认证成本。

38.4%的15家机械设备民营出口企业表示遭遇过美国海关扣留或扣押，但数量不多，主要原因是美国客户通常将产品品质要求控制在采购环节，即企业只有提供符合美国标准的产品才可能成为供应商。另外，仅占8.8%的企业遭遇过美国海关入境扣押的情况，损失较大。贸易摩擦中美国加征关税后，利润空间严重挤压，考虑维持技术标准所需要追加的成本后，部分企业计划转向新兴市场或国内销售。

3. 纺织品和农食品行业

其一，5家无纺布出口企业均位于湖北省仙桃市无纺布产业园区，生产和对美国出口医疗防护产品，遭遇技术性贸易壁垒较少。一是因为美国医疗防护用品的技术标准很高但变动并不是非常频繁，具有相对稳定性；二是因为美国客户在长期合作关系下会主动帮助生产企业了解和更新标准信息，改进产品；三是该产品技术含量高，出口价格也相对较高，企业能够担负持续技术研发和改进投入；四是因为产业园区技术信息互通较快。

其二，食用菌是湖北省出口的特色农产品，一家参与调研的食用菌企业表示，其主要出口产品是干香菇和香菇制品，订单非常丰富，由于中国香港和东盟是主要出口市场，没有品质认证要求，因此没有遭遇过技术性贸易壁垒。

总体来说，技术性贸易壁垒对于出口欧盟和美国的化工企业和医疗机械企业影响最大，机械设备和汽车行业内资企业相对较小，纺织品和农食产品影响最小。

（三）知识产权摩擦尚未产生实质性影响

前文数据分析可知，目前知识产权摩擦并非湖北省企业面临的贸易摩擦的主要形式。调研结果显示，95%的企业表示并未发生过国际知识产权纠纷，主要原因是企业已经注册商标（6.2%）、已经注册商标且同时品牌知名（5.3%）、贸易合同中设有"第三方知识产权"条例（54.6%）、无自主知识产权（32.3%）等。

四 贸易摩擦对外贸企业用工的影响

对样本企业的就业调查包括两方面：一是中美贸易摩擦发生后，2018年4月至2020年4月企业实际用工变化情况、变化主要原因以及关税摩擦可能产生的长期影响；二是非关税壁垒摩擦对用工需求的影响。

（一）关税摩擦未造成企业用工大幅波动

2018年4月至2019年年初，近50%的外贸企业用工数量基本无变化，23家企业甚至有所增加。其中，8家企业新增用工1—5名，主要原因是企业员工离职后新招聘入职；15家企业新增临时用工20—30名，主要原因是完成临时增加订单的生产需要。20%的企业用工数量有所减少，但多数企业表示原因是企业战略调整需要，与关税摩擦并无直接关系。对于是否将调整用工计划，29.3%的企业明确表示计划在2019年小幅调整，超过50%企业持观望态度。

对于新冠肺炎疫情对用工的叠加影响，90%以上企业并未裁员，主要原因：一是预期复工复产后新增订单量较大，二是外贸企业逐步转型后用工能够进行内部调整，三是因专业人才需求紧迫反而会增加用工人数。

（二）凸显劳动力市场临时用工调配灵活性不足

据本章第一节分析，湖北省对美出口额、进口额在美国"征税清单"实施之前1—2个月出现激增、实施之后1—2个月呈现突降的现象，表明涉外企业"抢关出口"和"抢关进口"现象突出且普遍存在。"抢关"行为必然导致生产规模和临时用工需求短期扩张和收缩。调研发现，上述现象在湖北省机械设备行业中尤其明显。23家用工数量增加的企业中15家集中在机械设备制造业，而这类企业是征税清单涉及的重点企业。例如，湖北省大型电子信息设备制造企业武汉联想集团表示，为了提前完成出口订单需要临时新增生产线工人50—100人。但事实上，增加临时生产工人的需求无法被及时满足，实际新增临时用工仅为计划人数的1/3。

企业认为造成临时用工无法满足的主要原因包括：企业临时招工渠道不畅通（85.6%）、劳动力在各个城市间短期流动不便利（68.2%）、中介平台未充分发挥作用（45.4%）、灵活就业的劳动力供给数量不足、劳动力短期就业意愿不充分（62.5%）等。

（三）突出引人才需求下企业降成本压力

贸易摩擦持续升级，关税政策不确定性打乱企业正常生产节奏，加剧了订单碎片化趋势及其与规模效益之间的矛盾，显著增加中小企业资金负担。90%以上的企业反映，尽管政府实施了各种减税降费的利好政策，但营商成本仍然高企，关税成本不断提高进一步压缩了生存空间。因此，企业降低成本需求迫切。

然而，人力资本需求不断提升更加加剧了企业降低成本的压力。一是由于工资刚性，即使是在 2018—2019 年中美关税摩擦升级期间，97%的受访企业员工的工资平均上涨约 5%；二是应对贸易摩擦的长期影响，85%的企业表示计划改变用工结构，例如增加线上销售的人才引进。但是目前这类人才紧缺，更加需要具有吸引力的薪酬计划吸引人才。综合上述原因，近 50%企业表示未来将以维持员工数量、提升效益为主，只会针对性引进少量人才。

（四）加剧劳动力市场就业结构性矛盾

调研发现，技术含量越高、可替代性越小的产品在关税摩擦中受到的影响越小，同时研发创新能力强的企业应对贸易摩擦的能力也越强。不断发生的贸易摩擦加剧了人才短缺、引留困难、培养错配等劳动力市场长期存在的结构性矛盾的影响。

第一，加剧实体经济企业"人才引留困难"。①年轻普工留不下。样本企业中任职 3 年以上的非管理层员工平均年龄为 38—48 岁，年轻技能型工人缺乏。例如，武汉华星光电、联想移动互联、武汉天马微和富士康四家在汉员工超过 1 万人，但是招工难和人员流失严重，科技领军人才、高级技术人员和技术工人普遍短缺，求人倍率均在 2 以上。高端人才的缺乏是企业难以应诉贸易救济调查、难以应对技术性贸易壁垒的重要原因之一。80%以上的企业认为"区域发展不协调，中心城市发展空间及配套设施条件与其他地区差别巨大，虹吸效应强"是导致湖北省省会或副中心城市周边部分市州人才吸引力不强、引进和储备非常困难的主要原因。

第二，加剧人才培养错配的影响。以高校国际贸易本科专业为例。贸易摩擦产生后，32.4%的企业逐步调整出口市场，希望借力"一带一路"倡议开拓新市场以对冲对美国出口利润的下降。但湖北高校国际贸易专业培养方案相似度高，满足企业开拓"一带一路"沿线市场需要的特色人才培养缺乏。新冠肺炎疫情期间，80.5%的企业指出电商营销的人才储备极度不足，并且在短期内难以获得。

第四节　贸易摩擦对湖北省产业发展的影响

打造开放型现代产业体系是推进开放型经济高质量发展的根基，也是推进"双循环"新发展格局的有力支撑。"双循环"并不意味着封闭，反而要以深度参与国际循环推进高质量发展。在全球价值链网络下，国际贸易摩擦是一把"双刃剑"。一方面，贸易摩擦已成为企业参与国际分工的"堵点"，阻碍涉外企业产品和服务的市场价值实现，影响产业外向度提升，限制核心技术供给，抑制产业升级。另一方面，贸易摩擦促进政府深化改革，推进"制度型开放"，加速企业优胜劣汰，进而实现全球价值链地位的提升。本节基于上述视角，探讨国际贸易摩擦对湖北省产业发展的影响。

一　贸易摩擦设置多重障碍抑制产业外向度提升

将本书围绕湖北省遭遇的各类贸易摩擦研究结果综合于表8-9中。横向指标展现了湖北省在特定海外市场中主要出口行业遭遇贸易摩擦情况，可划分为"高摩擦风险市场""中等摩擦风险市场"和"低摩擦风险市场"；纵向指标显示了特定行业在不同海外市场遭遇的贸易摩擦情况，可划分为"高摩擦风险行业"和"低摩擦风险行业"。

通过横向对比可知：①"高摩擦风险市场"仅包括美国。在美国市场上，从食品类初级产品到机械电子、运输设备中等技术密集度产品，再到化学品、药品等高技术密集型产品，不同形式的贸易摩擦几乎涉及了所有行业。尤其是，机械、钢铁、金属制品三个湖北省主要出口行业在美国市场上同时遭遇关税摩擦、贸易救济摩擦和知识产权摩擦。因此，湖北省企业出口美国市场面临的贸易摩擦风险最大。②"中等摩擦风险市场"包括印度、欧盟和土耳其。其中，在印度市场上，贸易摩擦涉及大部分主要出口行业，形式上以关税摩擦与贸易救济摩擦为主，行业上运输设备、机械和塑料橡胶产品摩擦形势相对严峻。在欧盟市场上，摩擦形式以贸易救济和技术性贸易壁垒摩擦为主，但只有化工产品同时遭遇上述两种形式的摩擦。在土耳其市场上，贸易摩擦涉及金属制品、机械产品、纺织、塑料橡胶和非金属矿产品五类，但形式上仅为贸易救济摩擦。相比而言，湖北省企业出口印度市场摩擦风险最高，欧盟其次，土耳其最小。③"低摩擦风险市场"包括加拿大、澳大利亚、墨西哥、巴西、阿根廷，湖北省企业遭遇的贸易救济摩擦数量和涉案行业少①。

通过纵向对比可知：①"高摩擦风险行业"包括金属制品行业、机械制造行业和钢铁行业。其中，湖北省金属制品出口受阻最为严重，不仅承受美国加征关税措施的影响，遭遇"337调查"，而且在9个国家（地区）均遭遇过贸易救济调查。相比之下，机械和钢铁产品遭遇贸易摩擦强度相对较低，但也同时面临美国加征关税影响以及多个市场的贸易救济摩擦。②"中等摩擦风险行业"包括塑料橡胶、纺织品、化工产品和非金属矿制造业，主要在美国、欧盟、印度和土耳其遭遇过贸易摩擦。③"低摩擦风险行业"包括电气设备、食品、药品、家具等，遭遇贸易摩擦的来源地以及摩擦形式都相对较少。

表8-9　湖北省遭遇贸易摩擦来源地、摩擦类型及涉及行业分布

贸易摩擦	电气	机械	运输设备	钢铁	金属制品	纺织品	塑料橡胶	化工产品	家具	非金属矿	食品	药品
美国关税	√	√	√	√	√	√						
"337调查"		√		√	√			√				
美国救济	√						√	√				
美国TBT											√	√
印度救济		√	√	√		√						
印度关税	√						√		√			
欧盟救济												
欧盟TBT		√			√							
土耳其救济		√			√		√			√		
土耳其关税				√								
加拿大救济					√							

---

① 除本书重点分析的9个国家（地区）之外，湖北省出口其他海外市场贸易摩擦非常少，亦可认为是"低摩擦风险市场"。

续表

贸易摩擦	电气	机械	运输设备	钢铁	金属制品	纺织品	塑料橡胶	化工产品	家具	非金属矿	食品	药品
澳大利亚救济				√	√							
墨西哥救济					√							
巴西救济					√					√		
阿根廷救济	√				√							

注：表8-10中行业取摩擦数量占比较多的行业。
资料来源：根据第四章至第七章分析整理。

发展开放型经济，外向度取决于重要行业的外向度。湖北省制造业外向度总体偏低，2018年出口交货值在工业产值中的比重仅为4.4%。在支柱产业中，外向度最高的是通信及电子设备制造业和集成电路、船舶、航空航天及其他运输设备制造业，分别为20.6%和15.4%。排位其后的是化学纤维制造业和纺织业外向度约8%—9%，而其他产业的外向度均不足5%，第一大产业汽车制造业外向度仅为1.7%。皮革、羽毛等制品制造业外向度最高为41.5%，但其在全省工业产值中的比重却仅为0.6%。对比表8-10发现，化学原料及制品行业、汽车行业、非金属矿物制品行业、机械行业等均属于"中等摩擦风险行业"和"高摩擦风险行业"。这些行业的主要出口市场为美国、欧盟和印度，均属于"中等摩擦风险市场"和"高摩擦风险市场"。同时，本书第七章的研究显示，上述行业中的代表性商品在多个国家遭遇贸易摩擦"围堵"的现象也日益常见，如铝型材、不锈钢水槽、无缝钢管等金属制品、柠檬酸、葡萄糖酸钠等化学产品、冷轧不锈钢板/卷等钢铁产品、光伏产品、钢制轮毂等机械产品等。

综上分析，从关税摩擦到贸易救济摩擦、技术性贸易壁垒摩擦到知识产权摩擦，从发达国家市场到新兴市场，国际贸易摩擦已为湖北省企业参与国际经济循环设置了多重障碍，成为提升各制造业行业乃至全省经济外向度的关键堵点。

二 贸易摩擦增加不确定性抑制投资和创新

国际金融危机之后，世界不确定性因素增多。2008年第一季度至

2021年第三季度，世界不确定性指数（WUI）①波动呈现阶段性特征（见图8-5）。第一阶段为2008年第一季度至2018年第一季度，在欧洲债务危机、美国财政悬崖、英国退欧、美国总统大选等国际大事件节点上，WUI均出现较大波动。但对比同期世界贸易不确定性指数（WTUI）发现，WTUI始终较低且非常平稳，表明在此期间其并非引发世界不确定性加剧的主要原因。第二阶段为2018年第二季度至2020年第二季度，中美关税摩擦爆发后，WTUI从13.2暴增至2019年第二季度的峰值174.3，于2020年第一季度中美《协议》达成后快速降至100.8，第二季度继续快速回落至3.7。同期，WUI也出现了剧烈波动且与变化趋势基本一致。

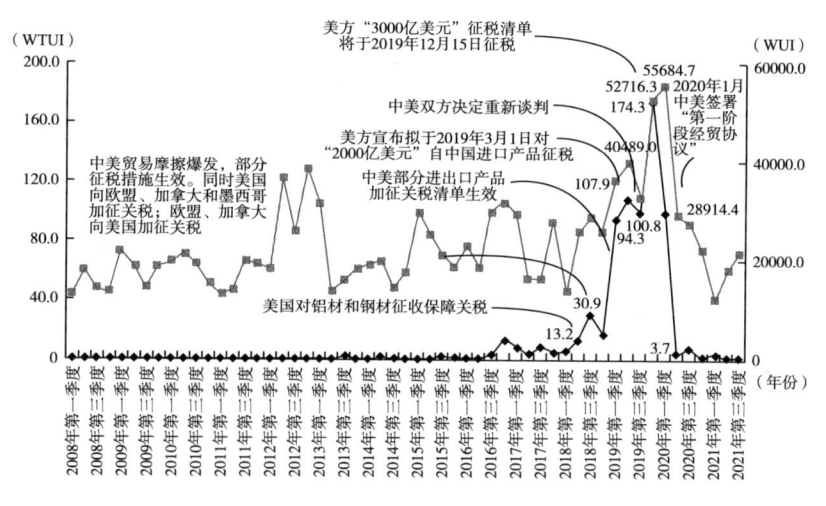

图8-5 2008年第一季度至2021年第三季度世界贸易不确定性指数和世界不确定性指数

资料来源：世界经济不确定性指数数据库（2021年10月14日更新），https://worlduncertaintyindex.com/data/。

---

① 世界经济不确定性指数由斯坦福大学和芝加哥大学的Scott R. Baker、Nicholas Bloom和Steven J. Davis三位学者编制，主要用来反映世界各大经济体经济和政策不确定性。世界贸易不确定性指数（WTUI）和世界不确定性指数（WUI）均源于世界经济不确定性指数数据库，数值越大表示不确定性越大。WTUI和WUI均以经济体的GDP加权平均计算，经济体GDP占世界GDP比重越大，其贸易政策不确定性对世界贸易不确定性影响越大。

作为世界第一和第二大经济体，美国和中国的经贸关系是世界经济中最重要的经贸关系，发挥着"压舱石"和"稳定器"的作用。WTUI和WUI阶段性波动表明，历时两年的中美关税摩擦成为自2016年第四季度以来全球经济和贸易增长的最大不确定因素，极大增加了外向型企业经营外部环境的不确定性。

外部环境不确定性升高抑制了湖北省制造业企业的投资与创新。一是增加了企业融资约束，无法开展新的投资。在资本市场不完善条件下，信息不对称等因素造成不同企业的融资成本不同，同一企业的内外部融资成本也存在差异。尤其是很多中小型企业无法支付过高的外部融资成本而无法获得充足资金，从而形成融资约束，进而阻碍企业的投资活动。湖北省进出口经营主体呈现"以民营企业为主，外资企业和国有企业平衡发展"的特征。2015年，民营企业进出口额占湖北省外贸总额比重超过外资企业和国有企业达51.2%，截至2021年这一比重已稳步升至59.6%。尽管民营企业在全省对外贸易增长中具有举足轻重的地位，但其融资环境非常不容乐观。例如，在对湖北一家显示设备生产企业的访谈中，该公司提到2018年年初其和小米公司曾达成一项大尺寸电竞显示屏的订购协议，原计划增加一条生产线。但是，由于关税摩擦造成的显示屏订单削减，资金无法回笼，同时银行也因为贸易摩擦期间经营风险评估而提高了融资标准，因此投资计划被迫暂停。调研发现，61家受访企业中由于贸易摩擦直接或间接影响资金压力有所加剧的企业约占73.5%，尤其是机械设备、电子设备等订单价值较高，通常使用分期付款方式结算的企业资金占压情况更加严重。同时，为应对摩擦，40%的受访企业表示有计划转移市场。但无论针对新市场改造产品还是开拓市场渠道都需要增加投资，而58.8%的受访企业指出在贸易摩擦期间因难以达到银行信贷融资的标准从而无法享受融资优惠。此后，新冠肺炎疫情进一步加剧了融资困难，抑制企业新增投资。

二是企业难以形成明确和良好的预期，创新活动风险增大进而抑制创新。创新是企业立足于激烈市场竞争的根本，也是建立现代产业体系的根本路径。高新技术企业出口一直是湖北省出口增长的新引擎。但是调研发现，应对贸易摩擦中订单的流失，多数受访企业对追加投资、加大研发创新意愿并不强烈，主要持观望态度。主要原因包括：①外部环境整体不确定性太高,除中美贸易摩擦之外,美欧贸易摩擦、日韩贸易摩擦等也加剧了开拓新市场的不确定性风险。事实上,世界经济不确定性数据库对142个经济体也进行了单个市场的经济不确定指数测算,结果显示2018年第一季度至2021年第三季度,80%的经济体在2019年第一季度至2020年第一季度不确定性明显高于其他时间,同时北美地区和欧洲地区国家的不确定性明显高于其他地区。②除关税摩擦之外,非关税壁垒摩擦层出不穷,也是重要的不确定性因素。受访企业中一家黄石汽车零部件出口企业表示,企业计划转战欧洲市场,但发现欧洲产品认证制度以及技术标准与美国存在较大差别,同时汽车产品上下游产品配套要求高,各国零件规格型号并不通用,需要对生产线进行全面改造。综合上述原因,贸易摩擦和新冠肺炎疫情叠加冲击下,企业资金压力倍增,新市场布局稳定之前对投资和创新更加谨慎。

三 贸易摩擦凸显产业发展的"制度短板"

进入21世纪之后,国际分工已从产品分工向要素分工转变,形成了全球价值链网络,削减与取消贸易壁垒是实现商品与要素自由交换的必然要求。但是,随着价值链分工的发展,"开放"内涵已逐渐从交换领域转向了生产领域,除了要求消除边境措施限制之外,更要求消除限制"生产开放"的边境后体制与机制障碍。这要求各国进行国内规制的国际协调,显然这是困难的。因此,制度性摩擦日益成为国际贸易摩擦的重要原因。例如,国外对华"两反一保"摩擦中对中国市场地位的认定、知识产权摩擦中侵权行为、中国企业由于产品指标不符合进口国标准而遭遇技术性贸易壁垒等,均反映出中国企业对国际规则与制度的掌握程度有待提高,更加反映出深层次的短板——中国国内规制与国际规制不协调。本书认为,国际贸易摩擦在阻碍企业参与国际市场竞争的同时,也充分暴露出产业发展中存在的"制度短板",有助于明晰深化改革的方向,影响是积极的。

湖北省遭遇的国际贸易摩擦也暴露出产业发展的"制度短板",主要表现在以下五个方面。①营商环境短板:"放管服"改革全面推进,湖北省优化营商环境取得积极成效,但对标发达地区甚至国际标准,与高效、稳定、现代化和法治的营商环境目标尚存较大差距。②政策制度短板:缺乏适应国际技术贸易壁垒发展要求的技术标准体系、全产业链质量的检测制度、缺乏引领性的环保制度、知识产权保护制度、对外贸易救济制度等。③政府服务短板：政府服务效率、政府服务信息化手段、贸易促进服务有效性、资源整合效果、市场秩序维护等都需要进一步提高。④人力资源短板：应对贸易救济摩擦、知识产权摩擦、技术贸易壁垒摩擦的人才缺乏。⑤技术创新短板：创新机制、创新扶持政策等需要制度创新。

2020年，光华管理学院发布《中国省份营商环境评价》，对31个省级行政区营商环境进行评估。省级行政区营商环境指数排名前10位的省份中，内陆省份四川省排名第4位，次于北京、上海和广东三个沿海省份；而安徽省是唯一入选的中部省份，排名第8位；湖北省以53.17分排名第17位，低于中位数，与位居首位的北京相差25.06分，也低于长江经济带59.4的总均值。从各项二级指标来看，湖北省创新、政府效率、社会信用三项指标排名全国前10位，但是并非处于领先水平，而在政府廉洁、政企关系、竞争公平、融资便利和资源获取等指标上评分依次处于第12位至第20位，而司法公正、市场中介、对外开放、政策透明度均排在全国第20名之后①。因此，对于拥有国家中心城市武汉的湖北省而言，营商环境与经济发展水平、资源禀赋、对外开放基础条件显然不相符合。

同时，企业调研数据也从一定程度上反映出产业发展的不足。第一，在产业发展环境上，多数企业认为湖北省内行业协会与沿海地区相比力量甚微，从行业协会得到过切实的帮助的企业仅占3.2%，并未为企业发展提供有力支持。第二，在政府服务上，82.4%的企业从政府为应对贸易摩擦采取的"稳外贸""保就业"措施中获益，在帮扶措施中，减免税收、精简行政流程和审批手续、搭建多样化营销平台和提供市场信息、政府部门"包保"企业进行及时政策沟通、稳岗补贴和社保支出减免等措施最有效，但具有较高获得感的企业占比约为58.9%—68.1%。表明尚存很大的提升空间。第三，在营商环境上，68.7%的企业认为政府机构办事效率亟待提高，70.1%的企业认为综合

---

① 《31省、7大区域营商环境大比拼：谁是优等生?》，光华管理学院网站，https://www.gsm.pku.edu.cn/info/1316/21962.htm。

营商成本过高，75.2%的企业认为湖北省技术信息服务网络平台、贸易摩擦预警、知识产权保护等方面建设非常滞后。上述不足在省会武汉以外的市州更为明显。第四，在人才引留上，72.6%的企业认为人才引进津贴政策并不能够发挥实效，认为人才引留障碍主要包括招工与求职者信息不畅通、配套基础设施不完善、求职者的心理预期与现实不符、职业发展空间不足的企业分别占比 62.5%、90.2%、45.8%和 55.3%。

综合而言，国际贸易摩擦可以被视为对一国（地区）制造业发展综合实力的检验，其有助于从外部市场需求端审视内部市场上供给侧存在的深层次问题，为湖北省打造更适应新时期开放型经济发展的现代产业体系提供契机和改革方向。

第五节　本章小结

国际金融危机之后，湖北省加速打造"内陆开放新高地"，遭遇国际贸易摩擦形势日益严峻，既有来自大规模关税摩擦突发造成的短期冲击，也有来自非关税摩擦的长期发展制约。新冠肺炎疫情下，全球贸易保护主义进一步升温，国际贸易摩擦势头更猛。"稳外贸""稳就业""保市场主体"的紧迫任务亟须贯彻，对产业发展的长期影响也必须关注。因此，本章采用定量与定性研究方法、规范分析与调查研究相结合，从宏观和微观两个层面，围绕外贸增长、就业稳定、企业经营、产业发展四个方面考察贸易摩擦对湖北省开放型经济发展的短期冲击和长期影响。

从"外贸稳定"上看，美国和印度的关税摩擦并未对湖北省贸易规模产生实质性冲击，但是均造成了双边贸易短期波动、海外市场份额缩减以及增速放缓。

从"就业稳定"上看，中美贸易摩擦爆发后，湖北省劳动力市场总体稳定，并未造成企业用工大幅波动，但凸显出就业市场劳动力调配灵活性不足，加剧了引进人才需求下企业降成本压力，同时人才引流困难、培养错配等长期结构性矛盾更加凸显。

从"市场主体稳定"上看，中美关税摩擦对企业经营的短期冲击有限，新冠肺炎疫情加剧了中小企业经营困难，但从长期看其可能导致海外客户流失、产品退出美国市场等更为消极的影响。不同类型的非关税摩擦对企业经营的影响存在差异：①贸易救济摩擦迫使多数企业选择转移或者退出市场；②技术性贸易壁垒摩擦则是湖北省企业遭遇的最主要和最频繁的贸易摩擦，对于出口欧盟和美国的化工企业和医疗机械企业影响最大，机械设备和汽车行业内资企业相对较小，纺织品和农食产品影响最小；③国际知识产权摩擦影响有限。

从"产业发展"上看，国际贸易摩擦为湖北省制造业开放设置多重障碍，通过加剧经济与贸易政策的不确定性抑制了行业投资和创新，同时也暴露出湖北省在营商环境、政策制度、政府服务、人力资本与技术创新方面存在的阻碍产业发展的"制度短板"，为构建适应未来国际竞争的"制度型开放"格局提供了改革方向。

第九章

研究结论及对策

本书在中国"构建新发展格局、推进全面开放、应对贸易摩擦"的背景下，沿着"开放型经济发展现状→国际贸易摩擦形势→贸易摩擦对开放型经济发展的影响"的基本思路，围绕关税摩擦、贸易救济摩擦、技术性贸易壁垒摩擦和知识产权摩擦形势和发展趋势，对中部省份中开放度较高、贸易摩擦突出的湖北省面临的国际贸易摩擦问题进行了全面系统研究。

本章基于前文研究得出主要结论，提出湖北省应对国际贸易摩擦的对策建议，以期对其他中部省份有所启示与借鉴。

第一节　主要研究结论

基于前文研究，本书得出以下主要结论。

一　构建全面开放格局基础优越，开放不平衡、不充分仍突出

近十年，湖北省开放型经济发展取得明显成效。湖北省物流与信息基础设施良好，创新与营商环境持续改进，高新技术产业引领产业升级，民营企业稳居市场主体地位，并成为"稳外贸"的主力军。总体而言，对外开放的基础设施、产业支撑、对外贸易、投资与技术合作的发展现状表明，构建全面开放格局已具备优越的基础条件。

但与此同时，开放不平衡、不充分问题仍然突出：其一，开放范围上，进口规模相对较低，中高摩擦风险的行业和海外市场出口集中度高，新兴市场潜力挖掘不足；同时，区域内部各市州发展不协调、多点支撑和多点开放格局尚未形成；其二，开放领域上，服务业开放滞后，制造业中支柱产业外向度普遍偏低；其三，开放层次上，营商环境、政策制度、政府服务、人力资本与技术创新等方面的"制度短板"突出，"边境后"规制改革亟须深入。

随着开放型经济加速推进，参与国际分工深度和广度增加，湖北省企业遭遇更加严峻的贸易摩擦也将无可避免。因此，继续稳固优越的开放基础条件，扩大开放范围、拓宽开放领域、加深开放层次，才能从根本上提升开放质量，稳固应对国际贸易摩擦的根基。

二 关税摩擦无碍贸易就业大局，有效应急响应是稳保关键

基于实证分析与企业调研发现，宏观层面上，中美关税摩擦和印度对华关税摩擦仅导致湖北省与两国的贸易态势波动，对贸易规模及就业的负面影响完全可控。但在微观层面上，尤以美国和印度为主要市场的中小外贸企业压力倍增，叠加新冠肺炎疫情全球蔓延影响，"保市场主体""稳外贸""稳就业"任务艰巨。是否有效响应企业诉求、解决市场主体实际困难是"稳保"关键。

研究表明，关税摩擦及新冠肺炎疫情短期冲击下，企业主要在减少库存积压、开拓新市场、贸易转型方面存在困难，对政府及行业协会在办事效率、融资、新市场开拓指导、降低成本方面诉求最为强烈。总体而言，湖北省及地方政府应急响应速度快，稳岗补贴和减免社保支出等直接降成本措施效果最好，但是企业在改善资金周转困难、帮助企业转战新的海外市场或者出口转内销、帮扶电商转型、提高临时用工调配灵活性等方面措施获得感亟待提升。

后疫情时期，发达经济体关税摩擦频发，带动发展中经济体提高关税壁垒示范效应明显，企业开拓国际市场很可能面临贸易成本陡增与更多不确定性风险。因此，优化应急响应机制，制定更有效的帮扶措施是长期落实"稳保"任务的必然要求。

三 救济与技术壁垒摩擦影响大，新趋势带来更多应对挑战

非关税摩擦中，贸易救济与技术壁垒摩擦影响最大，几乎全面覆盖湖北省主要出口行业和重要海外市场，可谓是实现国际循环的重要"堵点"。

贸易救济摩擦在发起数量、救济方式、救济强度、涉及产业、涉案产品要素密集度等方面存在显著国别特征，可为建立预警机制与体系、

制定市场差异化战略提供依据。同时，从发展趋势上看，发起国中发展中国家持续增多，"双反"案件显著增加，主要出口行业中代表性出口产品遭遇更频繁的"围堵"，"日落复审"逐渐成为长期贸易保护的更隐蔽手段，贸易救济从"单国"走向"区域"，"反规避调查"日渐成为新的贸易保护手段，同时"反补贴"迅速增加表明政府制定产业扶持政策时需要更加谨慎。

技术性贸易壁垒摩擦是湖北省企业遭遇最主要和最频繁的摩擦形式，主要源自美国、日本、欧盟等发达经济体，同时具有明显的行业特征。产品质量不达标、创新不足是根本原因，同时政府和行业协会的外部协助作用也较为有限。研究显示，未来技术性贸易壁垒摩擦将更多发生在环保领域、发生在整个生产业链上、发生在新兴市场里，也将更多发生在中国的进口环节中。加速技术创新、推进产业升级才是应对技术性贸易摩擦的根本之道。

四 知识产权摩擦渐成重要形式，布局与环境治理亟待强化

知识产权纠纷尚未成为湖北省企业遭遇贸易摩擦的主要形式，但随着"知识产权强省"建设加速，知识产权摩擦必将成为重要的摩擦形式。

从趋势上看，出口方面，美国"337调查"行业范围已呈现向劳动密集型行业扩大之势，预期对美国出口低端产品的企业将面临更多涉案风险；在新兴市场中，应对"一带一路"市场知识产权制度和发展水平多样化，企业更应提前做好知识产权布局，建立与完善预警机制与海外维权体系。进口方面，跨境电商加速成长，进口侵权行为日益增多，对政府"网络侵权"治理能力提出新的挑战。

第二节 湖北省应对国际贸易摩擦的对策

基于研究结论，本书围绕优化国际贸易摩擦的应急响应机制与措施体系、构建应对贸易摩擦的长效机制与战略提出对策建议。

一 优化预警系统与监管平台，确保快速响应与有效帮扶

（一）优化预警指标体系

科学的预警指标体系是发布正确预警及制定响应措施的基础。例如，应对技术性贸易壁垒摩擦中，当前发达经济体主导全球技术法规、标准以及合格评定程序的制定，其对技术标准的更新速度之快，标准之高，往往令发展中国家难以追及，导致摩擦频发。目前，WTO/TBT—SPS网站是中国企业了解欧、美、日、韩、加等主要国家TBT通报信息的主要渠道。省级层面上，湖北省乃至中部省份中建立TBT摩擦预警指标体系的政府机构不仅数量相当有限，而且预警指标体系科学性、准确性和灵活性亟待提升。建议以行业为基础，针对高摩擦风险行业，统筹组建行业专家库解析海外技术标准，建立或者改进现有预警指标体系，以便为贸易摩擦进行科学分级与制定响应措施。

（二）建立动态监测系统

在科学预警指标体系基础上，应建立动态监测数据库和预警信息系统。一是立项开发企业动态监测数据库和预警信息系统，实时追踪企业经营与就业信息异动；二是增加监测企业数量，重点增加高摩擦风险市场、高摩擦行业外向型企业入库；三是优化监测点结构，重点增加中小企业及小微企业数量；四是加大系统普及力度，建议选择重点市州和企业开展企业动态监测系统"联网试点"后逐步推广；五是通过产学研渠道在高校、科研院所建立专门技术团队，为运营预警系统提供持续支持。

（三）建立摩擦监管平台

依托大数据技术升级现有监管平台，实现多部门合作联动及"一站式"监管。一是将贸易摩擦动态监测数据库和预警信息系统接入平台监管后台，提供预警数据支撑；二是实现海关、检验检疫、外汇、商务、银行等部门的系统链接与信息共享，同时并入中部省会城市政府服务的"单一窗口"政务服务系统，为监管企业经营与就业状况提供更全面的信息；三是依据摩擦类型发布湖北省内或者行业内企业遭遇贸易摩擦的信息，例如"两反一保"、企业出口受阻通报、进口产品拒绝入境通报等；四是公开湖北省内贸易摩擦数量、类型、金额等统计分析数据，为对策研究提供依据。

（四）快速响应有效帮扶

首先，继续深化打造"以人民为中心"服务型政府，着力建立亲清政商关系，畅通响应渠道。其次，建立多元方式识别企业利益诉求。

一是通过监测系统识别帮扶对象，加强点对点沟通；二是利用贸易摩擦监管平台，利用企业浏览历史数据精准识别企业关注焦点，自动将相关信息通过 App 或者其他渠道及时推送，保证企业能够在第一时间获得充足的信息；三是提高线下沟通方式效率，尤其对于定点监测对象建立"政企包保联动"机制，定期走访追踪，确保企业诉求及时反馈；四是以企业知晓度、认同感和获益感为导向进行摩擦动态监测体系质量、政府帮扶措施效果的定期考核与改进，确保帮扶措施针对性与有效性。

二　提高贸易与投资促进水平，市场多元化降低摩擦风险

（一）提升政府贸易促进服务质量

一是在湖北省内各市州继续增设贸易促进机构网点，重点提高其在小微和新开口企业中的知晓度，加强追踪企业对政府帮扶政策的认同感和获益感；二是打造"互联网+贸易促进"模式，开拓公众号、App 等新兴信息渠道，利用大数据、云计算等技术提升市场分析、投资咨询等传统贸易促进服务质量和效率，提高企业决策精准度；三是增加高质量国际展会数量；四是大力支持行业协会，鼓励小微企业联合增强议价和抗风险能力，搭建平台促进湖北省内与省外行业协会融合发展；五是建立民间外贸论坛，作为征集企业诉求的补充渠道。

（二）合理引导海外市场多元化布局

截至 2021 年 11 月，中国已与 26 个国家（地区）签署了 19 项自由贸易协定（FTA），包括东盟、中国香港、澳门、澳大利亚、韩国等，其中新加坡、秘鲁、德国等正在进行升级谈判，而正在进行中的新 FTA 谈判 8 个。不仅如此，区域贸易协定方面，东盟主导的区域全面经济伙伴关系（RCEP）已于 2022 年 1 月 1 日对 6 个东盟成员国及包括中国在内的 4 个非东盟成员国生效[①]，意味着一个涵盖约 35 亿人口、GDP 总和将达 23 万亿美元、占全球总量的 1/3 的世界最大的自贸区诞生。分析发现，从贸易摩擦风险强度上看，韩国、日本等低摩擦风险市场均与中国签订过 FTA，而美国、欧盟、印度等中高摩擦风险市场却恰恰相

---

① RCEP（《区域全面经济伙伴关系协定》）由东盟十国于 2012 年发起，历时 8 年终于在 2020 年 11 月 15 日正式签署，2021 年 11 月 RCEP 保管机构东盟秘书处通知宣布文莱、柬埔寨、老挝、新加坡、泰国、越南 6 个东盟成员国和中国、日本、新西兰、澳大利亚 4 个非东盟成员国已向东盟秘书长正式提交核准书，达到协定生效门槛。

反。事实上，双边与多边贸易协定已成为全球经济一体化发展的主要形式，而新一代FTA协定蓝本除了关税减让等基本边境议题之外，均包含贸易救济的解决机制、知识产权争端解决等边境后议题。例如，依据RCEP协定，不仅90%货物将最终实现区域内零关税，而且金融、电信、教育等多个重要服务领域开放水平将进一步提升，对成员国相互投资也做出了高质量开放承诺，还针对贸易摩擦制定了可以参照解决的协定条款，显著减少冲突。总而言之，中国布局全球的自贸协定网络为中部企业拓展新兴市场空间、降低贸易摩擦风险提供了有力支撑，建议政府引导企业将新兴海外市场中FTA国家作为优先区位选择。

（三）疏通内销堵点助力国内市场拓展

在构建"双循环"新发展格局部署下，立足国内消费市场，已经成为越来越多的中部外贸企业应对贸易摩擦的新选择。但调研显示，企业在转战国内市场时，面临多重困难。例如，观念更新不及时，多年开拓的国际市场渠道不愿意放弃；国内竞争激烈，消费者对品牌越来越重视，建立渠道难；机械设备、化工产品等工业产品内销更难；从供应商到销售商，角色转换不容易；国内外产品标准不对接，获得国外授权产品的知识产权许可难；大部分样本企业在电子商务方面面临毫无经验、人才缺乏等困难。

2020年6月22日，国务院办公厅印发《关于支持出口产品转内销的实施意见》（以下简称《意见》）为解决上述出口企业转战国内市场销售的堵点难点提出了各级政府帮扶的导向。结合中央《意见》和湖北省实际情况建议：一是对外贸易促进机构增加专项单元，专门负责对接企业出口转内销工作；二是利用外经贸发展专项资金，支持出口转内销相关业务培训、宣传推介、信息服务等；三是增加线上线下内销展会频次；四是精简优化出口转内销产品CCC认证程序，缩短办证时间，精简证书数量，减免认证费用。

（四）发展新兴业态加速传统企业转型

跨境电商为纺织品、鞋帽、家具等劳动密集型企业应对订单碎片化、成本上涨、政策不确定、新市场拓展难等提供有效途径。但调研发现，武汉跨境电商综合试验区以外的企业对跨境电商尝试极少，从政府到企业，对新模式的理论认知、制度供给和实操经验均非常匮乏，适合于制造企业转型的"B2B"(企业对企业)模式探索更加滞后。

建议从三方面助力企业贸易转型。一是加速构建"一区先导、多点共创、经验共享、协调发展"格局。例如在湖北省内，可以武汉试验区为先导，重点探索硬件技术、制度环境和实施流程等，提供可复制的经验做法；各地方政府通过对标，结合当地企业实际二次创新；鼓励学术研究与创新，搭建省级政校企三方交流平台。优化制度，推进全省跨境电商共同发展。二是探索"特色产业电商平台+外贸综合服务+品牌铸造"模式。以湖北省仙桃市特色产业无纺布制造业为例，可设立专项资金委托第三方企业开发无纺布产业跨境电商平台，引入知名电商企业提供培训、实施平台运营与管理，培育外贸综合服务企业完成全流程服务；引入平台淘汰机制，减少同质化竞争，铸造品牌。三是各地方政府可挑选外向型龙头企业为试点，转变管理者思维，增强转型信心，加大培训、招聘等补贴力度，进出口信贷、保险、税收减免等政策向跨境电商模式下外贸业务倾斜；整合龙头企业上下游资源，带动全产业链协同转型。四是鼓励综试区外的广大中小企业入驻武汉跨境电商综试区，利用园区相对完善的基础设施，形成产业集聚效应，降低经营成本。

(五)协助企业"出海"绕开关税壁垒

通过对外直接投资的方式"出海"，不仅能够直接避开关税壁垒，对于有效化解部分行业过剩产能、减少贸易救济摩擦也颇为有益。中部地区部分钢铁、汽车、医药等行业的优势产能已依托国际产能合作逐步"出海"，但在对外投资中企业面临投资目的国的选择、风险防范、企业融资、知识产权等方面的实际困难，步伐放缓。因此，建议政府提升境外投资服务水平。

一是引导企业向知识产权保护水平较高地区投资。知识产权保护水平高的地区，对外资的知识产权保护也更好，尤其在开拓"一带一路"市场时，更能有效降低触犯商业秘密、专利侵权风险。二是通过加强省市各级对外友好城市纽带、增加高层互访、拓宽民间文化交流渠道等，增进了解和信任，保持友好和稳定的投资环境。三是及时和精准了解东道国发展需求，帮助企业境外投资布局精准对接。四是打造高标准境外投资服务平台，不仅可借鉴"跨境投—苏州工业园区国家级境外投资服务示范平台"先进经验与做法，通过"互联网+智库研究+机构联动"模式为企业提供专业化、国际化境外投资服务，还可依托大数据技术"一站式"投资服务窗口，实现智能化、便利化境外投资服务。五是支持产能合作向新业态和行业延伸。可在"工业园区"模式下将合作延伸至加工、研发、物流、电商等领域，逐步带动中小企业"走出去"，共享东道国劳动力及自然资源红利。

三 以优质营商环境促进联通，协调规制推进制度型开放

全球价值链分工模式下，"开放"内涵已逐渐从交换领域转向了生产领域，除了要求消除关税壁垒及提升通关便利化之外，更要求消除限制的边境后"生产开放"的制度障碍。对标国内外先进水平，中部省份在营商环境及规制协调方面还相去甚远。因此，继续深化改革、优化营商环境、推进制度型开放仍然是应对贸易摩擦、做好"六稳"工作、落实"六保"任务的重要抓手。

（一）以贯彻稳保任务营造稳定营商环境

后疫情时期，全球经济与政策不确定性加剧，影响企业扩大出口、投资和技术改造等生产经营行为，稳定预期、稳定信心至关重要。信心不仅源于对经济发展环境的理性良好预期，更源于惠企政策的精准实施。国际贸易摩擦已是未来开放型经济中中部企业将面临的常态，政府必须通过政策托底长期落实"稳就业、稳金融、稳外贸、稳外资、稳投资、稳预期"以及"保居民就业、保基本民生、保市场主体、保粮食能源安全、保产业链供应链稳定、保基层运转"任务，增加经济运行确定性因素，营造稳定营商环境。

（二）以健全法制营造公正透明营商环境

法治化是保证营商环境公平、公正、透明的制度保障，而健全的法律体系、严格的执法制度均是其基本内容。开放型经济高质量发展要求完备的国内与涉外法律法规体系、境内及边境执法制度。中部省份均已步入加速开放期，新业态新模式法律管辖缺失、海外侵权案件增多、知识产权保护不足等逐渐凸显，已逐渐成为引发国际贸易摩擦的重要原因，也是制约外商直接投资的重要因素。

以营造公开公正透明的知识产权环境为例。建议：一是实施"信息平台+共享机制"，即政府主导整合现有知识产权服务平台、查询平

台资源，建立高度集成化的"单一入口"的数据平台，同时与贸易伙伴达成信息共享机制。在此平台上，企业既可以查询到对方国家的知识产权信息，如知识产权法律法规、已经申请在册的专利商标和正在公告期的专利商标、不同国家专利商标被侵权时的维权途径等，对方国家也可以查询到中国知识产权的状况，信息透明公开。二是针对贸易新业态迅猛增长下日益增长的网络侵权行为，加大海关知识产权执法力度，提升中部地区知识产权保护水平。

（三）以数字赋能联通营造高效营商环境

数字经济时代已经到来，5G网络、新能源汽车充电桩、大数据中心、人工智能、工业互联网等新型基础设施是改变中部省份区位劣势、赋能全方位高水平联通、降低营商成本、营造高效营商环境的必要手段。建议：一是中部地区依据各省优势加大数字基建投入力度，统筹规划，协调发展，预防资源重复建设与浪费。二是以"数字+"模式引领与贸易相关的物流、仓储、保险等服务业转型升级，同时适当引入国外竞争，提升国内企业效率。三是针对农产品、化工等对运输条件有特殊要求的行业，建议利用中部地区的产业集群和实验园区化制造的优势，加速智能基础设施及服务的共享和融合，集成一条包含海关、检验检疫等口岸通关部门在内的智能化全物流产业链信息数据库，进一步提高物流与监管效率，降低内陆企业物流成本。

（四）以便利化制度创新营造活力营商环境

中部地区已建成一定数量的自贸区和综合试验区，应充分利用其先试先行的优势，大胆制度创新。例如，作为引领全省贸易便利化制度创新的前沿阵地，湖北省自贸区目前已有多项创新成果在全国推广。结合对中部省份面临的国际贸易摩擦形势和趋势研判，建议下一阶段在各省自贸区和综试区区内重点开展有关技术法规与技术标准制度、知识产权保护等方面的制度研究与探索。通过保持制度创新，释放"制度"红利，营造有活力的营商环境。例如，在加大知识产权执法力度的同时，尝试对所有出口企业建立知识产权信用评级制度，对不同级别企业的货物进行差异化管，兼顾法治效果与通关效率。

（五）以协调内外规制营造国际化营商环境

以对湖北省影响最大的技术性贸易壁垒摩擦为例。目前，发达经济体技术性贸易壁垒呈现从单一产品向生产链延伸的发展趋势，要求企业从原料采购到成品，都需要进行严格品质把控。这一趋势下，湖北省特色农产品以及水产品（如小龙虾）出口到美国就因为在不卫生条件下加工、包装或者储藏，被不洁物污染等原因多次遭遇FDA拒绝入境。据此，应对技术性贸易壁垒摩擦，中部地区企业必须依据国际规则调整生产技术，而且政府也可采取措施。建议以各地特色产业集群为依托，建立出口质量标准化示范基地，设立专门的全产业链监测点，对从原料采购、生产到包装全程监测，及时发布预警。企业可以根据预警信息及时调整或者采取补救措施。

又如，近年来中国家电产品出口发达经济体频繁遭遇"碳标签"贸易壁垒，中部地区企业应提前防范。建议中部地区政府以此为契机，贯彻"绿色"发展理念，一方面通过新闻、超市宣传栏、展会等多种宣传渠道提高消费者对"碳标签"的认知，给予补贴引导购买行为向低碳产品倾斜；另一方面鼓励传统制造业企业施行"碳标签"制度，并对推行"碳标签"制度的企业给予一定研发补贴（属于WTO非禁止类补贴）。

再如，疫情之后，很多企业由于出口目的国标准、出口标准和国际标准不一致导致。国务院出台《出口转内销实施意见》中提出倡导"内外销同线同标同质"的"三标并轨"。这实际上表明：外贸企业开拓更广阔的市场应当以国际标准为最终生产标准。同时，不同国家技术标准和技术认证也不完全相同，认证的手续繁杂程度与价格也存在很大差异，这种情况在"一带一路"沿线国家尤其常见。因此，建议政府一是倡导和鼓励行业依据国际标准调整行业标准，二是加强与新兴市场政府沟通，促进认证互认或者精简认证程序。

四 打造知识产权保护新高地，应对新兴贸易摩擦新挑战

作为一种新兴贸易摩擦形式，国际知识产权摩擦尚未成为湖北省企业遭遇贸易摩擦的主流形式，中部其他省份企业遭遇知识产权摩擦更加有限。但随着开放度不断提升，中部企业面对知识产权摩擦的挑战无可避免，最好的应对方法则是全面提升知识产权水平和维权能力。

近年来，山西、河南、湖北等中部省份均将知识产权建设放在突出位置。例如，2019年3月湖北省已启动"知识产权三大工程"，即全省

高价值知识产权培育工程、重点企业知识产权海外护航工程、知识产权运用示范工程，重点提升知识产权创造、运用和保护水平。本书以湖北省为例，结合国际知识产权摩擦发展趋势提出三方面建议。

（一）突破高校成果转化壁垒，完善"强省"考核体系

2015—2019年，湖北省知识产权已取得跨越式发展。2015年，湖北省高校发明专利授权排名前3位的华中科技大学、武汉理工大学和武汉大学发明专利授权合计仅为1593件，甚至不及浙江大学一所高校1865件的专利授权量，专利产出方面，三者承担的国家科技计划项目的每千万元专利产出排名全国20名以后。2019年，湖北省知识产权综合指数已上升到全国第8位，但是大批高校成果无法转化的现象仍然很突出。建议从两方面突破：第一，推广运营平台。2018年6月获批的国家知识产权运营公共服务平台高校运营（武汉）试点在高校成果转化方面取得积极成效。一是建议加大该平台在湖北省各市州的推广力度，提高覆盖面。二是建议将知识产权运营项目纳入教育部协同育人产学研项目，以实习基地形式进行推广。三是建议在经济发展水平相对落后地区，可依据该平台建设经验增设小型高校试点，主要服务于区域性高校与企业对接。第二，以考核提质量。新形势下，知识产权"强省""强市"考核体系应该增"质"减"量"，将"成果转化率""市场投放率""单位成果年利润率"这类"质量"指标作为核心考评指标，同时减少如"专利数量"这类"数量指标"权重或比重；核算知识产权密集型产业产值时，以"知识产权附加值"指标代替GDP指标。

（二）培育知识产权保护能力，强化知识产权海外布局

"337调查"走势表明，对美国出口产品的知识产权纠纷已经明显向低端产品倾斜，意味着湖北省对美国出口的产品中中低端产品面临的知识产权摩擦风险加大。调研表明：湖北省外贸企业知识产权意识在近几年并未得到实际改变，两极分化情况比较明显。表现在：①高新技术产业以技术为核心，对知识产权关注度较高，会主动开展知识产权维护，而纺织品服装、大众消费品、食品、农产品等申请知识产权的比重较少。②中低端商品同质化现象严重，价格竞争模式为主，大批小规模企业并无核心技术与自主知识产权。③中低端产品利润空间较小，由于知识产权维权成本高，尤其是出口美国的企业在面临高关税的情况下会

直接选择退出市场。④海外知识产权的申报量相比沿海地区较为落后。提出以下三方面建议：

首先，加强知识产权保护能力培育。建议重点对中低端产品生产和出口企业通过宣传、培训等方式提高知识产权保护意识，在实际的知识产权运用方面给予切实的指导。同时，减轻国内知识产权申请程序与费用，降低企业负担，增强知识产权保护意愿和能力。同时，对已经申请或者获批知识产权的企业定期跟踪，鼓励和协助其国外知识产权的申请和维护。

其次，加强知识产权海外差异化布局。研究表明，湖北省目前出口的主要海外市场为欧盟、美国、东盟、印度、巴西等，其在知识产权保护体系和水平方面差异很大，而且跨国公司在市场上的布局程度也不同。建议政府或者行业协会在主要出口目的国或者地区建立知识产权布局站点，根据出口企业在该地区主要出口产品的知识产权情况引导企业开展海外布局。例如，东盟国家跨国公司多集中在劳动密集型产业，在中低端产品上布局时间早，"雷区"相对多。湖北省企业在东盟市场上的知识产权布局处于后发地位，则应当尤其谨慎。相反，开拓知识产权水平相对落后地区的市场来说，建议尽早和尽广泛地展开布局，争取先发优势。

最后，加大海外知识产权维权协助力度。知识产权保护是"湖北省知识产权三大行动"的重要内容之一。在海外市场，出口遭遇知识产权纠纷的企业更加需要政府予以多方面支持，因此海外知识产权维权服务中心成为重要的战略据点。2019年8月，湖北省知识产权局已设立"湖北省海外知识产权维权服务中心"，属于中国首例，但海外维权中心运作方面尚处于探索期间。因此建议：一是加大维权中心的宣传，提高影响力；二是建立知识产权预警与快速响应体系；三是在主要出口目的国建立地区性海外维权站点，与目的国知识产权相关部门协同，促进知识产权保护；四是帮助企业及时妥善处理维权商品，尽量减少实际损失。

（三）建立知识产权人才培养联盟，丰富知识产权人才储备

知识产权人才是创新的核心要素和主导力量，也是知识产权战略的重要资源。现阶段，湖北省知识产权人才存在很大缺口。对外贸易领域

新业态增长迅猛，对知识产权保护已提出了新的要求和挑战，应对未来日益增多的国际知识产权纠纷，人才短板会更显突出。因此，在人才培养方面提出两方面建议。

一是优化高校复合型知识产权人才培养模式。传统的知识产权人才培养是一般是在法学框架下进行，专业性强。但是以大数据、人工智能、云计算为代表的第四次工业革命到来，单一法学背景的知识产权人才已经无法满足市场需求。由于一级学科设置缺乏，湖北省内少数高校开始尝试在其他学科下开设知识产权课程，通过双学位或者资格认证方式培养复合型和应用型知识产权人才，经验值得借鉴。但是，湖北省政府教育部门对于如何进行学科定位、培养方案的设置等应该着手设计，设置知识产权试点专业或者推广与知识产权交叉培养的示范做法。

二是建立新型知识产权人才联合培养平台。湖北省内高校资源丰富，但在知识产权领域，尤其是与贸易有关知识产权领域具有学科优势的高校非常有限，短期内难以应对知识产权人才的需求缺口。建议建立新型知识产权人才联合培养平台，可尝试具体做法是：在省知识产权局领导下，由湖北省内在知识产权领域具有学科带头资质的高校（如中南财经政法大学、华中科技大学等）主导建立平台。平台除上述高校外，邀请知识产权领域服务企业入驻。权威高校根据本校人才培养方案提供教学课程，各加入高校学生需根据人才培养方案完成全部课程，获得学分。企业提供实习基地，也提供相应实训课程提高实战能力。平台与高校实行学分互认制度，提供教学资源的高校依据学分收取费用，用于平台运营和服务。在这种"共享"制度下，使用教学资源、信息资源的使用成本都会大幅下降，同时资源提供方的收益却会增加，知识产权人才储备也会大幅提升。在必要情况下，建议实施配套财税优惠制度。

五　畅通渠道灵活调配劳动力，缓解就业长期结构性矛盾

劳动力调配灵活性、人才引留困难等问题是中部地区劳动力市场长期存在的结构性问题，但在贸易摩擦爆发后更加突出。缓解上述矛盾不仅有助于应对关税摩擦这类短期冲击，更有助于从长期帮助企业提升人力资本储备，促进产业创新和升级，从根本上应对技术性贸易壁垒摩擦、知识产权摩擦等。

（一）构建更高层次平台实现劳动力灵活调配

缓解制造业企业临时用工招工困境，全面疏通劳动力供求渠道迫在眉睫，建议通过创建更高层次的就业平台实现劳动力灵活调配。首先，建议政府创建省级人力资源信息平台或人力资源协会，邀请智联、58同城、51Job等人力资源企业入驻，提供"一站式"服务，同时推进公共服务平台信息化建设。广泛采集、及时更新就业岗位和务工人员信息，因地制宜开展各类招聘活动，通过手机短信、微信推送等方式，缩短供需双方信息响应时间。其次，推进公共服务平台服务范围全覆盖。打破户籍、城乡分割，将各级各类（如就业困难群体、新毕业大学生等）就业人员纳入服务范围，将扶贫、伤残扶助等特殊人群就业扶助项目与企业招工需求精准对接。不断更新用人单位信息，拓宽服务范围，对处于不同生命周期阶段的企业提供个性化就业服务。最后，推进全程服务。从劳动者求职、就业保障、创业咨询服务、资金帮扶及企业招聘服务、职业技能培训、专项服务等就业创业全过程提供服务。

通过平台建设统一协调缺工企业间的用工余缺，在企业招工难和留人难的情况下，由省级人力资源协会负责协调各地区企业用工的调剂，既可避免企业招工的恶性竞争，又可解决招工难问题，让企业全力应对技术研发、拓展出口市场和贸易摩擦。

（二）以多渠道多层次"育人"优化供给结构

为满足中部承接产业转移需要以及企业转型需要，建议重点扩大现代物流、供应链管理、跨境电商等生产性服务专业人才培养；既培养符合涉外企业实务需求的综合实用型人才，也培养能够进行理论创新的高层次研究型人才；各地方高校应结合特色产业培养具备特定行业背景的"特色人才"。

首先，通过制度创新，加速现有高校应用型教育转型，支持符合各地产业转型升级需要的高水平中等职业学校和高等职业院校向本科院校升级，根本上提升"技术人才"的学历层次。其次，深化校企合作纠正人才培养"错配"。高校应加强校企联系，掌握人才需求前沿信息，及时调整和优化培养方案，建立实验实训基地，强化学生实践能力，培养适应企业需要的"高级应用型人才"。同时，鼓励高校与企业合作或企业资助设立"联想班""华星班"，定向培养企业所需专业技工和研发人才。尝试如"企业员工与在校学生混班培养"之类人才培养模式创新。最后，营造"蓝领工人"氛围，提高社会地位。建议将一批中职和高职学校打造为"蓝领"培养品牌学校；对成功的蓝领工人进行多维度宣传，并切实提高蓝领工人的待遇和改善工作环境，使其有发展通道，进而让全社会尊重、正视蓝领工人的地位，从而吸引部分年轻人立志于做蓝领工人；有效协调企业、学校、教育行政主管部门及其他相关行政主管部门、各种社会力量间的关系，建立完整的教育及培训体系，提高产业工人的职业竞争力；同时，完善产业工人评价模式，规范企业用工管理，依法保障各类员工（尤其是劳务派遣工、农民工等）的合法权益，营造和谐的劳资关系。

（三）以多样化多形态"就业"拓宽就业渠道

在湖北省产业转型升级过程中，产业竞争力不断提高，进入相关新兴产业、新兴业态和新型商业模式的劳动力数量逐步增加。建议各级政府通过减税降费、创业贷款担保及贴息、优化营商环境等方面的政策创新，鼓励多种方式灵活就业，支持新就业形态，比如鼓励在农村发展电子商务，扩大农产品市场，减少农村富余劳动力流动并带动农村经济社会发展；引导发展生产型服务业，发挥服务业就业吸纳能力，提高就业率；推动生活型服务业发展，鼓励劳动者便利且低成本地进入网红、共享经济等领域。此外，坚持以创业带动就业，拓宽就业渠道，促进劳动力的自由流动。

（四）以"产业—人资"协同布局缓解调整压力

从长期看，国际贸易摩擦必然引起相应的产业结构调整，如果劳动力供给不能与之协同，则会带来相当大的调整压力。因此，应当加速形成"四聚一散"就业结构与区域产业协同发展格局，即依托江汉平原振兴示范区和鄂西绿色发展示范区建设吸引农村富余劳动力聚集，依托鄂东转型示范区建设和发展以集成电路为代表的高新技术产业吸引高素质劳动力聚集，依托武汉城市圈建设推动劳动力向周边转移。为此建议：在鄂西和江汉平原发展资源环境可承载的特色产业，提升从事特色产业劳动力的职业技能；利用临空经济和高技术产业集聚人才的优势，促进鄂东地区新增和回流劳动力就业，提供区域产业发展所需的高素质人才。

需要注意的是，应当依据贸易摩擦对各市州就业的差异性影响落实就业政策。例如，为湖北省内城乡劳动力转移就业落户、社会及养老保险接续等工作提供便利，促进回流劳动力从就业压力较大地区向黄石、鄂州、仙桃、天门等需求旺盛地区转移。

（五）以优越人才制度促进"引才""留才"

首先，通过政策引导，支持领军企业的育才引才，培育具有全产业链控制力的龙头企业，培育和挖掘符合各地重点产业发展方向的高科技人才、创新型企业家人才、战略性科学家人才和科技创新型领军人才。可借鉴上海做法，上海科技人才政策就由启明星计划、学术带头人计划、扬帆计划和浦江人才计划构成，形成引进和培育不同层次、不同专业方向、不同引育方式的完整政策链条。

其次，完善人才评价激励机制，贯彻政府"引才政策"。借鉴湖北自贸区宜昌片区继续贯彻"双贯通"人才评价政策，并加大宣传力度，引导更多企业参与。进一步细化技能人才职称评审方法，同时根据实践需要扩大职业技能鉴定实操考核种类，打通人才评价障碍，扩大政府"引才政策"惠及范围。

最后，改善企业留人配套条件，降低企业用工流失率。为减少企业人员流失，除了给予留鄂大学生补贴外，尤其解决其子女入托和教育难题、老人养老和看护、配偶随迁和住房问题，真正落实大学生留鄂的配套保障政策。

第三节　结束语

百年未有之大变局，"以高水平开放应对国际贸易摩擦的挑战"始终是党和中国政府的明确态度。推进中部地区全面开放格局，有效应对贸易摩擦，既面临挑战，也面临机遇。

世界经济深度衰退，长期稳健增长动力不足；新冠肺炎疫情反复，全球疫后复苏不确定性和不稳定性加剧；经济格局多极化激发大国博弈升级，国际经贸规则加速重塑，中高端制造业聚焦激烈竞争；全球贸易摩擦频发，对华贸易摩擦形势也愈加严峻。这些是中部地区外向型企业需要共同面对的外部压力和经营挑战。与此同时，同湖北省类似，中部地区其他省份对外开放过程中同样存在发展不协调、不平衡、不充分的问题，基础设施、营商环境、政府服务、人力资本与技术创新等"边境后"领域也同样亟待深化改革，消除制约产业升级、国际竞争能力提升、国内市场潜力挖掘的体制与机制障碍；而开放度相对较低的省份政府和企业应对各类贸易摩擦方面的经验也更为缺乏。

当然，发展机遇与挑战并存。经济全球化的潮流并未改变，全球价值链继续形成与延伸，数字时代业已到来，为中部地区改变区位劣势、参与国际分工、利用国际国内资源推进高质量发展提供无限机遇。中国在加入世界贸易组织融入世界经济、参与全球经济治理、构建人类命运共同体中扮演着不可或缺的角色，成为中部企业"走出去"和"引进来"的坚强后盾。同时，坐拥长江中游和中原两大城市群，丰富的劳动力资源，巨大的消费市场潜力，深厚的制造业基础，发达便捷的综合交通网络，多个已建成使用的内陆型自贸区、临空经济区、综合保税区、国家级跨境电商综试区，为中部地区全面开放奠定了优越基础。

"十四五"时期，中部地区须把握机遇，结合开放阶段特点与优势，畅通国内国际循环堵点，破除资源约束，大力推进制度型开放，倒逼改革创新，才能以高质量发展稳健应对外部挑战的根基；同时，持续深入研究国际经贸规则，掌握中部地区企业面临贸易摩擦的特点，科学研判形势与趋势，积极探索与创新应对对策，真正有效应对贸易摩擦，推进打造中部开放新高地。

附　　录

附表 3-1　　湖北省主要进出口商品 HS 编码全称与简称

HS	一级分类全称	正文对应简称	HS	二级分类全称	二级分类全称
1	活动物、动物产品	动物产品	04	乳品；蛋品；天然蜂蜜；其他食用动物产品	食用动物产品
2	植物产品	植物产品	07	食用蔬菜、根及块茎	食用蔬菜
4	食品、饮料、烟草及其制品	食品			
9	木及木制品；木炭；软木及软木制品；稻草、秸秆、针茅或其他编结材料制品；篮筐及柳条编结品	木及木制品	44	木及木制品；木炭	木及木制品
10	木浆、纸板废碎品及其制品	纸制品			
12	鞋帽伞、已加工羽毛、人发制品等	鞋帽伞产品			
16	机器、机械器具、电气设备及其零件；录音机及放声机、电视图像、声音的录制和重放设备及其零件、附件	机电产品	84	核反应堆、锅炉、机器、机械器具及其零件	机器机械
			85	电机、电气设备及其零件；录音机及放声机、电视图像、声音的录制和重放设备及其零件、附件	电气音像设备

续表

HS	一级分类全称	正文对应简称	HS	二级分类全称	二级分类全称
11	纺织原料及纺织制品	纺织品	61	针织或钩编的服装及衣着附件	针织服装
			62	非针织或非钩编的服装及衣着附件	非针织服装
			63	其他纺织制成品；成条物品，碎织物	其他纺织制成品
			64	鞋靴、护腿和类似品及其零件	鞋靴
6	化学工业及相关工业产品	化工产品			
7	塑料及其制品；橡胶及其制品	塑料及橡胶产品	39	塑料产品	
15	贱金属及其制品	贱金属产品			
17	车辆、航空器、船舶等有关运输设备	运输设备	87	车辆及其零件、附件，但铁道及电车道车辆除外	车辆及零部件
			86	铁道及电车道机车、车辆及其零件；铁道及电车道轨道固定装置及其零件、附件；各种机械（包括电动机械）交通信号设备	铁道及电车道车辆及其零件
			88	航空器、航天器及其零件	航空航天器
18	光学、照相、电影、计量、检验、医疗或外科用仪器及设备、精密仪器及设备；钟表；乐器；上述物品的零件、附件	光学医疗设备	91	钟表及其零件	钟表
20	杂项制品	杂项制品	94	家具；寝具、褥垫、弹簧床垫、软坐垫及类似的填充制品；未列名灯具及照明装置；发光标志、发光铭牌及类似品；活动房屋	家具及灯具
			95	玩具、游戏品、运动用品及其零件、附件	玩具

资料来源：根据《商品名称及编码协调制度》整理。

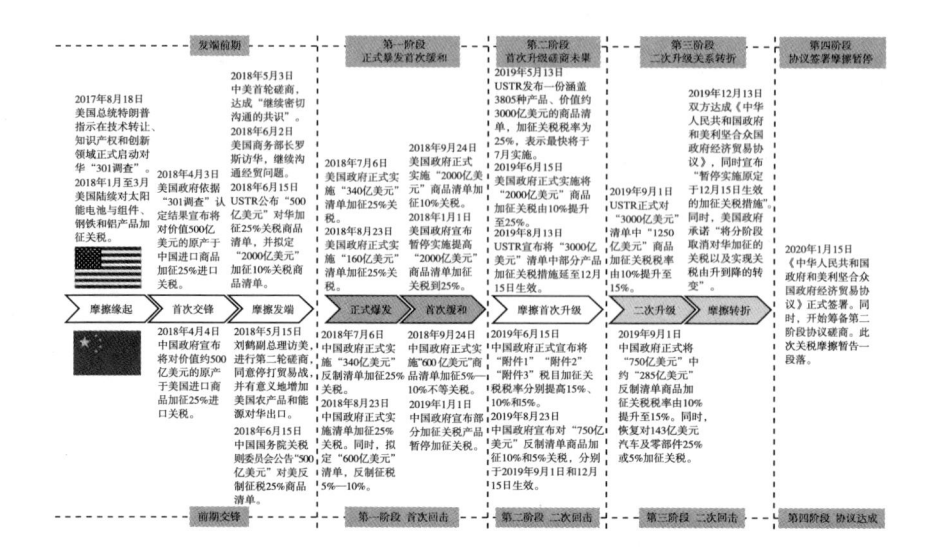

附图 4-1　中美贸易摩擦演进阶段及关键事件节点

资料来源：根据 USTR（美国贸易代表处）和中国关税税则委员会官方资料整理。

附表 4-1　美国对华征税清单商品税目种类（HS 类/章）

HS 类/章		清单1（25%）税目数量（种）	占比（%）	清单2（10%上调至25%）税目数量（种）	占比（%）	清单1+2 税目数量（种）	占比（%）	清单3（25%）税目数量（种）	占比（%）
\multicolumn{10}{c}{HS1 活动物；动物产品}
01	活动物	0	0	0	0	0	0	37	1.0
02	肉及食用杂碎	0	0	7	0.1	7	0.1	104	2.7
03	鱼及其他水生无脊椎动物	0	0	264	4.7	264	3.9	10	0.3
04	乳品；蛋品；蜂蜜；其他食用动物产品	0	0	19	0.3	19	0.3	238	6.3
05	其他动物产品	0	0	14	0	14	0	7	0.2
	该类合计	0	0	304	5.4	304	4.5	396	10.4
\multicolumn{10}{c}{HS2 植物产品}
06	活植物；根；插花及装饰用簇叶	0	0	0	0	0	0	31	0.8
07	食用蔬菜、根及块茎	0	0	143	2.5	143	2.1	42	1.1
08	食用水果及坚果；水果果皮	0	0	89	1.6	89	1.3	41	1.1
09	咖啡、茶、马黛茶及调味香料	0	0	0	0	0	0	57	1.5

续表

HS 类/章		清单1（25%） 税目数量（种）	占比（%）	清单2（10%上调至25%） 税目数量（种）	占比（%）	清单1+2 税目数量（种）	占比（%）	清单3（25%） 税目数量（种）	占比（%）
10	谷物	0	0	22	0.4	22	0.3	8	0.2
11	制粉工业产品；麦芽；淀粉；面筋	0	0	38	0.7	38	0.6	0	0
12	含油子仁；工业用或药用植物；饲料	0	0	48	0.8	48	0.7	22	0.6
13	虫胶；树胶、树脂及其他植物液、汁	0	0	0	0	0	0	14	0.4
14	编结用植物材料；其他植物产品	0	0	8	0.1	8	0.1	3	0.1
	该类合计	0	0	348	6.1	348	5.2	218	5.7
	HS3 动、植物油、脂；精制的食用油脂								
15	动、植物油、脂；精制的食用油脂	0	0	8	0.1	8	0.1	62	1.6
	该类合计	0	0	8	0.1	8	0.1	62	1.6
	HS4 食品；饮料、酒及醋；烟草及制品								
16	肉、鱼及其他水生无脊椎动物的制品	0	0	88	1.6	88	1.3	27	0.7
17	糖及糖食	0	0	5	0.1	5	0.1	65	1.7
18	可可及可可制品	0	0	1	0	1	0	78	2.1
19	谷物、淀粉或乳的制品；糕饼点	0	0	6	0.1	6	0.1	74	2.0
20	蔬菜、水果及其他部分的制品	0	0	141	2.5	141	2.1	46	1.2
21	杂项食品	0	0	2	0	2	0	86	2.3
22	饮料、酒及醋	0	0	20	0.4	20	0.3	56	1.5
23	食品工业的残渣及废料；配制饲料	0	0	22	0.4	22	0.3	14	0.4
24	烟草、烟草及烟草代用品的制品	0	0	46	0.8	46	0.7	11	0.3
	该类合计	0	0	331	5.8	331	4.9	457	12.0
	HS5 矿产品								
25	盐；硫磺；泥土及石料；石灰及水泥	0	0	65	1.1	65	1.0	2	0.1
26	矿砂、矿渣及矿灰	0	0	32	0.6	32	0.5	1	0
27	矿物燃料及其蒸馏产品；沥青物质等	3	0.3	59	1.0	62	0.9	12	0.3
	该类合计	3	0.3	156	2.8	159	2.4	15	0.4
	HS6 化学工业及其相关工业的产品								
28	无机化学品；贵金属等的化合物	1	0.1	231	4.1	232	3.4	13	0.3
29	有机化学品	0	0	684	12.1	684	10.1	95	2.5

续表

HS 类/章		清单1（25%）		清单2（10%上调至25%）		清单1+2		清单3（25%）	
		税目数量（种）	占比（%）	税目数量（种）	占比（%）	税目数量（种）	占比（%）	税目数量（种）	占比（%）
30	药品	0	0	0	0	0	0	0	0
31	肥料	0	0	24	0.4	24	0.4	0	0
32	鞣料浸膏及染料浸膏；墨水、油墨等	0	0	99	1.7	99	1.5	5	0.1
33	精油及香膏；芳香料制品及化妆盥洗品	0	0	25	0.4	25	0.4	17	0.4
34	洗涤剂、润滑剂、人造蜡等	3	0.3	34	0.6	37	0.5	2	0.1
35	蛋白类物质；改性淀粉；胶；酶	0	0	11	0.2	11	0.2	14	0.4
36	炸药；引火合金；易燃材料制品	0	0	1	0	1	0	12	0.3
37	照相及电影用品	0	0	37	0.7	37	0.5	0	0
38	杂项化学产品	2	0.2	142	2.5	144	2.1	19	0.5
	该类合计	6	0.5	1288	22.8	1294	19.2	177	4.7
HS7 塑料及其制品；橡胶及其制品									
39	塑料及其制品	144	13.2	55	1.0	199	2.9	35	0.9
40	橡胶及其制品	2	0.2	124	2.2	126	1.9	12	0.3
	该类合计	146	13.4	179	3.2	325	4.8	47	1.2
HS8 皮革、毛皮及其制品									
41	生皮（毛皮除外）及皮革	0	0	85	1.5	85	1.3	36	0.9
42	皮革制品；旅行箱包；动物肠线制品	0	0	86	1.5	86	1.3	0	0
43	毛皮、人造毛皮及其制品	0	0	15	0.3	15	0.2	6	0.2
	该类合计	0	0	186	3.3	186	2.8	42	1.1
HS9 木及木制品；木炭、软木等									
44	木及木制品；木炭	0	0	178	3.1	178	2.6	26	0.7
45	软木及软木制品	0	0	19	0.3	19	0.3	0	0
46	稻草等制品；篮筐及柳条编结品	0	0	48	0.8	48	0.7	0	0
	该类合计	0	0	245	4.3	245	3.6	26	0.7
HS10 木浆等；纸及纸板的废碎品及其制品									
47	木浆等；纸及纸板的废碎品	0	0	20	0.4	20	0.3	0	0
48	纸及纸板；纸浆、纸或纸板制品	0	0	221	3.9	221	3.3	3	0.1

续表

HS 类/章		清单1（25%）		清单2（10%上调至25%）		清单1+2		清单3（25%）	
		税目数量（种）	占比（%）	税目数量（种）	占比（%）	税目数量（种）	占比（%）	税目数量（种）	占比（%）
49	印刷品；手稿、打字稿及设计图纸	0	0	0	0	0	0	29	0.8
	该类合计	0	0	241	4.3	241	3.6	32	0.8
	HS11 纺织原料及纺织制品								
50	蚕丝	0	0	14	0.2	14	0.2	0	0
51	羊毛等毛；马毛纱线及其机织物	0	0	100	1.8	100	1.5	0	0
52	棉花	0	0	230	4.1	230	3.4	3	0.1
53	其他植物纺织纤维；纸纱线及其机织物	0	0	30	0.5	30	0.4	1	0
54	化学纤维长丝	0	0	129	2.3	129	1.9	2	0.1
55	化学纤维短纤	0	0	130	2.3	130	1.9	2	0.1
56	无纺织物；特种纱线；线、绳及其制品	0	0	28	0.5	28	0.4	0	0
57	地毯及纺织材料的其他铺地制品	0	0	48	0.8	48	0.7	0	0
58	特种机织物；簇绒织物；刺绣品等	1	0.1	66	1.2	67	1.0	4	0.1
59	浸织物；工业用纺织制品	0	0	58	1.0	58	0.9	1	0
60	针织物及钩编织物	0	0	55	1.0	55	0.8	5	0.1
61	针织或钩编的服装及衣着附件	0	0	0	0	0	0	251	6.6
62	非针织或非钩编的服装及衣着附件	0	0	0	0	0	0	395	10.4
63	其他纺织制成品；成套物品；碎织物等	0	0	0	0	0	0	99	2.6
	该类合计	1	0.1	888	15.7	889	13.2	763	20.1
	HS12 鞋帽伞等其零件；已加工的羽毛及其制品；人发制品等								
64	鞋靴、护腿和类似品及其零件	0	0	0	0	0	0	147	3.9
65	帽类及其零件	0	0	26	0.5	26	0.4	3	0.1
66	伞、手杖、鞭及其零件	0	0	0	0	0	0	8	0.2
67	已加工羽毛及其制品；人发制品等	0	0	2	0	2	0	11	0.3
	该类合计	0	0	28	0.5	28	0.4	169	4.5
	HS13 石料及类似材料的制品；陶瓷、玻璃及其制品								

续表

HS 类/章		清单1（25%）		清单2（10%上调至25%）		清单1+2		清单3（25%）	
		税目数量（种）	占比（%）	税目数量（种）	占比（%）	税目数量（种）	占比（%）	税目数量（种）	占比（%）
68	石料及类似材料的制品	0	0	65	1.1	65	1.0	0	0
69	陶瓷产品	0	0	50	0.9	50	0.7	32	0.8
70	玻璃及其制品	1	0.1	106	1.9	107	1.6	59	1.6
	该类合计	1	0.1	221	3.9	222	3.3	91	2.4
HS14 珍珠、宝石、贵金属等及其制品；仿首饰；硬币									
71	珍珠、宝石、贵金属等及其制品；仿首饰；硬币	0	0	50	0.9	50	0.7	57	1.5
	该类合计	0	0	50	0.9	50	0.7	57	1.5
HS15 贱金属及其制品									
72	钢铁	0	0	37	0.7	37	0.5	219	5.8
73	钢铁制品	6	0.5	134	2.4	140	2.1	110	2.9
74	铜及其制品	3	0.3	81	1.4	84	1.2	1	0
75	镍及其制品	0	0	26	0.5	26	0.4	0	0
76	铝及其制品	2	0.2	21	0.4	23	0.3	42	1.1
77	（保留为税则将来所用）	0	0	0	0	0	0	0	0
78	铅及其制品	0	0	9	0.2	9	0.1	0	0
79	锌及其制品	0	0	7	0.1	7	0.1	1	0
80	锡及其制品	0	0	2	0	2	0	0	0
81	其他贱金属、金属陶瓷及其制品	0	0	35	0.6	35	0.5	2	0.1
82	贱金属工具及其零件	0	0	78	1.4	78	1.2	41	1.1
83	贱金属杂项制品	0	0	36	0.6	36	0.5	23	0.6
	该类合计	11	1.0	466	8.2	477	7.1	439	11.6
HS16 机电音像设备及其零件、附件									
84	核反应堆、机器、机械器具及其零件	438	40.1	191	3.4	629	9.3	152	4.0
85	电机及其零件；音像设备及其零件、附件	221	20.3	212	3.7	433	6.4	150	4.0
	该类合计	659	60.4	403	7.1	1062	15.7	302	8.0
HS17 车辆、航空器、船舶及有关运输设备									

续表

HS 类/章		清单 1（25%）		清单 2（10% 上调至 25%）		清单 1+2		清单 3（25%）	
		税目数量（种）	占比（%）	税目数量（种）	占比（%）	税目数量（种）	占比（%）	税目数量（种）	占比（%）
86	铁道车辆、轨道装置、信号设备	29	2.7	1	0	30	0.4	1	0
87	车辆及其零附件，铁道车辆除外	59	5.4	122	2.2	181	2.7	13	0.3
88	航空器、航天器及其零件	15	1.4	1	0	16	0.2	1	0
89	船舶及浮动结构体	11	1.0	8	0.1	19	0.3	3	0.1
	该类合计	114	10.4	132	2.3	246	3.6	18	0.5
	HS18 光学、医疗等仪器；钟表；乐器								
90	光学、医疗仪器及零件、附件	146	13.4	70	1.2	216	3.2	53	1.4
91	钟表及其零件	0	0	17	0.3	17	0.3	157	4.1
92	乐器及其零件、附件	0	0	0	0	0	0	41	1.1
	该类合计	146	13.4	87	1.5	233	3.5	251	6.6
	HS19 武器、弹药及其零件、附件								
93	武器、弹药及其零件、附件	0	0	0	0	0	0	33	0.9
	该类合计	0	0	0	0	0	0	33	0.9
	HS20 杂项制品								
94	家具等、灯具、活动房等	2	0.2	73	1.3	75	1.1	12	0.3
95	玩具、游戏品、运动用品及其零件、附件	0	0	0	0	0	0	77	2.0
96	杂项制品	1	0.1	24	0.4	25	0.4	103	2.7
	该类合计	3	0.3	97	1.7	100	1.5	192	5.1
	HS21 艺术品、收藏品及谷物								
97	艺术品、收藏品及谷物	0	0	1	0	1	0	7	0.2
	该类合计	0	0	1	0	1	0	7	0.2
	HS22 特殊交易品及未分类商品								
98	特殊交易品及未分类商品	1	0.1	1	0	2	0	0	0
	该类合计	1	0.1	1	0	2	0	0	0
	清单商品合计	1091	100	5660	100	6751	100	3794	100

注：HS 编码所对应的 22 类及 98 章商品名称进行适当省略，完整名称查阅《商品名称及协调编码制度（HS）》。由于四舍五入的原因，比重合计有可能不完全等于 100%。

资料来源：美国贸易代表办公室 USTR 公布清单整理。

附表 4-2　美国对华征税清单商品税目种类表排序结果（HS 类/章）

HS 一级分类（类）

清单1（25%关税）			清单2（10%上调至25%）			清单1+2			清单3（25%关税）		
HS（类）	税目数量（种）	占比（%）	HS（类）	税目数量（种）	占比（%）	HS（类）	税目数量（种）	占比（%）	HS（类）	税目数量（种）	占比（%）
HS16	659	60.4%	HS6	1288	22.8%	HS6	1294	19.2%	HS11	763	20.1%
HS7	146	13.4%	HS11	888	15.7%	HS16	1062	15.7%	HS4	457	12.0%
HS18	146	13.4%	HS15	466	8.2%	HS11	889	13.2%	HS15	439	11.6%
HS17	114	10.4%	HS16	403	7.1%	HS15	477	7.1%	HS1	396	10.4%
			HS2	348	6.1%	HS2	348	5.20%	HS16	302	8.0%
			HS4	331	5.8%	HS4	331	4.9%	HS18	251	6.6%
			HS1	304	5.4%	HS7	325	4.8%	HS2	218	5.7%
			HS9	245	4.3%	HS1	304	4.5%	HS20	192	5.1%
			HS10	241	4.3%	HS17	246	3.6%	HS6	177	4.7%
			HS13	221	3.9%	HS9	245	3.6%	HS12	169	4.5%
			HS8	186	3.3%	HS10	241	3.6%	HS13	91	2.4%
			HS7	179	3.2%	HS18	233	3.5%	HS3	62	1.6%
			HS5	156	2.8%	HS13	222	3.3%	HS14	57	1.5%
			HS17	132	2.3%	HS8	186	2.8%	HS7	47	1.2%
						HS5	159	2.4%	HS8	42	1.1%
合计	1065	97.6%	合计	5388	95.2%	合计	6562	97.2%	合计	3663	96.5%

HS 二级分类（章）

清单1（25%关税）			清单2（10%→25%）			清单1+2			清单3（+25%关税）		
HS（类）	税目数量（种）	占比（%）	HS（类）	税目数量（种）	占比（%）	HS（类）	税目数量（种）	占比（%）	HS（类）	税目数量（种）	占比（%）
84	438	40%	29	684	12.1%	29	684	10.1%	62	395	10.4%
85	221	20%	3	264	4.7%	84	629	9.3%	61	251	6.6%
90	146	13%	28	231	4.1%	85	433	6.4%	04	238	6.3%
39	144	13%	52	230	4.1%	3	264	3.9%	72	219	5.8%
87	59	5%	48	221	3.9%	28	232	3.4%	91	157	4.1%
86	29	3%	85	212	3.7%	52	230	3.4%	84	152	4.0%

续表

清单1（25%关税）			清单2（10%→25%）			清单1+2			清单3（+25%关税）		
HS（类）	税目数量（种）	占比（%）	HS（类）	税目数量（种）	占比（%）	HS（类）	税目数量（种）	占比（%）	HS（类）	税目数量（种）	占比（%）
88	15	1%	84	191	3.4%	48	221	3.3%	85	150	4.0%
89	11	1%	44	178	3.1%	90	216	3.2%	64	147	3.9%
			7	143	2.5%	39	199	2.9%	73	110	2.9%
			38	142	2.5%	87	181	2.7%	02	104	2.7%
			20	141	2.5%	44	178	2.6%	96	103	2.7%
			73	134	2.4%	38	144	2.1%	63	99	2.6%
			55	130	2.3%	7	143	2.1%	29	95	2.5%
			54	129	2.3%	20	141	2.1%	21	86	2.3%
			40	124	2.2%	73	140	2.1%	18	78	2.1%
			87	122	2.2%	55	130	1.9%	95	77	2.0%
			70	106	1.9%	54	129	1.9%	19	74	2.0%
			51	100	1.8%	40	126	1.9%	17	65	1.7%
			32	99	1.7%	70	107	1.6%	15	62	1.6%
			8	89	1.6%	51	100	1.5%	70	59	1.6%
			16	88	1.6%	32	99	1.5%	09	57	1.5%
			42	86	1.5%	8	89	1.3%	71	57	1.5%
			41	85	1.5%	16	88	1.3%	22	56	1.5%
			74	81	1.4%	42	86	1.3%	90	53	1.4%
			82	78	1.4%	41	85	1.3%	20	46	1.2%
			94	73	1.3%	74	84	1.2%	07	42	1.1%
			90	70	1.2%	82	78	1.2%	76	42	1.1%
			58	66	1.2%	94	75	1.1%	08	41	1.1%
			25	65	1.1%	58	67	1.0%	82	41	1.1%
			68	65	1.1%	25	65	1.0%	92	41	1.1%
			27	59	1.0%	68	65	1.0%	01	37	1.0%
			59	58	1.0%						
			39	55	1.0%						
			60	55	1.0%						

续表

清单1（25%关税）			清单2（10%→25%）			清单1+2			清单3（+25%关税）		
HS（类）	税目数量（种）	占比（%）	HS（类）	税目数量（种）	占比（%）	HS（类）	税目数量（种）	占比（%）	HS（类）	税目数量（种）	占比（%）
合计	1063	97%	合计	4654	82.2%	合计	5508	81.6%	合计	3234	85.2%

注：附表4-2中所列商品仅取该章清单商品税目数量在税目总数量占比1.0%以上的商品，1.0%以下商品未列出，因此比重合计不等于100%。

资料来源：根据附表4-1"占比"数据排序整理。

附表4-3　　　　中国对美反制清单及执行时间

阶段	价值	征税税目	税率
2018年7月6日至12月31日	500亿美元	清单（878）	25%
	600亿美元	附件1（2493）附件2（1078）	10%
		附件3（974）附件4（662）	5%
2019年1月1日至5月31日	500亿美元	清单（734税率下调）	25%
	600亿美元	附件1（2493）附件2（1078）	10%
		附件3（974）附件4（595税率下调）	5%
2019年6月1日至8月31日	500亿美元	清单（734）	25%
	600亿美元	附件1（2493）	10%上调至25%
		附件2（1078）	10%上调至20%
		附件3（974）	5%上调至10%
		附件4（595）	5%（不变）
2019年9月1日至今	500亿美元	清单（734）	358项35% 46项30% 330项25%
	600亿美元	附件1（2493）	2493项25%
		附件2（1078）	155项30% 95项25% 828项20%
		附件3（974）	45项20% 117项15% 785项10%
		附件4（595）	10项15% 126项10% 459项5%
	750亿美元	清单（1717）	新增105项10% 新增417项5%

注：2019年2月14日750亿美元进口商品加征税率已由5%和10%下调到2.5%和5%。

资料来源：根据中国国务院税则委员会公布清单整理。

附表 4-4　中国对美反制征税商品税目种类（HS 类/章）

HS 类/章		500 亿美元清单 清单（734）		600 亿美元清单 附件 1（2493）		附件 2（1078）		附件 3（974）		附件 4（595）	
		种类（种）	占比（%）	种类（种）	占比（%）	种类（种）	占比（%）	种类（种）	占比（%）	种类（种）	占比（%）
HS1 活动物；动物产品											
01	活动物	0	0	2	0.1	0	0	3	0.3	0	0
02	肉及食用杂碎	48	6.5	3	0.1	0	0	0	0	0	0
03	鱼及其他水生无脊椎动物	182	24.8	1	0	0	0	0	0	0	0
04	乳品；蛋品；蜂蜜；其他食用动物产品	21	2.9	3	0.1	0	0	1	0.1	0	0
05	其他动物产品	1	0.1	6	0.2	2	0.2	2	0.2	0	0
	该类合计	252	34.3	15	0.6	2	0.2	6	0.6	0	0
HS2 植物产品											
06	活植物；根；插花及装饰用簇叶	0	0	6	0.2	1	0.1	0	0	0	0
07	食用蔬菜、根及块茎	93	12.7	3	0.1	1	0.1	5	0.5	0	0
08	食用水果及坚果；水果果皮	86	11.7	3	0.1	1	0.1	0	0	0	0
09	咖啡、茶、马黛茶及调味香料	0	0	18	0.7	0	0	2	0.2	0	0
10	谷物	14	1.9	0	0	0	0	0	0	0	0
11	制粉工业产品；麦芽；淀粉；面筋	5	0.7	13	0.5	2	0.2	4	0.4	0	0
12	含油子仁；工业用或药用植物；饲料	4	0.5	9	0.4	3	0.3	5	0.5	0	0
13	虫胶；树胶、树脂及其他植物液、汁	0	0	4	0.2	5	0.5	0	0	0	0
14	编结用植物材料；其他植物产品	1	0.1	2	0.1	0	0	0	0	0	0
	该类合计	203	27.7	58	2.3	13	1.2	3	0.3	0	0
HS3 动、植物油、脂；精制的食用油脂											
15	动、植物油、脂；精制的食用油脂	0	0	23	0.9	6	0.6	3	0.3	0	0
	该类合计	0	0	23	0.9	6	0.6	3	0.3	3	0.5
HS4 食品；饮料、酒及醋；烟草及制品											

续表

HS 类/章		500亿美元清单		600亿美元清单							
		清单（734）		附件1（2493）		附件2（1078）		附件3（974）		附件4（595）	
		种类（种）	占比（%）	种类（种）	占比（%）	种类（种）	占比（%）	种类（种）	占比（%）	种类（种）	占比（%）
16	肉、鱼及其他水生无脊椎动物的制品	41	5.6	3	0.1	2	0.2	2	0.2	0	0
17	糖及糖食	0	0	5	0.2	5	0.5	3	0.3	0	0
18	可可及可可制品	0	0	6	0.2	2	0.2	1	0.1	0	0
19	谷物、淀粉或乳的制品；糕饼点	0	0	9	0.4	6	0.6	3	0.3	0	0
20	蔬菜、水果及其他部分的制品	3	0.4	38	1.5	7	0.6	15	1.5	0	0
21	杂项食品	0	0	8	0.3	3	0.3	5	0.5	0	0
22	饮料、酒及醋	2	0.3	20	0.8	4	0.4	2	0.2	0	0
23	食品工业的残渣及废料；配制饲料	3	0.4	3	0.1	1	0.1	6	0.6	0	0
24	烟草、烟草及烟草代用品的制品	12	1.6	0	0	0	0	0	0	0	0
	该类合计	61	8.3	92	3.7	30	2.8	37	3.8	0	0
HS5 矿产品											
25	盐；硫黄；泥土及石料；石灰及水泥	0	0	40	1.6	7	0.6	21	2.2	0	0
26	矿砂、矿渣及矿灰	4	0.5	10	0.4	1	0.1	4	0.4	0	0
27	矿物燃料及其蒸馏产品；沥青物质等	64	8.7	1	0	0	0	33	3.4	0	0
	该类合计	68	9.3	51	2.0	8	0.7	58	6.0	0	0
HS6 化学工业及其相关工业的产品											
28	无机化学品；贵金属等的化合物	0	0	83	3.3	34	3.2	63	6.5	69	11.6
29	有机化学品	11	1.5	130	5.2	58	5.4	3	0.3	94	15.8
30	药品	0	0	4	0.2	0	0	2	0.2	5	0.8
31	肥料	0	0	9	0.4	3	0.3	13	1.3	5	0.8
32	鞣料浸膏及染料浸膏；墨水、油墨等	0	0	23	0.9	18	1.7	1	0.1	7	1.2

续表

HS 类/章	500亿美元清单 清单(734)		600亿美元清单							
			附件1 (2493)		附件2 (1078)		附件3 (974)		附件4 (595)	
	种类(种)	占比(%)	种类(种)	占比(%)	种类(种)	占比(%)	种类(种)	占比(%)	种类(种)	占比(%)
33	精油及香膏；芳香料制品及化妆盥洗品	0	0	13	0.5	16	1.5	10	1.0	13	2.2
34	洗涤剂、润滑剂、人造蜡等	3	0.4	5	0.2	5	0.5	9	0.9	4	0.7
35	蛋白类物质；改性淀粉；胶；酶	1	0.1	1	0	2	0.2	1	0.1	5	0.8
36	炸药；引火合金；易燃材料制品	0	0	0	0	4	0.4	5	0.5	5	0.8
37	照相及电影用品	0	0	13	0.5	0	0	21	2.2	21	3.5
38	杂项化学产品	0	0	23	0.9	11	1.0	22	2.3	22	3.7
该类合计	15	2.0	304	12.2	151	14.0	150	15.4	250	42.0
HS7 塑料及其制品；橡胶及其制品										
39	塑料及其制品	13	1.8	44	1.8	33	3.1	31	3.2	24	4.0
40	橡胶及其制品	1	0.1	35	1.4	25	2.3	28	2.9	14	2.4
该类合计	14	1.9	79	3.2	58	5.4	59	6.1	38	6.4
HS8 皮革、毛皮及其制品										
41	生皮（毛皮除外）及皮革	0	0	18	0.7	3	0.3	0	0	6	1.0
42	皮革制品；旅行箱包；动物肠线制品	0	0	16	0.6	7	0.6	0	0	0	0
43	毛皮、人造毛皮及其制品	0	0	8	0.3	2	0.2	0	0	1	0.2
该类合计	0	0	42	1.7	12	1.1	0	0	7	1.2
HS9 木及木制品；木炭；软木等										
44	木及木制品；木炭	3	0.4	68	2.7	29	2.7	0	0	12	2.0
45	软木及软木制品	1	0.1	4	0.2	1	0.1	0	0	0	0
46	稻草等制品；篮筐及柳条编结品	0	0	4	0.2	1	0.1	0	0	0	0
该类合计	4	0.5	76	3.0	31	2.9	0	0	12	2.0
HS10 木浆等；纸及纸板的废碎品及其制品										
47	木浆等；纸及纸板的废碎品	4	0.5	1	0	1	0.1	0	0	12	2.0
48	纸及纸板；纸浆、纸或纸板制品	0	0	29	1.2	49	4.5	0	0	23	3.9

续表

HS 类/章		500 亿美元清单		600 亿美元清单							
		清单 (734)		附件1 (2493)		附件2 (1078)		附件3 (974)		附件4 (595)	
		种类(种)	占比(%)	种类(种)	占比(%)	种类(种)	占比(%)	种类(种)	占比(%)	种类(种)	占比(%)
49	印刷品；手稿、打字稿及设计图纸	0	0	3	0.1	12	1.1	0	0	8	1.3
	该类合计	4	0.5	33	1.3	62	5.8	0	0	43	7.2
HS11 纺织原料及纺织制品											
50	蚕丝	0	0	5	0.2	0	0	0	0	0	0
51	羊毛等毛；马毛纱线及其机织物	4	0.5	21	0.8	1	0.1	0	0	0	0
52	棉花	4	0.5	68	2.7	4	0.4	4	0.4	0	0
53	其他植物纺织纤维；纸纱线及其机织物	0	0	5	0.2	0	0	0	0	0	0
54	化学纤维长丝	0	0	60	2.4	10	0.9	19	2.0	0	0
55	化学纤维短纤	2	0.3	61	2.4	10	0.9	13	1.3	0	0
56	无纺织物；特种纱线；线、绳及其制品	0	0	9	0.4	12	1.1	14	1.4	0	0
57	地毯及纺织材料的其他铺地制品	0	0	9	0.4	8	0.7	4	0.4	0	0
58	特种机织物；簇绒织物；刺绣品等	0	0	24	1.0	8	0.7	7	0.7	0	0
59	浸织物；工业用纺织制品	0	0	16	0.6	13	1.2	9	0.9	0	0
60	针织物及钩编织物	0	0	35	1.4	2	0.2	3	0.3	0	0
61	针织或钩编的服装及衣着附件	0	0	84	3.4	6	0.6	2	0.2	0	0
62	非针织或非钩编的服装及衣着附件	0	0	106	4.3	13	1.2	1	0.1	0	0
63	其他纺织制成品；成套物品；碎织物等	2	0.3	28	1.1	16	1.5	13	1.3	0	0
	该类合计	12	1.6	531	21.3	103	9.6	89	9.1	0	0
HS12 鞋帽伞等其零件；已加工的羽毛及其制品；人发制品等											
64	鞋靴、护腿和类似品及其零件	0	0	27	1.1	4	0.4	2	0.2	0	0

续表

HS 类/章		500亿美元清单 清单(734)		600亿美元清单							
				附件1 (2493)		附件2 (1078)		附件3 (974)		附件4 (595)	
		种类(种)	占比(%)	种类(种)	占比(%)	种类(种)	占比(%)	种类(种)	占比(%)	种类(种)	占比(%)
65	帽类及其零件	0	0	4	0.2	4	0.4	4	0.4	0	0
66	伞、手杖、鞭及其零件	0	0	5	0.2	0	0	1	0.1	0	0
67	已加工羽毛及其制品；人发制品等	0	0	5	0.2	1	0.1	4	0.4	0	0
	该类合计	0	0	41	1.6	9	0.8	11	1.1	0	0
	HS13 石料及类似材料的制品；陶瓷、玻璃及其制品										
68	石料及类似材料的制品	0	0	24	1.0	11	1.0	21	2.2	0	0
69	陶瓷产品	0	0	17	0.7	5	0.5	10	1.0	0	0
70	玻璃及其制品	1	0.1	36	1.4	7	0.6	38	3.9	0	0
	该类合计	1	0.1	77	3.1	23	2.1	69	7.1	0	0
	HS14 珍珠、宝石、贵金属等及其制品；仿首饰；硬币										
71	珍珠、贵金属等及制品；仿首饰；硬币	2	0.3	40	1.6	9	0.8	17	1.7	0	0
	该类合计	2	0.3	40	1.6	9	0.8	17	1.7	0	0
	HS15 贱金属及其制品										
72	钢铁	7	1.0	112	4.5	28	2.6	19	2.0	0	0
73	钢铁制品	2	0.3	53	2.1	36	3.3	47	4.8	0	0
74	铜及其制品	1	0.1	38	1.5	17	1.6	16	1.6	0	0
75	镍及其制品	1	0.1	7	0.3	2	0.2	10	1.0	0	0
76	铝及其制品	1	0.1	23	0.9	8	0.7	20	2.1	0	0
77	(保留为税则将来所用)	0	0	0	0	0	0	0	0	0	0
78	铅及其制品	0	0	3	0.1	0	0	4	0.4	0	0
79	锌及其制品	1	0.1	5	0.2	1	0.1	3	0.3	0	0
80	锡及其制品	1	0.1	6	0.2	2	0.2	2	0.2	0	0
81	其他贱金属、金属陶瓷及其制品	12	1.6	17	0.7	9	0.8	26	2.7	0	0
82	贱金属工具及其零件	0	0	35	1.4	22	2.0	25	2.6	0	0

续表

HS 类/章		500亿美元清单		600亿美元清单							
		清单（734）		附件1（2493）		附件2（1078）		附件3（974）		附件4（595）	
		种类（种）	占比（%）	种类（种）	占比（%）	种类（种）	占比（%）	种类（种）	占比（%）	种类（种）	占比（%）
83	贱金属杂项制品	0	0	10	0.4	10	0.9	15	1.5	0	0
	该类合计	26	3.5	309	12.4	135	12.5	187	19.2	0	0
HS16 机电音像设备及其零件、附件											
84	核反应堆、机器、机械器具及其零件	0	0	341	13.7	200	18.6	115	11.8	78	13.1
85	电机及其零件，音像设备及其零件、附件	2	0.3	221	8.9	106	9.8	61	6.3	71	11.9
	该类合计	2	0.3	562	22.5	306	28.4	176	18.1	149	25.0
HS17 车辆、航空器、船舶及有关运输设备											
86	铁道车辆、轨道装置、信号设备	0	0	9	0.4	1	0.1	2	0.2	2	0.3
87	车辆及其零附件，铁道车辆除外	62	8.4	0	0	0	0	0	0	24	4.0
88	航空器、航天器及其零件	0	0	0	0	2	0.2	1	0.1	6	1.0
89	船舶及浮动结构体	1	0.1	7	0.3	1	0.1	2	0.2	1	0.2
	该类合计	63	8.6	16	0.6	4	0.4	5	0.5	33	5.5
HS18 光学、医疗等仪器；钟表；乐器											
90	光学、医疗仪器及零件、附件	7	1.0	57	2.3	38	3.5	55	5.6	58	9.7
91	钟表及其零件	0	0	17	0.7	2	0.2	3	0.3	0	0
92	乐器及其零件、附件	0	0	11	0.4	4	0.4	7	0.7	0	0
	该类合计	7	1.0	85	3.4	44	4.1	65	6.7	58	9.7
HS19 武器、弹药及其零件、附件											
93	武器、弹药及其零件、附件	0	0	0	0	1	0.1	5	0.5	0	0
	该类合计	0	0	0	0	1	0.1	5	0.5	0	0
HS20 杂项制品											
94	家具等、灯具、活动房等	0	0	25	1.0	18	1.7	8	0.8	5	0.8
95	玩具、游戏品、运动用品及其零件、附件	0	0	18	0.7	13	1.2	15	1.5	0	0

续表

HS 类/章		500亿美元清单		600亿美元清单							
		清单（734）		附件1（2493）		附件2（1078）		附件3（974）		附件4（595）	
		种类（种）	占比（%）	种类（种）	占比（%）	种类（种）	占比（%）	种类（种）	占比（%）	种类（种）	占比（%）
96	杂项制品	0	0	15	0.6	37	3.4	13	1.3	0	0
	该类合计	0	0	58	2.3	68	6.3	36	3.7	5	0.8
HS21 艺术品、收藏品及谷物											
97	艺术品、收藏品及谷物	0	0	1	0	3	0.3	4	0.4	0	0
	该类合计	0	0	1	0	3	0.3	4	0.4	0	0
HS22 特殊交易品及未分类商品											
98	特殊交易品及未分类商品	0	0	0	0	0	0	0	0	0	0
	该类合计	0	0	0	0	0	0	0	0	0	0
	清单商品合计	734	100	2493	100	1078	100	974	100	595	100

注：HS编码所对应的22类及98章商品名称进行适当省略，完整名称查阅《商品名称及协调编码制度（HS）》。由于四舍五入的原因，比重合计有可能不完全等于100%。

资料来源：中国国务院关税税则委员会公布清单整理。

附表 4-5　　中国对美反制征税清单商品税目种类表排序结果（HS 类/章）

HS 一级分类（22类）

500亿美元清单			600亿美元清单								
清单（734）			附件1（2493）			附件2（1078）			附件3（974）			附件4（595）		
HS	种类（种）	占比（%）	HS	种类（种）	占比（%）	HS	种类（种）	占比（%）	HS	种类（种）	占比（%）	HS	种类（种）	占比（%）
1	252	34.3	16	562	22.5	16	306	28.4	15	187	19.2	6	250	42.0
2	203	27.7	11	531	21.3	6	151	14.0	16	176	18.1	16	149	25.0
5	68	9.3	15	309	12.4	15	135	12.5	6	150	15.4	18	58	9.7
17	63	8.6	6	304	12.2	11	103	9.6	11	89	9.1	10	43	7.2
4	61	8.3	4	92	3.7	20	68	6.3	13	69	7.1	7	38	6.4
15	26	3.5	18	85	3.4	10	62	5.8	4	65	6.7	17	33	5.5
6	15	2.0	7	79	3.2	7	58	5.4	7	59	6.1			
7	14	1.9	13	77	3.1	18	44	4.1	5	58	6.0			

续表

500亿美元清单			600亿美元清单									
清单（734）			附件1（2493）			附件2（1078）			附件3（974）			附件4（595）		
HS	种类（种）	占比（%）	HS	种类（种）	占比（%）	HS	种类（种）	占比（%）	HS	种类（种）	占比（%）	HS	种类（种）	占比（%）
11	12	1.6	9	76	3.0	9	31	2.9	4	37	3.8			
18	7	1.0	2	58	2.3	4	30	2.8	20	36	3.7			
			20	58	2.3	13	23	2.1						
			5	51	2.0									
			8	42	1.7									
			12	41	1.6									
			14	40	1.6									
			10	33	1.3									
合计	734	98.2		2173	87.2		1011	93.8		926	95.1		571	96.0

HS二级分类（98章）

500亿美元清单			600亿美元清单									
清单（734）			附件1（2493）			附件2（1078）			附件3（974）			附件4（595）		
HS	种类（种）	占比（%）	HS	种类（种）	占比（%）	HS	种类（种）	占比（%）	HS	种类（种）	占比（%）	HS	种类（种）	占比（%）
3	182	24.8	84	341	13.7	84	193	11.8	84	200	18.6	29	94	15.8
7	93	12.7	85	221	8.9	29	157	9.6	85	106	9.8	84	78	13.1
8	86	11.7	29	130	5.2	85	132	8.1	29	58	5.4	85	71	11.9
27	64	8.7	72	112	4.5	90	113	6.9	48	49	4.5	28	69	11.6
87	62	8.4	62	106	4.3	28	102	6.2	90	38	3.5	90	58	9.7
2	48	6.5	61	84	3.4	87	91	5.6	96	37	3.4	39	24	4.0
16	41	5.6	28	83	3.3	39	55	3.4	73	36	3.3	87	24	4.0
4	21	2.9	44	68	2.7	73	47	2.9	28	34	3.2	48	23	3.9
10	14	1.9	52	68	2.7	38	44	2.7	39	33	3.1	38	22	3.7
39	13	1.8	55	61	2.4	40	42	2.6	44	29	2.7	37	21	3.5
24	12	1.6	54	60	2.4	70	38	2.3	72	28	2.6	40	14	2.4
81	12	1.6	90	57	2.3	37	26	1.6	40	25	2.3	33	13	2.2
29	11	1.5	73	53	2.1	81	26	1.6	82	22	2.0	44	12	2.0
			39	44	1.8	82	25	1.5	32	18	1.7	47	12	2.0

续表

500亿美元清单			600亿美元清单											
清单（734）			附件1（2493）			附件2（1078）			附件3（974）			附件4（595）		
HS	种类（种）	占比（%）	HS	种类（种）	占比（%）	HS	种类（种）	占比（%）	HS	种类（种）	占比（%）	HS	种类（种）	占比（%）
			25	40	1.6	48	23	1.4	94	18	1.7	49	8	1.3
			71	40	1.6	25	21	1.3	74	17	1.6	32	7	1.2
			20	38	1.5	68	21	1.3	33	16	1.5	41	6	1.0
			74	38	1.5	32	20	1.2	63	16	1.5	88	6	1.0
			70	36	1.4	76	20	1.2	59	13	1.2			
			40	35	1.4	54	19	1.2	62	13	1.2			
			60	35	1.4	72	19	1.2	95	13	1.2			
			82	35	1.4	71	17	1.0	49	12	1.1			
			48	29	1.2	74	16	1.0	56	12	1.1			
			63	28	1.1	20	15	0.9	38	11	1.0			
			64	27	1.1	83	15	0.9	68	11	1.0			
			94	25	1.0	95	15	0.9	54	10	0.9			
			58	24	1.0	33	14	0.9	55	10	0.9			
			68	24	1.0	34	14	0.9	83	10	0.9			
			15	23	0.9	35	14	0.9	71	9	0.8			
			32	23	0.9	56	14	0.9	81	9	0.8			
			38	23	0.9	55	13	0.8	57	8	0.7			
			76	23	0.9	63	13	0.8	58	8	0.7			
			51	21	0.8	94	13	0.8	76	8	0.7			
			22	20	0.8	96	13	0.8	20	7	0.6			
			9	18	0.7	44	12	0.7	25	7	0.6			
			41	18	0.7	47	12	0.7	42	7	0.6			
			95	18	0.7	69	10	0.6	70	7	0.6			
			69	17	0.7	75	10	0.6	15	6	0.6			
			81	17	0.7	59	9	0.6	19	6	0.6			
			91	17	0.7				61	6	0.6			
			42	16	0.6									
			59	16	0.6									

续表

500亿美元清单			600亿美元清单										
清单（734）			附件1（2493）			附件2（1078）			附件3（974）			附件4（595）		
HS	种类（种）	占比（%）	HS	种类（种）	占比（%）	HS	种类（种）	占比（%）	HS	种类（种）	占比（%）	HS	种类（种）	占比（%）
			96	15	0.6									
合计	659	89.8	合计	2227	89.3	合计	1473	90	合计	983	91.2	合计	562	94.5

注：附表4-5中所列商品仅取该章清单商品税目数量在税目总数量占比0.5%以上的商品，0.5%以下商品未列出，因此比重合计不等于100%。

资料来源：根据附表4-3"占比"数据排序整理。

附表5-1　2009年1月至2021年12月全球贸易救济案件统计

国家（地区）	各类案件数量（件）					各类案件占全球该类案件总数比重（%）				该国案件总数占全球案件总数比重（%）
	反倾销	反补贴	保障措施	特保	案件总数	反倾销	反补贴	保障措施	特保	
美国	422	214	3	1	640	14.4	49.9	1.2	9.1	17.7
印度	539	29	33	8	609	18.4	6.8	13.0	72.7	16.8
巴西	267	11	2	0	280	9.1	2.6	0.8	0	7.7
澳大利亚	173	30	2	0	205	5.9	7.0	0.8	0	5.7
欧盟	156	44	3	0	203	5.3	10.3	1.2	0	5.6
加拿大	132	52	1	0	185	4.5	12.1	0.4	0	5.1
阿根廷	183	0	0	0	183	6.3	0	0	0	5.1
中国	131	17	1	0	149	4.5	4.0	0.4	0	4.1
巴基斯坦	122	3	1	0	126	4.2	0.7	0.4	0	3.5
土耳其	102	1	20	0	123	3.5	0.2	7.9	0	3.4
印度尼西亚	72	0	33	0	105	2.5	0	13.0	0	2.9
墨西哥	78	4	1	0	83	2.7	0.9	0.4	0	2.3
乌克兰	60	1	22	0	83	2.1	0.2	8.7	0	2.3
马来西亚	62	0	6	0	68	2.1	0	2.4	0	1.9
埃及	48	8	11	0	67	1.6	1.9	4.3	0	1.9
泰国	56	0	6	0	62	1.9	0	2.4	0	1.7
韩国	48	0	0	0	48	1.6	0	0	0	1.3
南非	35	0	8	0	43	1.2	0	3.1	0	1.2
哥伦比亚	36	1	4	0	41	1.2	0.2	1.6	0	1.1

续表

国家（地区）	各类案件数量（件）					各类案件占全球该类案件总数比重（%）				该国案件总数占全球案件总数比重（%）
	反倾销	反补贴	保障措施	特保	案件总数	反倾销	反补贴	保障措施	特保	
欧亚经济联盟	34	0	7	0	41	1.2	0	2.8	0	1.1
越南	32	1	6	0	39	1.1	0.2	2.4	0	1.1
中国台湾	27	5	1	0	33	0.9	1.2	0.4	0	0.9
海湾合作委员会	21	0	6	0	27	0.7	0	2.4	0	0.7
秘鲁	16	5	3	0	24	0.5	1.2	1.2	0	0.7
摩洛哥	12	0	10	0	22	0.4	0	3.9	0	0.6
新西兰	14	3	0	0	17	0.5	0.7	0	0	0.5
智利	6	0	9	0	15	0.2	0	3.5	0	0.4
菲律宾	2	0	12	0	14	0.1	0	4.7	0	0.4
俄罗斯	7	0	4	0	11	0.2	0	1.6	0	0.3
英国	1	0	1		2	50		0.4		0.3
日本	10	0	0	0	10	0.3	0	0	0	0.3
马达加斯加	1	0	7	0	8	0	0	2.8	0	0.2
多米尼加	1	0	5	2	8	0	0	2.0	18.2	0.2
以色列	5	0	2	0	7	0.2	0	0.8	0	0.2
约旦	0	0	5	0	5	0	0	2.0	0	0.1
哥斯达黎加	1	0	4	0	5	0	0	1.6	0	0.1
黎巴嫩	4	0	0	0	4	0.1	0	0	0	0.1
吉尔吉斯斯坦	0	0	4	0	4	0	0	1.6	0	0.1
突尼斯	0	0	4	0	4	0	0	1.6	0	0.1
厄瓜多尔	0	0	3	0	3	0	0	1.2	0	0.1
危地马拉	1	0	1	0	2	0	0	0.4	0	0.1
萨尔瓦多	2	0	0	0	2	0.1	0	0	0	0.1
乌拉圭	2	0	0	0	2	0.1	0	0	0	0.1
赞比亚	0	0	1	0	1	0	0	0.4	0	0
乌兹别克斯坦	1	0	0	0	1	0	0	0	0	0
特立尼达和多巴哥	1	0	0	0	1	0	0	0	0	0
克罗地亚	0	0	1	0	1	0	0	0.4	0	0

续表

国家（地区）	各类案件数量（件）				各类案件占全球该类案件总数比重（%）				该国案件总数占全球案件总数比重（%）
	反倾销	反补贴	保障措施	特保	案件总数	反倾销	反补贴	保障措施	特保
巴拿马	0	0	1	0	1	0	0	0.4	0	0
巴林	1	0	0	0	1	0	0	0	0	0

注：由于四舍五入的原因，比重合计有可能不完全等于100%。
资料来源：根据中国贸易救济信息网数据库整理。

附表 5-2　2009 年 1 月至 2021 年 12 月全球贸易救济案件行业分布

排序	行业名称	案件数量（件）	占案件总数量比重（%）	排序	行业名称	案件数量（件）	占案件总数量比重（%）
1	化学原料和制品工业	890	24.6	17	专用设备	38	1.1
2	钢铁工业	730	20.2	18	汽车工业	34	0.9
3	金属制品工业	511	14.2	19	光伏产品	34	0.9
4	非金属制品工业	222	6.1	20	家具工业	20	0.6
5	纺织工业	153	4.2	21	电子工业	17	0.5
6	造纸工业	146	4.0	22	文体、工美和娱乐用品	17	0.5
7	电气工业	114	3.2	23	其他运输设备	14	0.4
8	有色金属工业	113	3.1	24	仪器仪表工业	7	0.2
9	食品	99	2.7	25	皮革工业	5	0.1
10	塑料制品业	89	2.5	26	酒、饮料和茶	5	0.1
11	木材及制品工业	75	2.1	27	矿产品	3	0.1
12	橡胶制品工业	67	1.9	28	煤炭工业	2	0.1
13	化纤工业	64	1.8	29	石油工业	2	0.1
14	通用设备	51	1.4	30	烟草工业	1	0
15	农产品	48	1.3	31	其他	1	0
16	医药工业	39	1.1				

注：由于四舍五入的原因，比重合计有可能不完全等于100%。
资料来源：根据中国贸易救济信息网数据库整理。

附表5-3　　2009年1月至2021年12月国外对华贸易救济摩擦行业分布

排序	行业名称	案件数量(件)	占对华案件总数量比重(%)	占全球案件数量比重(%)	排序	行业名称	案件数量(件)	占对华案件总数量比重(%)	占全球案件数量比重(%)
1	金属制品工业	216	17.5	42.3	16	化纤工业	20	1.6	31.3
2	钢铁工业	213	17.3	29.2	17	医药工业	18	1.5	46.2
3	化学原料和制品工业	197	16.0	22.1	18	专用设备	15	1.2	39.5
4	非金属制品工业	97	7.9	43.7	19	其他运输设备	11	0.9	78.6
5	纺织工业	70	5.7	45.8	20	家具工业	11	0.9	55.0
6	电气工业	52	4.2	45.6	21	农产品	9	0.7	18.8
7	有色金属工业	49	4.0	43.4	22	文体、工美和娱乐用品	8	0.6	47.1
8	造纸工业	38	3.1	26.0	23	电子工业	7	0.6	41.2
9	通用设备	35	2.8	68.6	24	皮革工业	4	0.3	80.0
10	食品	31	2.5	31.3	25	其他	4	0.3	400.0
11	橡胶制品工业	28	2.3	41.8	26	仪器仪表工业	3	0.2	42.9
12	塑料制品业	28	2.3	31.5	27	石油工业	1	0.1	50.0
13	汽车工业	23	1.9	67.6	28	煤炭工业	1	0.1	50.0
14	木材及制品工业	22	1.8	29.3	29	酒、饮料和茶	1	0.1	20.0
15	光伏产品	20	1.6	58.8					

注：由于四舍五入的原因，比重合计有可能不完全等于100%。
资料来源：根据中国贸易救济信息网数据库整理。

附表6-1　　协调编码HS章节编码与中国制造业行业分类

序号	要素密集度	行业名称	HS编码/章节
1	初级产品制造	食品及农副食加工制造	2章、2209、0304-07、4章、15-21章、23章
2	初级产品制造	酒、饮料和精制茶制造业	22章（不含2209）、2402-03
14	初级产品制造	化学纤维制造业	54—55章
3	劳动资源密集型	纺织业	50—53章、56—61章、63章

续表

序号	要素密集度	行业名称	HS 编码/章节
4	劳动资源密集型	纺织服装服饰业	62 章、65 章；9606、9607
5	劳动资源密集型	皮革毛皮、羽毛及制品和制鞋业	41—43 章、64 章、67（不含 4101-03、4301、6702）
6	劳动资源密集型	木材加工及其制品	44 章、46 章、4503-04（不含 4401-4403）
7	劳动资源密集型	家具制造业	9401-9404
8	劳动资源密集型	造纸及纸制品制造业	47—48 章（不含 4820）
9	劳动资源密集型	印刷和记录媒介复印业	49 章
10	劳动资源密集型	文教美体及娱乐用品制造业	4820、9501-08、9607-12、9701-04；92 章
11	劳动资源密集型	石油煤炭及其他燃料加工	2704、2706、2708-13、2715
16	劳动资源密集型	非金属矿物制造业	68-70 章
17	低技术密集型	金属冶炼及延压业	2618-21、72 章、81 章、7401-10、7501-06、7601-07、7801-04、7901-05、8001-05
18	低技术密集型	金属制品业	73 章、82-83 章、7411-19、7507-08、7608-16、7805-06、7906-07、8006-07、9406
15	中技术密集型	橡胶及塑料制造业	39 章、40 章（不含 4001）
19	中技术密集型	通用设备制造业	8401-14、8416、8418-20、8452、8456-68、8480-85、8487
20	中技术密集型	交通运输设备制造业	86-89 章
12	高技术密集型	化学原料及化学制品制造业	28-29 章、31-38 章
13	高技术密集型	医药制造业	30 章
21	高技术密集型	专用设备制造业	8417、8421-22、8424-49、8451、8453-55、8474-79、8486、9018-22
22	高技术密集型	电器机械及器材制造业	8415、8450、8501-16、8530-39、8544-48、9405
23	高技术密集型	电子及通信设备制造业	8470-71、8517-29、8540-43
24	高技术密集型	仪器仪表及文化办公业	8423、8469、8472、8473、9001、9002、9005-17、9023-33、91 章

续表

序号	要素密集度	行业名称	HS 编码/章节
25	—	其他制造业	6601-03、6702、9301-07、9601-05、9613-9618、9705、9706、9801、9803-05

注:"食品及副食加工制造业"合并了《国民经济行业分类》中"农副食品加工业"和"食品制造业"两类。"金属冶炼及延压业"合并"黑色金属冶炼及延压业"和"有色金属冶炼及延压业"两类,本书中主要涉及的是"钢铁制造"。"其他制造业"包含日用杂品制造、核辐射加工以及其他未列明制造业。要素密集度划分标准参考盛斌、马涛(2002)、OCED 要素密集度分类标准及《高新技术产业(制造业)分类》(2017)。

资料来源:将中华人民共和国海关总署通关司[20020222]《HS 商品大类及四位编码表》《国民经济行业分类》(GBT4754—2017 版)匹配整理。

附表 6-2　　2019 年湖北省对贸易伙伴主要出口商品额排序结果(HS 类/章)

排序	欧盟 HS	欧盟 占比(%)	加拿大 HS	加拿大 占比(%)	澳大利亚 HS	澳大利亚 占比(%)	土耳其 HS	土耳其 占比(%)	巴西 HS	巴西 占比(%)	阿根廷 HS	阿根廷 占比(%)	墨西哥 HS	墨西哥 占比(%)
1	84	20.5	94	14.2	84	10.4	84	22.2	85	65.8	85	66.5	84	42.4
2	85	17.4	85	9.2	89	10.0	85	10.0	31	6.8	84	7.7	85	23.2
3	29	10.7	95	8.1	85	7.8	29	6.6	29	5.0	31	6.9	29	4.2
4	62	7.6	39	7.3	94	6.9	39	6.2	90	3.1	29	6.3	72	3.7
5	90	3.2	62	6.1	62	6.1	32	5.7	84	3.0	32	1.8	87	2.5
6	89	3.2	73	5.7	29	5.1	90	5.5	39	1.6	73	1.6	95	2.3
7	87	2.9	29	5.0	39	4.5	72	4.9	38	1.5	90	1.5	69	2.0
8	73	2.9	87	4.7	48	4.3	94	3.9	28	1.5	28	1.4		
9	30	2.7	84	4.3	73	4.0	31	3.6	32	1.3	38	1.0		
10	39	2.6	48	2.8	64	3.6	40	2.3	72	1.2				
11	94	2.6	42	2.8	76	3.4	73	2.3	94	1.0				
12	72	2.1	67	2.3	69	3.2	28	2.2						
13			69	2.2	86	3.0	55	2.2						
14			83	2.2	95	2.6	95	2.1						
15			68	2.1	28	2.0	87	2.0						
16					38	2.0								

资料来源:根据中国海关在线数据库整理。

中美贸易——就业弹性测算

中美贸易摩擦中双方征税产品基本覆盖85%的工业门类。因此,本书将第二产业就业人数作为计算贸易—就业弹性的关键变量。利用2005—2017年湖北省第二产业从业人数和对美进出口年度贸易数据,计算出2005—2017年湖北省对美的长期与短期贸易—就业弹性。除掉一些年份的奇异值后结果如下:短期来看,湖北省对美进出口—就业弹性、进口—就业弹性以及出口—就业弹性均为0.009(见表1)。经济含义是,以出口—就业弹性为例,如果中美贸易摩擦使中国向美国出口减少4442.98万美元,湖北省就业会在839万基础上减少0.009%,即减少就业755人。值得注意的趋势是,湖北省对美贸易—就业弹性指标均呈现变小的趋势,表明对美国市场进出口对湖北省就业的影响逐年减少。

表1　　　　　湖北省对美国进出口贸易——就业弹性

年份	第二产业就业(万人)	对美贸易总额(万美元)	贸易就业弹性	对美进口额(万美元)	进口就业弹性	对美出口额(万美元)	出口就业弹性
2005	725.00	83382		31631		51751	
2006	732.40	115407	0.026	27507	-0.076	87899	0.014
2007	740.10	139743	0.049	38563	0.026	101179	0.068
2008	730.42	193568	-0.033	70219	-0.016	123349	-0.059
2009	736.60	152467	-0.041	45243	-0.025	107223	-0.067
2010	754.70	266897	0.035	77944	0.036	188952	0.034
2011	771.12	375072	0.058	96071	0.101	279001	0.049
2012	781.60	363041	-0.462	84084	-0.119	278957	-93.383
2013	793.80	375226	0.516	88202	0.354	287024	0.599
2014	834.30	413902	0.551	97213	0.556	316690	0.550
2015	834.00	425177	-0.015	118461	-0.002	306716	0.013
2016	837.00	425413	7.445	85572	-0.015	339841	0.038
2017	839.00	556491	0.009	112192	0.009	444298	0.009

企业调研样本及数据说明

为补充宏观数据分析结论,了解各种类型贸易摩擦对企业的实际影响,本书采用问卷调查和深度访谈方式对湖北省代表性企业展开调研。现对样本及数据进行说明。

一 调研时间和方式

2019年7月,为完成"中美贸易摩擦对湖北省就业的影响"调研报告,笔者已通过湖北省各市州就业部门对41家企业展开调研,建立了就业检测站点。为获得更多企业数据,笔者在就业部门协助下于2020年5月扩充样本至61家,增加了出口市场涉及欧盟、日本及"一带一路"沿线国家的企业,通过网络、电话方式与企业联系人进行访谈,并同步收回问卷。2021年6月再次进行跟踪调研。最终调研结果分析以访谈为主,调查问卷结果为辅。

二 调研样本筛选方法

为保证样本具有代表性,通过以下方式和步骤筛选调查对象:

第一步:确定代表性行业。通过报告对2017—2019年湖北省进出口商品结构以及对美国进出口商品结构、中美双边征税清单税目匹配结果、清单商品贸易额排名等信息,最终确定主要调研行业为汽车零部件、机械设备、纺织、钢铁、化工、医疗仪器6个代表性行业。上述行业的产品既是湖北省以及对美进出口的主要商品,也是征税清单税目和金额涉及最多的产品。另外,根据湖北省对欧盟、日本等地的进出口结构选择主要出口行业扩充了食用菌行业。

第二步:确定代表性企业。从2018年海关数据库中根据企业营业规模、行业、主营地点分布等进行筛选,最终向当地商务主管单位或者就业部门核实后确定并扩充至61家企业。代表性企业如下:

表1　　　　　　　　代表性调研企业名单

公司名称	主营产品	所处行业	HS章	地点
摩托罗拉(武汉)移动技术运营中心有限公司	移动通信产品	机械设备	84、85	武汉

续表

公司名称	主营产品	所处行业	HS 章	地点
联想移动通信贸易（武汉）有限公司	电子计算机	机械设备	84	武汉
湖北新冶钢有限公司	轴承钢等	钢铁	72、84	黄石
普安阀门有限公司	阀门	机械设备	84、84	荆门
瑞信汽车电器（荆州）有限公司	汽车零部件	机械、车辆	84、86	荆州
四机赛瓦石油钻采设备有限公司	油田井下工具	机械设备	84、85	荆州
湖北一秒通外贸综合服务有限公司	贸易综合服务	综合服务	—	十堰
仙桃瑞鑫防护用品有限公司	无纺布、塑料制品	无纺布制品	56	仙桃
襄阳美丽新科技有限责任公司	汽车零件	车辆零件	84、86	襄阳
湖北美凯化工有限公司	亚磷酸	化工	39	黄冈
湖北申源贸易有限公司	货物与技术	外贸服务	—	孝感
中船重工中南装备有限公司	光学仪器、油泵	光学仪器	84、90	宜昌
东宝山缘有限公司	食用菌	农副食品	07	荆门

注：表1仅列出主要行业中营业额靠前的部分企业。
资料来源：根据中国海关数据库整理。

三 调研样本分布特征

（1）行业分布：按主营业务划分，包括汽车零部件企业13家、机械设备企业26家、纺织品企业8家、钢铁企业2家、化工产品企业8家、医疗仪器企业1家、食用菌企业1家、家具企业2家。

（2）市州分布：按企业常住地址划分，包括武汉9家、黄石8家、仙桃6家、十堰8家、荆门6家、荆州6家、孝感4家、宜昌6家、襄阳4家、黄冈4家。

（3）规模分布①：大型企业27家，主要集中在汽车零部件和机械产品和钢铁企业；中小型企业27家，集中于食用菌、机械设备、纺织品和化工企业；小微企业7家，主要是家具、贸易企业。

（4）所有权分布：按企业所有权性质划分，包括国有企业16家，分布于汽车、钢铁、机械设备制造业；美国在华投资企业8家，主要为机械设备制造企业；私营企业37家。

---

① 根据《大中小型企业工业企业划分标准》工业企业从业人员大于1000人为大型企业，300—1000人为中型企业，20—300人为小型企业，20人以下为微型企业。

（5）贸易方式分布：一般贸易企业46家按主营产品的贸易方式划分，包括加工贸易企业15家，其中8家加工贸易企业为机械产品企业。

（6）贸易流向分布：仅经营出口业务的企业48家，兼营进口业务企业13家，主要集中在机械设备制造企业。

（7）海外市场结构分布：无对美业务的企业3家，美国市场份额低于0%的19家，美国市场份额30%—70%的12家，美国市场份额70%以上的27家。

（8）中美征税清单中涉税业务比重分布：美国加征关税清单涉及产品占企业经营产品70%以上的企业29家，占企业总数的47.5%，涉及产品占比30%—70%企业13家，占21.3%，而涉及产品占比30%以下企业16家，占26.2%，无涉及产品3家。另外，13家开展进口业务的企业中，中国反制清单涉及企业经营产品70%以上的企业6家，涉及产品30%—70%企业2家，涉及产品30%以下企业5家。

参考文献

《"2021全球服务贸易大会"中国服务贸易发展指数排名显著提升》，界面新闻，https：//www.jiemian.com/article/6700251.html。

《2019年进出口商品质量安全风险监测情况》，浙江省对外贸易公共服务平台，http：//zjmade.cn/ecloud/plat/detail/7887.html。

《2020年湖北跨境电商进出口额突破24亿元》，央广网，https：//xw.qq.com/cmsid/20210114A0922A00。

《2020年湖北省外贸进出口总值突破4000亿元创历史新高》，网易，https：//www.163.com/dy/article/G0NRPD150514R9KD.html。

《2020年湖北省专利授权总量达11万件 同比增长48.91%》，人民湖北网，https：//baijiahao.baidu.com/s?id=1691912211852994835&wfr=spider&for=pc。

《2020年湖北外贸呈现七大亮点》，搜狐网，https：//www.sohu.com/a/445829728_162758。

《2020年中国296个城市营商环境报告》，未来智库，https：//www.vzkoo.com/document/f44410e56593c96e2e5d2aff8edd56bb.html。

《2020年中国知识产权发展状况评价报告》，东方财富网，https：//finance.eastmoney.com/a/202110202147931924.html。

《2021年1—7月湖北省外贸进出口总值同比增长近4成》，荆楚网，http：//news.cnhubei.com/content/2021-08/11/content_14010077.html。

《2021年湖北省社会零售总额将超2万亿元》，新浪网，http：//hb.sina.com.cn/news/qy/2022-01-14/detail-ikyamrmz5084531.shtml。

《2021年湖北省外贸进出口规模突破5300亿元 创历史新高》，中华人民共和国武汉海关，http：//www.customs.gov.cn/wuhan_customs/506390/fdzdgknr64/bgtj30/3541119/4134175/index.html。

《2021年全球创新指数报告解读》，信通院知产中心，https：//www.sohu.com/a/496115552_121181007。

《2021年上半年湖北外贸进出口情况新闻发布会》，中华人民共和国国务院新闻办公室，http：//www.scio.gov.cn/xwfbh/gssxwfbh/xwfbh/hubei/Document/1710352/1710352.htm。

《31省、7大区域营商环境大比拼：谁是优等生？》，光华管理学院网站，https：//www.gsm.pku.edu.cn/info/1316/21962.htm。

《3943.6亿 2019年湖北省外贸进出口值再创历史新高》，湖北省人民政府网站，http：//www.hubei.gov.cn/hbfb/bmdt/202001/t20200117_1949646.shtml。

《eBay布局湖北，挖掘跨境电商出口高潜力的新兴卖家市场》，雨果跨境网，https：//www.cifnews.com/article/43966。

《负责任大国的担当——中国履行第一阶段经贸协议（金融服务篇）》，国际经济与金融研究中心，http：//cifer.pbcsf.tsinghua.edu.cn/index.php?m=content&c=index&a=show&catid=107&id=448。

《高举邓小平理论伟大旗帜，把建设有中国特色社会主义事业全面推向二十一世纪》（1997），《中共中央关于制定国民经济和社会发展第十个五年计划的建议》（2000），《全面建设小康社会，开创中国特色社会主义事业新局面》（2002），《中共中央关于制定国民经济和社会发展第十一个五年规划的建议》（2005）。

《高举中国特色社会主义伟大旗帜 为夺取全面建设小康社会新胜利而奋斗》，2007年10月15日胡锦涛在中国共产党第十七次全国代表大会上的报告。

《工业互联网国家顶级节点（武汉）4年标识注册量近60亿》，搜狐网，https：//www.sohu.com/a/502725228_121124370。

《国际货币基金组织将印度2022财年的增长率从12%下调至9.5%》，三泰虎网，http：//www.santaihu.com/p/53284.html。

《海关总署公布2021年跨境电商进口消费品质量安全风险监测情

况》,光明网社会,https://www.360kuai.com/pc/9fd35dac9687588f9?cota=3&kuai_so=1&sign=360_57c3bbd1&refer_scene=so_1。

《胡锦涛在中国共产党第十八次全国代表大会上的报告》,新华网,http://www.xinhuanet.com/18cpcnc/2012-11/17/c_113711665.htm。

《湖北:争创两大中心 打造科创策源高地》,人民网,http://hb.people.com.cn/n2/2021/0218/c192237-34580485.html。

《湖北5G基站累计建成超过4.4万个,年均压降5G基站电费约4800万元》,荆楚网,http://news.cnhubei.com/content/2021-10/29/content_14210154.html。

《湖北服务贸易额连续四年中部第一》,光明网,https://difang.gmw.cn/hb/2020-08/24/content_34112419.htm。

《湖北服务业高质量发展步履坚定》,湖北省人民政府,http://www.hubei.gov.cn/hbfb/szsm/201912/t20191218_1773200.shtml。

《湖北交通枢纽地位凸显 交通运输网络新格局》,中华人民共和国中央人民政府网站,http://www.gov.cn/gzdt/2012-10/22/content_2248493.htm。

《湖北累计开通5G基站超3.2万个》,中华人民共和国中央人民政府网,http://www.gov.cn/xinwen/2021-05/18/content_5607927.htm。

《湖北粮食总产连续6年稳定在500亿斤以上 油菜籽产量长期位居全国第一》,新浪财经,https://finance.sina.com.cn/roll/2019-09-06/doc-iicezueu3919846.shtml。

《湖北去年快递量突破16亿件 今年全省"村村通快递"》,湖北省人民政府网,http://www.hubei.gov.cn/hbfb/bmdt/202001/t20200118_2006201.shtml。

《湖北省2020年国民经济和社会发展统计公报》,湖北省人民政府网,http://www.hubei.gov.cn/hbfb/bmdt/202103/t20210318_3407376.shtml。

《湖北省8座民航机场,荆州沙市机场即将通航》,网易,https://www.163.com/dy/article/FVKAF80D0545SCJ0.html。

《湖北省去年进出口商品23批次抽检不合格》,新浪网,http://k.sina.com.cn/article_3164957712_bca56c1002000qmoa.html。

《湖北省人社厅:全省累计557万人返岗就业 346万湖北人赴省

外务工》，中华人民共和国人民政府网站，http：//www. gov. cn/xinwen/2020-04/05/content_ 5499379. htm。

《湖北省省情概况》，湖北省人民政府网，http：//www. hubei. gov. cn/zwgk/zcsd/ztjd/ztjd91/。

《湖北省与"一带一路"沿线国家和地区贸易快速发展》，新华社新媒体，https：//baijiahao. baidu. com/s？id = 1632147455303368881&wfr = spider&for = pc。

《湖北与印度竟有这些渊源，交往始于春秋时期……》，荆楚网，http：//news. cnhubei. com/xw/zw/201804/t4103760. shtml。

《湖北综合交通 70 年大跨越》，凤凰网湖北，https：//hb. ifeng. com/a/20190927/7745393_ 0. shtml。

《坚定不移沿着中国特色社会主义道路前进　为全面建成小康社会而奋斗》，2012 年 11 月 8 日胡锦涛在中国共产党第十八次全国代表大会上的报告。

《美中贸易全国委员会：2021 美中经济关系报告》，中文互联网数据资讯网，http：//www. 199it. com/archives/1194057. html。

《前 7 月湖北省境外工程新签合同额居全国第二》，人民湖北，https：//baijiahao. baidu. com/s？id = 1643161878777857679&wfr = spider&for = pc。

《去年我国出口企业因技术性贸易壁垒损失逾 5000 亿元》，中国产业经济信息网，http：//www. cinic. org. cn/xw/cjyj/420570. html。

《全球经贸摩擦指数（2021 年 10 月）发布》，网易，https：//www. 163. com/dy/article/GU16VESO0514KVL1. html。

《日本奥运会或损失 1410 亿！刚刚，澳大利亚拿下 2032 年奥运会举办权》，网易，https：//www. 163. com/dy/article/GFF3F4L60519EO06. html。

《商务部长谈对澳首起"双反"：中方是慎重、克制的，澳对华已发起 100 起贸易救济调查》，21 财经，https：//m. 21jingji. com/article/20200525/herald/b90ea48c2ce724b3f547ef1135bcc693. html。

《数字开启未来、服务促进发展　国新办：数字贸易正成为未来贸易发展新引擎》，新浪财经，https：//baijiahao. baidu. com/s？id =

1709246 037020589936&wfr＝spider&for＝pc。

《四张图看清美国对华关税》，第一财经研究院，http：//www. cb-nri. org/news/5441884. html。

《外交部刚刚宣布：4月12日，湖北全球特别推介会》，极目新闻，https：//baijiahao. baidu. com/s？id＝1696367071034566149&wfr＝spider&for＝pc。

《外贸"马车"逆风跑出两位数增速》，新浪财经，https：//finance. sina. com. cn/china/dfjj/2021－07－29/doc-ikqciyzk8232594. shtml。

《新浪财经："芯""光"灿烂！湖北高新技术产业增加值达6653亿》，央视网，http：//jingji. cctv. com/2019/06/19/ARTIecWMkOYEgPIAriZS2hkT190619. shtml。

《印度通信部长放话：在手机制造领域，目标是让印度超越中国》，人民资讯网，https：//baijiahao. baidu. com/s？id＝1686299268963299620&wfr＝spider&for＝pc。

《印度新冠肺炎累计确诊数近70万，超俄罗斯位列全球第三》，新京报，http：//www. bjnews. com. cn/world/2020/07/06/745563. html。

《中共中央关于建立社会主义市场经济体制若干问题的决定》（1993年11月14日中国共产党第十四届中央委员会第三次全体会议通过）。

《中国6大独角兽企业在湖北武汉，不止传统工业武汉的创新实力多强》，网易，https：//www. 163. com/dy/article/FUOSVFID0541B741. html。

《中国省份营商环境研究报（2020）》，北京大学光华管理学院管理创新交叉学科平台，https：//www. gsm. pku. edu. cn/info/1366/21493. htm。

《重要！印度新年全面调整关税，超30种产品进口税提高5%—100%！》，中国制造网，https：//baijiahao. baidu. com/s？id＝1692354037339793348&wfr＝spider&for＝pc。

《主攻十大重点领域　湖北省谋划全国一流制造业创新中心》，湖北省人民政府网，http：//www. hubei. gov. cn/zwgk/hbyw/hbywqb/201703/t20170304_ 959965. shtml。

湖北省统计局：《2021年全年湖北经济运行情况》，湖北省统计局，http://tjj.hubei.gov.cn/tjsj/tjfx/qstjfx/202201/t20220120_3972709.shtml。

《湖北省战略性新兴产业发展"十四五"规划：打造两个万亿级产业》，网易，https://www.163.com/dy/article/GHLUT71F05198UNI.html。

艾邦霖：《2020年世界经济增速大幅下降 通货膨胀率普遍下降——世界经济黄皮书：2021年世界经济形势预测与分析》，皮书网，https://www.pishu.cn/psgd/561562.shtml。

安礼伟、高松婷：《中国对外反倾销现状、效应及对策分析》，《国际商务》（对外经济贸易大学学报）2016年第2期。

安礼伟、张二震：《新时代我国开放型经济发展的几个重大理论问题》，《经济学家》2020年第9期。

安朔：《我国自贸区过境货物知识产权海关执法研究》，《中国政法大学学报》2021年第1期。

白光裕：《中国区域开放战略的演进与成效分析》，《区域经济评论》2019年第5期。

鲍晓华、陈清萍：《反倾销如何影响了下游企业出口？——基于中国企业微观数据的实证研究》，《经济学》（季刊）2019年第18期。

博鳌亚洲论坛：《博鳌亚洲论坛新兴经济体发展2019年度报告》，博鳌亚洲论坛官网，https://www.boaoforum.org/zh/newsdetial.html?itemId=2&navID=6&itemChildId=undefined&detialId=3882&pdfPid=179.

蔡宏波：《国际贸易摩擦的制度成因》，《北京工商大学学报》（社会科学版）2019年第34期。

曹平等：《美国对华反倾销对中国企业创新效应再评估》，《国际经贸探索》2021年第37期。

陈芳娌：《我国贸易摩擦现状及预警机制构建》，《市场研究》2019年第9期。

陈怀锦、周孝：《中美贸易摩擦下外向型企业的应对与政策诉求——基于2019年"降成本"调查的分析》，《国际贸易》2020年第1期。

陈继勇、杨格：《新冠疫情与中美经贸关系重塑》，《华南师范大学学报》（社会科学版）2020年第5期。

陈丽丽、郭少宇：《反倾销调查对中国出口企业产品成本加成率的影响》，《国际经贸探索》2020年第36期。

陈丽媛：《湖北对外开放40年：成就、机遇与对策》，《社会科学动态》2019年第7期。

陈颇：《美国技术性贸易壁垒对我国体育用品及设备出口贸易的影响及对策——基于贸易引力模型的实证研究》，《北京体育大学学报》2021年第44期。

陈清萍、鲍晓华：《中国对外反倾销的进口贸易流量效应研究——基于国内企业视角的新解释》，《当代财经》2016年第8期。

陈清萍等：《基于出口视角中国对外反倾销政策效应再评估》，《现代财经》（天津财经大学学报）2018年第38期。

陈勇兵等：《对外反倾销与贸易转移：来自中国的证据》，《世界经济》2020年第43期。

程炜杰：《贸易摩擦对中国服务贸易发展的影响与应对之策》，《对外经贸实务》2013年第11期。

程意等：《湖北省出口企业知识产权海外维权挑战及对策研究》，《科技创业月刊》2020年第33期。

崔连标等：《中美贸易摩擦的国际经济影响评估》，《财经研究》2018年第12期。

崔宁波、张正岩：《日本大豆技术性贸易壁垒对中国农食类产品的经济影响研究——基于GTAP模型的实证分析》，《世界农业》2017年第11期。

戴翔、张二震：《我国增长新阶段开放型经济的转型发展：目标、路径及战略》，《中共中央党校学报》2015年第10期。

党的十九届五中全会：《中共中央关于制定国民经济和社会发展第十四个五年规划和二〇三五年远景目标的建议》，中华人民共和国发展改革委员会，https://www.ndrc.gov.cn/fggz/fgdj/zydj/202011/t20201130_1251646.html?code=&state=123。

邓路、刘帷韬：《技术进步是否引发他国对华贸易摩擦：基于行业层面的研究》,《广东财经大学学报》2019 年第 34 期。

邓文:《"一带一路"创新下我国企业海外知识产权战略研究》,《中州大学学报》2019 年第 36 期。

丁纯等:《特朗普时期的美欧经贸冲突:特征、原因与前景——基于美欧贸易失衡视角的实证分析》,《欧洲研究》2019 年第 37 期。

东艳:《制度摩擦、协调与制度型开放》,《华南师范大学学报》(社会科学版) 2019 年第 2 期。

杜方方:《长三角地区纺织品出口遭遇美国反倾销现状与对策研究》,《对外经贸实务》2019 年第 9 期。

杜鹏、张瑶:《中国对外反倾销影响因素的实证研究》,《宏观经济研究》2011 年第 3 期。

杜威剑、李梦洁:《反倾销对多产品企业出口绩效的影响》,《世界经济研究》2018 年第 9 期。

樊海潮等:《开放还是封闭——基于"中美贸易摩擦"的量化分析》,《经济学》(季刊) 2020 年第 19 期。

樊秀峰等:《技术性贸易壁垒对中国高新技术产品出口二元边际的影响——以"一带一路"沿线国家为例》,《西安交通大学学报》(社会科学版) 2019 年第 39 期。

冯启文:《国外技术壁垒对湖北出口企业的影响及对策研究》,《湖北经济学院学报》(人文社会科学版) 2010 年第 7 期。

冯伟业、卫平:《中美贸易知识产权摩擦研究——以"337 调查"为例》,《中国经济问题》2017 年第 2 期。

冯晓玲、李斯琦:《美国对华钢铁产品反倾销的贸易效应研究》,《亚太经济》2019 年第 3 期。

高歌阳:《新形势下拉丁美洲国家对华反倾销的现状、原因及对策研究》,《价格月刊》2020 年第 9 期。

高健等:《贸易壁垒影响中国企业对外直接投资了吗?——基于二元边际的实证分析》,《财经问题研究》2020 年第 10 期。

高茜、周健:《中国对外反倾销的宏观决定因素研究》,《华东经济管理》2018 年第 32 期。

郜庆:《基于 PSM-DID 方法的知识产权壁垒对出口创新的影响》,

《新疆社会科学》2019年第3期。

龚柏华：《"中美出版物市场准入WTO案"援引GATT年第20条"公共道德例外"的法律分析》，《世界贸易组织动态与研究》2009年第10期。

顾振华：《贸易政策与产业政策双重作用导致对华出口制造业的反倾销》，《世界经济研究》2020年第9期。

管志杰、徐艳：《美国337调查对我国地板出口的影响及对策研究》，《林产工业》2019年第56期。

郭晓玲：《美国对华反倾销中非市场经济地位认定方法及我国的应对策略》，《对外经贸实务》2020年第6期。

郭雅瑢：《跨境电商视角下平行进口商品侵权风险及防范对策》，《商业经济研究》2020年第1期。

韩龙：《美国汇率反补贴新规之国际合法性研判》，《法学》2020年第10期。

韩文秀：《加快构建新发展格局》，中国人大网，http：//www.npc.gov.cn/npc/c30834/202012/20c723b3fbef4bd5a8426507dffe8ea8.shtml。

何学松：《后危机时代绿色壁垒对河南省农产品出口的影响及对策》，《江苏商论》2012年第2期。

侯兴政、任荣明：《中国入世以来对外反倾销若干关键问题之讨论》，《生产力研究》2008年第5期。

胡楚芳：《江西省中药出口绿色贸易壁垒破解对策》，《合作经济与科技》2018年第21期。

胡方：《日美经济摩擦的理论与实态》，武汉大学出版社2001年版，第21页。

胡炜、马晓：《跨境电子商务知识产权治理的困境与解决路径》，《商业经济研究》2019年第1期。

湖北省人民政府：《2019年湖北省国民经济和社会发展统计公报》，http：//www.hubei.gov.cn/zwgk/hbyw/hbywqb/202003/t20200323_2187765.shtml。

湖北省知识产权局：《湖北省2020年知识产权统计报告》2020年

第 13 期，http：//zscqj. hubei. gov. cn/fbjd/xxgkml/sjfb/202103/P020210330416789987347. pdf。

黄建忠、吴超：《国际服务贸易摩擦研究：现状、特征与成因》，《国际贸易问题》2013 年第 9 期。

黄谋宏：《中小外贸企业应对贸易摩擦的路径选择》，《政策》2012 年第 8 期。

黄维娜、张勉：《饲料国际贸易反倾销反补贴规则的演变》，《中国饲料》2020 年第 18 期。

黄永明、潘安琪：《贸易壁垒如何影响中国制造业全球价值链分工——以美国对华反倾销为例的经验研究》，《国际经贸探索》2019 年第 35 期。

黄志刚：《中美贸易摩擦下的中国经济形势》，《企业经济》2019 年第 38 期。

江苏省市场监督管理局：《技术性贸易措施通报统计报告》2021 年第 11 期。

姜立梅：《中国技术性贸易措施年度报告（2016）》，《中国质量与标准导报》2017 年第 2 期。

蒋小红：《中企在中东欧国家贸易和投资面临的欧盟法风险及应对——基于对塞尔维亚、匈牙利和波兰的考察》，《欧洲法律评论》2020 年第 5 期。

蒋燕：《湖北企业遭遇印度国际贸易救济调查的分析》，《对外经贸实务》2012 年第 1 期。

金泽虎、钱燕：《中美知识产权纠纷对我国技术密集型产品出口的影响研究——基于 337 调查的视角》，《科技管理研究》2021 年第 41 期。

亢梅玲、李潇：《贸易冲击与中国遭遇的反倾销、反补贴调查影响因素研究》，《国际商务》（对外经济贸易大学学报）2018 年第 4 期。

兰梓睿：《发达国家碳标签制度的创新模式及对我国启示》，《环境保护》2020 年第 48 期。

蓝天、毛明月：《国际缘何对华反倾销？——基于面板负二项回归的多样化动因分析》，《南开经济研究》2019 年第 2 期。

李聪慧、王屿：《技术性贸易壁垒对我国电子产品出口欧美的影响分析》，《对外经贸实务》2020年第12期。

李昊洋、沈昊旻：《出口贸易摩擦降低了公司研发投入持续性吗——来自制造业上市公司的经验证据》，《国际商务》（对外经济贸易大学学报）2021年第2期。

李宏等：《中美贸易摩擦对中国制造业全球价值链分工地位的影响》，《财贸研究》2020年第31期。

李回：《欧盟反倾销调查新规则的合规性研究》，《西南政法大学学报》2018年第20期。

李剑茹、艾力：《入世五年湖北省应对贸易摩擦之路》，《对外经贸实务》2007年第1期。

李菊丹：《"一带一路"倡议下保加利亚知识产权保护制度研究》，《法学杂志》2018年第39期。

李磊、漆鑫：《我国对外反倾销威慑力能否有效抑制国际对华反倾销?》，《财贸经济》2010年第7期。

李世杰等：《反补贴抑制了中国出口贸易吗?——来自产品层面数据的经验证据》，《经济经纬》2020年第37期。

李双杰等：《对华反倾销如何影响中国企业创新?》，《世界经济研究》2020年第2期。

李向阳、孙东升：《中美贸易摩擦对柑橘贸易影响分析——基于WITS-SMART模型》，《华中农业大学学报》（社会科学版）2021年第3期。

李晓光、杨环生：《河南自贸区知识产权综合行政执法改革的可行性》，《广西质量监督导报》2019年第10期。

李晓璇：《贵州茶叶出口技术壁垒问题研究》，《贵州工业大学学报》（社会科学版）2004年第1期。

李新瑜、张永庆：《中美博弈对全球价值链的影响机理与重构效应》，《价格月刊》2021年第2期。

李滋仁：《对开放型经济的再认识》，《亚太经济》1991年第3期。

梁俊伟等：《制度认知如何影响企业市场行为?——以反倾销为例》，《浙江学刊》2019年第1期。

梁云等：《绿色贸易壁垒及其对重庆外经贸的影响》，《渝州大学学报》（社会科学版）2001年第4期。

廖秋子：《TBT协定"国际标准"的法律解释及其改进路径》，《法律适用》2017年第13期。

林峰、占芬：《美国服务贸易摩擦的基本特征、内在成因与发展动态》，《国际经贸探索》2013年第29期。

林峰：《贸易保护内生性视角下的中美服务贸易摩擦》，《国际贸易》2013年第11期。

林峰等：《从国际服务贸易摩擦透视自由化谈判的利益差异——兼论中国服务贸易发展的战略选择》，《亚太经济》2014年第6期。

林学访：《论贸易摩擦的成因与影响》，《国际贸易》2007年第5期。

刘爱东、罗文兵：《我国纺织服装行业应对产品碳标签贸易壁垒策略研究》，《国际经贸探索》2013年第29期。

刘斌、陶丽琴：《移动网络交易平台知识产权风险防范法律体系研究》，《法律适用》2017年第1期。

刘静：《技术性贸易措施对甘肃省对外贸易的影响及应对策略》，《中国标准化》2018年第18期。

刘维林等：《全球价值链视角下中美贸易摩擦的就业影响测算》，《中国人口科学》2020年第2期。

刘小方：《技术性贸易壁垒对湖北省出口贸易影响实证研究》，《现代商贸工业》2009年第21期。

刘小平：《青海省出口贸易遭遇技术壁垒的立体透视及其启示》，《青海师范大学学报》（哲学社会科学版）2005年第6期。

刘勇、谢依依：《欧盟对外反倾销中的新替代国制度及其违法性分析》，《国际商务研究》2021年第42期。

刘勇：《我国对外反倾销实践的特点、不足及其完善建议》，《江苏商论》2006年第5期。

刘悦、刘建江：《市场化程度是否提升了对中国企业市场经济地位的认可——基于欧盟对华反倾销的调查事实》，《国际贸易问题》2019年第6期。

刘治彦：《新区域格局下的湖北发展战略》，《城市》2018年第6期。

龙小宁等：《美国对华反倾销的出口产品种类溢出效应探究》，《世界经济》2018年第41期。

龙英峰：《中国集成电路增值税优惠案解析》，百度文档，https://www.wendangxiazai.com/b-becb0ae2856a561252d36ffd.html。

鲁甜：《337调查管辖范围的最新发展及我国应对措施》，《国际商务》（对外经济贸易大学学报）2017年第2期。

陆晶晶、钱龙：《基于"一带一路"背景下我国企业海外知识产权风险与应对策略的分析》，《知识经济》2020年第19期。

罗胜强、鲍晓华：《反倾销影响了在位企业还是新企业：以美国对华反倾销为例》，《世界经济》2019年第42期。

吕建兴等：《FTA能缓解成员国对华贸易摩擦吗？——基于GTA国家—产品层面的证据》，《数量经济技术经济研究》2021年第38期。

吕若溢：《美国"337调查"管辖范围新变化与应对》，《中国发明与专利》2019年第16期。

吕越等：《基于中美双方征税清单的贸易摩擦影响效应分析》，《财经研究》2019年第2期。

马风涛：《中国制造业全球价值链长度和上游度的测算及其影响因素分析——基于世界投入产出表的研究》，《世界经济研究》2015年第8期。

马杰、袁悦：《中美贸易摩擦形势对能源贸易领域的影响及对策》，《中外能源》2020年第7期。

马伦姣：《我国蜂蜜出口中的绿色壁垒影响剖析》，《河北农业科学》2008年第11期。

马跃：《大国崛起过程中的国际贸易摩擦研究》，博士学位论文，东北财经大学，2013年。

麦肯锡研究院：《亚洲——未来已至》，麦肯锡研究院官网，https://www.mckinsey.com.cn/%e4%ba%9a%e6%b4%b2-%e6%9c%aa%e6%9d%a5%e5%b7%b2%e8%87%b3/。

梅倩倩、南杰：《河南省自贸区知识产权保护机制探索研究》，《河南科技》2019 年第 3 期。

孟宁等：《反倾销、多产品企业与出口生存风险》，《产业经济研究》2020 年第 5 期。

孟宁等：《贸易摩擦会阻碍企业的出口产品创新吗？——基于反倾销视角的研究》，《南京社会科学》2020 年第 11 期。

倪红福等：《全球价值链中的关税成本效应分析——兼论中美贸易摩擦的价格效应和福利效应》，《数量经济技术经济研究》2018 年第 8 期。

牛海霞、盛益：《论我国产业对外反倾销》，《浙江学刊》1999 年第 2 期。

潘灿君：《美国 337 条款对我国海外知识产权纠纷援助机制的启示》，《电子知识产权》2011 年第 5 期。

潘灿君：《驱动创新发展战略背景下的我国知识产权维权援助机制研究》，《行政与法》2017 年第 12 期。

潘方方、宋凯强：《河南省海外知识产权维权援助机制建设研究》，《河南科技》2020 年第 39 期。

潘亚楠：《河南自贸区知识产权保护的国内外经验借鉴与启示》，《中共郑州市委党校学报》2021 年第 2 期。

彭慧灵等：《碳标签制度的实施对我国食用菌出口的影响》，《北方园艺》2020 年第 21 期。

齐鹰飞、Li Yuanfei：《跨国投入产出网络中的贸易摩擦——兼析中美贸易摩擦的就业和福利效应》，《财贸经济》2019 年第 40 期。

前瞻研究所，https://f.qianzhan.com/yuanqu/diqu/42/。

钱子瑜：《论知识产权海外维权援助体系的构建》，《知识产权》2021 年第 6 期。

乔小勇、李泽怡：《世界主要国家和地区对华实施反补贴调查的形势及应对举措》，《国际商务研究》2017 年第 38 期。

乔小勇、魏晓：《贸易摩擦是否真正阻碍了中国制造业参与全球价值链生产网络？——基于跨境生产视角》，《科学决策》2020 年第 7 期。

邱一川、黄贞凤：《美国诉中国集成电路歧视性退税政策案评析》，《世界贸易组织动态与研究》2004 年第 9 期。

任艳玲等：《甜瓜产业应对国际农药残留技术性贸易壁垒分析》，《中国瓜菜》2019年第32期。

邵政洋：《数字经济发展背景下武汉知识产权策略研究》，《品牌研究》2020年第5期。

申娜：《碳标签制度对中国国际贸易的影响与对策研究》，《生态经济》2019年第35期。

沈昊旻等：《对华反倾销抑制了企业创新行为吗》，《财贸经济》2021年第42期。

沈建光：《中美经贸关系将逐步转为竞争+合作》，《中国外汇》2021年第1期。

沈琳、彭冬冬：《美国对华反倾销会促进中国非倾销出口产品的质量提升吗？——反倾销的出口产品质量溢出效应及其作用机制研究》，《西部论坛》2020年第30期。

沈伟：《历史维度中的日美贸易摩擦：背景、走势和启示——兼谈中美贸易战之困的特质》，《广西财经学院学报》2019年第32期。

师冰洁：《绿色贸易壁垒对河南蔬菜出口的影响以及对策分析》，《中小企业管理与科技》（上旬刊）2012年第8期。

石晓婧、杨荣珍：《美国反补贴调查对中国企业出口影响的实证研究》，《世界经济研究》2020年第2期。

史本叶、王晓娟：《中美贸易摩擦的传导机制和扩散效应：基于全球价值链关联效应的研究》，《世界经济研究》2021年第3期。

史长宽：《中美贸易摩擦对我国产业结构升级的影响及对策》，《中国流通经济》2019年第33期。

史长宽：《中美贸易摩擦对我国产业结构升级的影响及对策》，《中国流通经济》2019年第6期。

世界知识产权组织：《2019年全球创新指数》，https://www.wipo.int/edocs/pubdocs/en/wipo_pub_gii_2019-appendix2.pdf。

宋华盛、朱小明：《中国对外反倾销与制造业企业成本加成》，《国际贸易问题》2017年第12期。

苏庆义、丁艳明：《美国对华"301调查"：历史与当下》，《中国外汇》2018年第8期。

苏小玲、周裕全：《江西应对绿色贸易壁垒与建设绿色农业强省的思考》，《南昌高专学报》2004 年第 3 期。

苏振东、刘芳：《中国对外反倾销措施的产业救济效应评估——基于动态面板数据模型的微观计量分析》，《财贸经济》2009 年第 10 期。

苏振东、邵莹：《对外反倾销措施能否改善中国企业绩效？——以化工产品"双酚 A"案件为例》，《经济评论》2013 年第 4 期。

苏振东等：《对外反倾销措施提升中国企业绩效了吗》，《财贸经济》2012 年第 3 期。

孙东升等：《中美贸易摩擦对中美农产品贸易结构的影响研究》，《农业经济问题》2021 年第 1 期。

孙凡：《绿色壁垒对重庆农业发展的影响》，《西南农业大学学报》（社会科学版）2003 年第 1 期。

田开兰等：《两败俱伤：美中贸易关税战对经济和就业的冲击》，《管理科学学报》2021 年第 24 期。

童伟伟：《技术性贸易壁垒及其合作与中国进口边际》，《国际商务》（对外经济贸易大学学报）2020 年第 1 期。

万光彩、陈鑫鑫：《新冠疫情冲击下中美贸易摩擦的博弈分析》，《中国海洋大学学报》（社会科学版）2021 年第 3 期。

万丽：《从一则案例看跨境电商出口中的知识产权侵权风险与防范》，《对外经贸实务》2020 年第 11 期。

万淑贞、葛顺奇：《中国知识产权保护的完善与外资高质量增长》，《国际经济合作》2019 年第 5 期。

王顶：《韩国对华反倾销的现状、特点及应对之策》，《对外经贸实务》2019 年第 8 期。

王分棉、周煊：《对外反倾销一定能保护国内产业吗？——基于有机硅产业的研究》，《世界经济研究》2012 年第 11 期。

王冠宇等：《技术性贸易壁垒与异质性企业出口行为：退出还是升级？》，《技术经济》2021 年第 1 期。

王贺霞：《技术性贸易壁垒与我国食用菌出口贸易探究》，《中国食用菌》2020 年第 39 期。

王厚双：《直面贸易摩擦》，辽海出版社 2004 年版，第 30 页。

王璐宁：《我国装备制造企业应对美国337调查的对策研究》，《法制与社会》2019年第27期。

王盼盼：《世界非关税壁垒形势分析与我国的策略选择探讨》，《现代营销》（下旬刊）2019年第10期。

王涛等：《高新技术企业对外直接投资知识产权风险诱因——基于我国高新技术企业的实证研究》，《科技管理研究》2019年第39期。

王晓燕等：《中美加征关税的影响：一个文献综述》，《上海对外经贸大学学报》2021年第28期。

王孝松、武皖：《贸易政策与资本回报：以中国对外反倾销为例的经验分析》，《世界经济》2019年第42期。

王孝松等：《企业生产率与贸易壁垒——来自中国企业遭遇反倾销的微观证据》，《管理世界》2020年第36期。

王雪峰、王平利：《反倾销：当代显性贸易摩擦主要表现形式的原因分析》，《财贸经济》2005年第8期。

王雅芬、韦俞村：《中国自由贸易试验区知识产权执法特殊性研究》，《法治研究》2020年第2期。

王亚亚：《走出丛林系列专访（一）贸易保护主义阴影下的反击专访湖北新冶钢有限公司国贸公司总经理刘文学》，《中国外汇》2010年第12期。

王原雪、张晓磊、杨继军：《中美贸易摩擦对中国农产品价格的冲击——基于GTAP模型的价格传导机制分解》，《世界农业》2021年第1期。

王云胜、于树江：《中美贸易摩擦对我国产业结构升级的中长期影响研究》，《河南社会科学》2020年第28期。

王运召、范书珍：《河南自贸区知识产权保护与创新问题探析》，《河南教育学院学报》（哲学社会科学版）2019年第38期。

温军、张森：《数字经济创新：知识产权与技术标准协同推进的视角》，《现代经济探讨》2021年第4期。

文富德：《未来十年印度经济发展的趋势》，《南亚研究季刊》2014年第2期。

吴灏文：《欧盟反倾销日落复审的程序、重点和规避路径》，《深圳大学学报》（人文社会科学版）2018年第35期。

吴让黎：《武汉小蜜蜂食品公司：首次出口美国遭遇反倾销及其应诉的案例分析》，《对外经贸实务》2009年第9期。

吴莎：《中国钢铁遭到反倾销调查的原因及对策分析》，《对外经贸实务》2020年第5期。

肖新梅：《浅谈欧盟对湖北企业国际贸易救济措施》，《中国证券期货》2012年第9期。

谢建国、潘超：《对外反倾销提升了国内上市企业绩效吗?》，《世界经济研究》2018年第7期。

谢建国、王肖：《中美贸易冲突的贸易后果——基于中美贸易细分产品数据的研究》，《财经理论与实践》2021年第42期。

谢绍静、刘斌：《移动电子商务领域知识产权风险的防范与应对策略》，《知识产权》2016年第5期。

谢廷宇、李琪：《不确定性下的反倾销更严重了吗?——来自23个经济体的经验证据》，《经济问题探索》2021年第5期。

熊凯军：《对华反倾销、反补贴与企业创新——基于我国上市制造业企业专利数据的实证分析》，《中国流通经济》2020年第34期。

徐杰：《深刻认识并推动制度型开放》，光明网，https：//share.gmw.cn/theory/2019-02/18/content_ 32518698.htm。

徐明、陈亮：《中美经贸协议背景下电商知识产权保护优化路径研究》，《国际贸易》2020年第3期。

徐惟、卜海：《技术贸易壁垒对技术创新和出口贸易的倒逼机制》，《经济与管理研究》2018年第39期。

徐惟、卜海：《技术贸易壁垒设置与出口国创新决策的博弈分析》，《现代经济探讨》2019年第6期。

许丹：《新贸易壁垒对江西纺织品出口影响的研究综述》，《市场研究》2015年第9期。

许家云等：《遭遇反倾销与多产品企业的出口行为——来自中国制造业的证据》，《金融研究》2021年第5期。

薛威等：《美国贸易战历史回顾：擅长多维立体贸易战》，《国际金融》2018年第5期。

颜晓兵、胡蕲：《我国农产品遭遇技术壁垒的成因及对策分析》，《科技情报开发与经济》2005年第18期。

阳结南：《拜登时代中美贸易摩擦前景展望》，《国际贸易》2021年第4期。

杨成玉：《中美贸易摩擦下中欧贸易转移与承接研究》，《国际经贸探索》2020年第36期。

杨国华：《条约解释的局限性——以"原材料案"为例》，读书网，https://m.aisixiang.com/data/54909.html。

杨皓森、杨军：《中美第一阶段贸易协定对中美农产品贸易的影响分析》，《农业经济问题》2020年第12期。

杨虹、张柯：《技术性贸易壁垒对中国电子行业出口的影响研究——基于中美贸易引力模型的实证分析》，《价格月刊》2020年第4期。

杨军等：《中美贸易摩擦对中国参与区域价值链的重构效应》，《中国流通经济》2020年第3期。

杨蕾等：《中国农产品对外反倾销贸易效果实证分析》，《农业技术经济》2012年第4期。

杨荣珍、石晓婧：《美国对华337调查与企业出口行为——基于我国制造业企业数据的实证分析》，《国际经贸探索》2020年第36期。

杨韶艳、李娟：《技术性贸易壁垒对中国和海合会建立自贸区的经济影响——基于GTAP模型的模拟研究》，《亚太经济》2019年第5期。

杨韶艳：《政治经济学视角下我国对外反倾销动因分析》，《商业时代》2008年第21期。

姚李英、朱翊：《创新和知识产权对中国企业的关键作用》，《中国工业和信息化》2018年第11期。

叶新等：《探析"一带一路"知识产权风险防范应对机制》，《江苏科技信息》2020年第37期。

易继明：《跨境电商知识产权风险的应对——以中国电商在美被诉为例》，《知识产权》2021年第1期。

尹翔硕：《中美贸易摩擦的影响及我们的政策重点》，《世界经济研究》2006年第8期。

于爱芝、杨敏：《中美贸易摩擦与我国重点农业产业走向》，《华南农业大学学报》（社会科学版）2021年第20期。

于换军、毛日昇：《中美贸易摩擦对两国就业的影响》，《东北师大学报》（哲学社会科学版）2019年第6期。

于子彬：《新冶钢无缝钢管出口遭反倾销的原因及策略》，《管理观察》2019年第5期。

余东明：《国外企业侵权在中国被诉　法院判决彰显涉外知产案件平等保护》，腾讯网，https：//new.qq.com/omn/20191008/20191008A0DHRF00.html。

余骏强等：《美国反倾销对我国企业产品出口量和价格的影响研究》，《世界经济文汇》2020年第1期。

余森杰等：《中美贸易摩擦的缘起与对策——一个文献综述》，《长安大学学报》（社会科学版）2018年第20期。

余永定：《中美贸易战的深层根源及未来走向》，《财经问题研究》2019年第8期。

余振、陈鸣：《贸易摩擦对中国对外直接投资的影响：基于境外对华反倾销的实证研究》，《世界经济研究》2019年第12期。

余振、江艺馨：《贸易摩擦存在自我加速效应吗？——基于中美经贸争端的实证分析》，《东南大学学报》（哲学社会科学版）2020年第22期。

元永平等：《湖北食用菌出口现状、存在问题及其对策》，《中国食用菌》2012年第31期。

泽君：《"一带一路"倡议与知识产权区域制度一体化问题研究》，《电子知识产权》2019年第4期。

张彬等：《"特保"之后湖北省纺织服装业面临的挑战和对策》，《理论月刊》2006年第7期。

张德锋等：《逆全球化背景下中国出口企业应对反倾销措施的策略》，《国际贸易》2020年第6期。

张耕、孙正樑：《自贸区知识产权产品平行进口的法理分析》，《兰州学刊》2019年第6期。

张佳欣：《世界人口老龄化：暗藏隐忧还是蕴藏机遇？｜今日视

点》，http：//www. stdaily. com/index/kejixinwen/2021 - 04/15/content_1115311. shtml。

张建：《贸易调整援助立法的法理基础与规范表达》，《海峡法学》2019 年第 21 期。

张建新：《想象与现实：特朗普贸易战的政治经济学》，《国际政治研究》2018 年第 39 期。

张进财：《投贷联动、技术性贸易壁垒与制造业可持续发展》，《财会通讯》2021 年第 8 期。

张明志、岳帅：《中美贸易摩擦与中国对外贸易多元化》，《华南师范大学学报》（社会科学版）2020 年第 4 期。

张夏恒：《跨境电子商务法律借鉴与风险防范研究》，《当代经济管理》2017 年第 39 期。

张映红、朱晶：《技术性贸易壁垒与中国农产品出口——基于特别贸易关注视角》，《世界农业》2020 年第 9 期。

张羽、李泽弘：《中美贸易摩擦对江苏知识产权发展的影响分析》，《江苏科技信息》2018 年第 35 期。

张玉梅等：《中美经贸协议对世界大豆产业的潜在影响分析——基于双边贸易模块的全球农产品局部均衡模型》，《农业技术经济》2021 年第 4 期。

张原生、王娟：《关于内蒙古技术性贸易措施状况和加强对策的研究》，《中国标准化》2017 年第 1 期。

张志良等：《论我国出口农产品跨越技术性贸易壁垒的对策》，《十堰职业技术学院学报》2006 年第 4 期。

赵海乐：《欧盟单边主义的新动向：反倾销规则中的"社会倾销"条款分析》，《欧洲研究》2020 年第 38 期。

赵瑾：《日美贸易摩擦的历史演变及其在经济全球化下的特点》，《世界经济》2002 年第 2 期。

赵丽英：《技术性贸易壁垒对我国化妆品出口的影响及对策探讨》，《对外经贸实务》2020 年第 12 期。

赵明昊：《新冠肺炎疫情与美国对华战略竞争的深化》，《美国研究》2020 年第 4 期。

赵文：《中美贸易摩擦对我国就业的影响及对策》，《国际贸易》2020年第8期。

赵文霞、杨经国：《贸易多样化和技术创新：出口波动的稳定器——贸易壁垒减弱出口波动的机制与中国经验》，《西部论坛》2021年第31期。

赵雅琦：《河南自贸区知识产权预警机制的构建》，《法制博览》2017年第30期。

郑聪敏、王旭：《我国化工产品贸易面临的技术壁垒及对策》，《当代化工研究》2016年第1期。

郑鲁英：《跨境电子商务知识产权治理：困境、成因及解决路径》，《中国流通经济》2017年第31期。

郑鲁英：《新时代中国自贸区知识产权战略：内涵、发展思路及应对》，《企业经济》2018年第37期。

郑伟：《美国货币低估反补贴法规修订评析》，《武大国际法评论》2020年第4期。

郑先勇：《食用菌行业技术性贸易壁垒分析》，《中国食用菌》2019年第38期。

智艳、罗长远：《新冠肺炎疫情对中国经济的影响及其思考》，《学习与探索》2020年第4期。

中国国际贸易促进委员会经贸摩擦法律顾问委员会：《全球经贸摩擦指数年度报告（2020）》，中国国际贸易促进委员会。

中国社会科学院经济研究所：《WTO：疫后全球贸易将呈强劲但不均衡的复苏》，中国社会科学院经济研究所网站，http：//ie.cass.cn/academics/economic_trends/202104/t20210407_5324554.html。

中国信通院：《中国数字经济发展白皮书》，中国信通院官网，http：//www.caict.ac.cn/kxyj/qwfb/bps/202104/t20210423_374626.htm。

中华人民共和国国家质量监督检验检疫总局：《中国技术性贸易措施年度报告（2016）》，国家质检总局标准与技术法规研究中心，2017年1月。

中华人民共和国商务部：《中国外贸形势报告（2020年春季）》，http：//www.gov.cn/xinwen/2020-06/16/content_5519744.htm。

中华人民共和国商务部驻武汉特派员办事处：《2018年湖北新设立外商投资企业418家》，中华人民共和国商务部，http：//www. mofcom. gov. cn/article/resume/n/201901/20190102827717. shtml。

周灏、祁春节：《美国对华蜂蜜反倾销效应分析》，《生态经济》2010年第7期。

周家珂：《基于绿色技术壁垒视野的安徽农产品出口贸易分析》，《农业展望》2019年第15期。

周金凯：《美国对华贸易政治的实施策略分析——中美经贸摩擦视角》，《上海对外经贸大学学报》2021年第28期。

周小川：《走向开放型经济》，《经济社会体制比较》1992年第5期。

周衍平、赵雅婷：《基于前景理论和灰色关联的FMEA知识产权风险预警研究》，《情报杂志》2019年第38期。

周政宁、史新鹭：《贸易摩擦对中美两国的影响：基于动态GTAP模型的分析》，《国际经贸探索》2019年第2期。

朱信凯等：《技术性贸易措施对中国企业出口决策的影响——基于出口强度与市场范围视角的考察》，《国际贸易问题》2020年第3期。

祝合良、解萧语：《产业结构调整降低贸易摩擦的机理与路径——以中美为例》，《扬州大学学报》（人文社会科学版）2020年第2期。

庄子银、李宏武：《贸易、知识产权与出口企业创新：基于美国337调查的实证分析》，《世界经济研究》2018年第4期。

Baron, David P., "Integrated Strategy and International Trade Dispute: The Kodark-Fujifilm Case", *Journal of Economics and Management Strategy*, Vol. 6, No. 2, 1997.

Bouët, A. and D. Laborde, "US Trade Wars in the Twenty-first Century with Emerging Countries: Make America and Its Partner Lose Again", *World Economy*, Vol. 41, No. 9, 2018.

CBO, "An Update to the Economic Outlook: 2020 to 2030", Congressional Budget Office, https://www.cbo.gov/publication/56442.

Chad P. Bown, "Phase One China Deal: Steep Tariffs are the New Normal", Peterson Institute for International Economics, https://www.piie. com/blogs/trade-and-investment-policy-watch/phase-one-china-deal-steep-tariffs-are-new-normal.

EAPO, "EAPO Annal Report (2020)", https://www.eapo.org/ru/publications/reports/report2020/index_ en. html.

EUI, GTA and World Bank, "21st Century Tracking of Pandemic-Era Trade Policies in Food and Medical Products", https://www.globaltradealert.org/reports/54.

Freund, C. M., et al., "When Elephants Make Peace: The Impact of the China-U. S. Trade Agreement on Developing Countries", Policy Research Working Paper, East Asia and the Pacific Region Office of the Chief Economist & Trade and Regional Integration Global Unit, World Bank Group, No. 9173, 2020.

ILO, "7th ILO Monitor: COVID-19 and the World of Work", http://www.ilo.org/global/docs/WCMS_ 791881/lang--en/index.htm.

IMF, "Fault Lines Widen in the Global Recovery", https://www.imf.org/en/Publications/WEO/Issues/2021/07/27/world-economic-outlook-update-july-2021.

Kastner, Justin and Powell, Douglas, "The SPS Agreement: Addressing Historical Factors in Trade Dispute Resolution", *Agriculture and Human Values*, No. 19, 2002.

Sturm, Daniel M., "Product Standards, Trade Disputes, and Protection", *Canadian Economics Association*, Vol. 39, No. 2, 2006.

Tu, X. Q. et al., "US-China Trade War: Is Winter Coming for Global Trade?", *Journal of Chinese Political Science*, Vol. 25, No. 2, 2020.

U. S. EMBASSY & CONSULTATES IN CHINA, "Addressing the Threat From Securities Investments That Finance Communist Chinese Military Companies", https://china.usembassy-china.org.cn/executive-order-on-addressing-the-threat-from-securities-investments-that-finance-communist-chinese-military-companies/.

UNCTAD, "World Investment Report 2021", https://worldinvestmentreport.unctad.org/.

WTO, "World Trade Primed for Strong But Uneven Recovery After Covid-19 Pandemic Shock", https://www.wto.org/english/news_e/pres21_e/pr876_e.htm.